北京市高等学校
教学名师奖
（2015–2016年度）

2015
2016

北京市教育委员会　编

图书在版编目(CIP)数据

北京市高等学校教学名师奖．2015—2016年度/北京市教育委员会编．—北京：北京师范大学出版社，2018.7

ISBN 978-7-303-23803-3

Ⅰ.①北… Ⅱ.①北… Ⅲ.①高等学校－优秀教师－生平事迹－北京 Ⅳ.①K825.46

中国版本图书馆CIP数据核字(2018)第124439号

营 销 中 心 电 话　010-58805072　58807651
北师大出版社高等教育与学术著作分社　http：//xueda.bnup.com

出版发行：北京师范大学出版社 www.bnup.com
北京市海淀区新街口外大街19号
邮政编码：100875

印　　刷：北京玺诚印务有限公司
经　　销：全国新华书店
开　　本：787 mm×109 2 mm　1/16
印　　张：22.75
字　　数：460千字
版　　次：2018年7月第1版
印　　次：2018年7月第1次印刷
定　　价：80.00元

策划编辑：王剑虹　　责任编辑：李洪波
美术编辑：李向昕　　装帧设计：李向昕
责任校对：陈　民　　责任印制：马　洁

前言

时光如水，光阴荏苒。到2016年，北京市高等学校教学名师奖已经组织评选十二届，先后有1143名教师获得了表彰。十年树木，百年树人。作为北京市高等学校教学名师奖获得者，这些教师坚持立德树人，培育英才，默默耕耘，无私奉献，用自己的言行影响着一批又一批的青年学子，以自己的实际行动诠释着“教师是人类灵魂工程师”这一光荣的理想信念。

从2003年开始，我们不断地创新评审工作方式，从最开始单纯的材料评审到现在的教学观摩课结合材料评审，从专家单一评审到专家和学生共同评判，每一点变化都需要付出大量精力和心血，但也使北京市高等学校教学名师奖的评选工作变得越来越成熟，越来越受到学校、教师、学生和社会的认可。无论是教育部“国家高层次人才特殊支持计划”，还是“北京高层次创新创业人才支持计划”，众多入选者都曾是北京市高等学校教学名师奖获得者，这充分说明了我们评选出的“教学名师”是优秀的，是具有带头示范作用的。

为了宣传和表彰教学名师奖获得者的突出贡献，便于大家学习名师、了解名师，我们继续出版《北京市高等学校教学名师奖》年度专辑。本专辑收录了第十届(2015年)和第十一届(2016年)共172位北京市高等学校教学名师奖获得者的个人简介和先进事迹。

在“十三五”期间，我们将认真落实《关于提升北京高校人才培养能力的意见》，引导广大教师将教书和育人相统一，努力做好“四个引路人”，以德立身、以德立学、以德施教，继续完善鼓励和支持教师投入教学的激励机制，调动和增

强教师的积极性，培育出更多“四有”好教师。希望北京高校能涌现出越来越多的教学名师，成为学生成长的指路人，引领着教学模式、方法和手段的改革，为提高北京高等教育的人才培养质量做出积极的贡献。

北京市教育委员会
2017年12月

编委

目录

北京市高等学校教学名师奖获奖教师简介
（2015 年度）

北京市高等学校教学名师奖获奖教师简介
(2016 年度)

北京市高等学校教学名师奖获奖教师简介

（2015 年度）

北京市高等学校教学名师奖获得者

平新乔

个人简历

平新乔，1954年出生，1970—1973年在华东师范大学政教系(政治经济学专业)上大学普通班，1973年8月毕业留校任华东师范大学政教系政治经济学专业教员至1978年5月。1978年5月至1983年8月任上海体育学院马列教研室教员(助教)。1983年9月至1985年12月在北京大学经济系读研究生(硕士)，1985年12月硕士毕业留校任北京大学经济学院讲师至1989年12月。1989年12月至1991年12月在美国布朗大学经济学系、哈佛大学经济学系、康奈尔大学经济学系作访问学者。1992年1月至1998年7月在美国康奈尔大学经济学系读博士研究生，并于1998年7月获得经济学博士学位。1998年7月回国任清华大学经济管理学院副教授至2000年3月，2000年3月调入北京大学。1998年7月至2008年7月任北京大学中国经济研究中心教授。2008年7月至2015年5月任北京大学经济学院教授。现任北京大学经济学院学术委员会主席，北京大学社会科学部委员，北京大学学位委员会理论经济学分会主席。

先进事迹摘录

平新乔教授从1973年就一直在中国高校从教，除了读北京大学研究生和在美国留学读博，其余时间主要在北京大学从事西方经济学的教学工作。20世纪80年代平新乔在北京大学经济学院教学时就深受学生好评，是经济学院当时最受学生欢迎的青年教师之一(厉以宁评语)。30多年来，平新乔在北京大学开出20多门经济学课程，他编写的《微观经济学十八讲》(北京大学出版社2001年版，已重印20次)和《财政学与比较财政制度》(上海三联书店1992年版，在20世纪90年代重印4次，2015年上海世纪集团重印)一直受到广大学生的欢迎。2011年以来，平新乔教授受北京大学经济学院领导的委托，主讲大学一年级新生的经济学原理课程，为了改变经济学原理教材被国外教材占领市场的局面，平新乔自己动手编写近100万字的《经济学讲义》，平新乔主讲了2011级与2013级每周4节的经济学原理课程，每学年选课的学生都在250～300人。平新乔每周安排3节大课和1节小班讨论课，并且每周另设3小时答疑时间，每次答疑时他总会连续接待几十位学生。他运用大班授课与小班讨论相结合的方式，让新入学的一年级学生喜欢上经济学。平新乔的《经济学讲义》无论是在讲义内容上还是在习题设计上，都结合中国经济发展和改革的实践。他的授课方式受到学生们的普遍欢迎，在4个学期的学生课评中，他主讲的经济学原理得分都在94～95分。平新乔分别在2001年和2014年获得北京大学优秀教学奖，在2004年被评为北京市优秀教师，在2011年被北京大学学生评为“最受学生爱戴的老师”。

在研究方面，平新乔自20世纪80年代以来，在微观经济学理论和应用、产业组织理论及财政学的方向上，已经在国内外学术刊物上发表160余篇论文，编著和翻译完成20余部著作，承担并完成24项省部级科研课题。平新乔目前担任国家社科基金重点项目“发挥市场在资源配置中的决定性作用，同时更好发挥政府作用”的主持人。他曾获中国经济学界最高奖——孙冶方经济科学奖(2007年)、北京大学改革开放30年研究精品奖(2008年)，2012年成为享受国务院政府特殊津贴专家。

北京市高等学校教学名师奖获得者

李海潮

个人简历

李海潮，医学博士，主任医师，教授，北京大学第一医院教学副院长，呼吸研究室主任，呼吸内科副主任。1991 年毕业于北京医科大学医学系，1996 年获医学博士学位。此后在北京大学第一医院工作至今。社会兼职：中华医学会内科学分会委员及副总干事，中华医学会全科医学分会委员，中华医学会北京分会呼吸专业委员会常务委员兼副秘书长，中国住院医师规范化培训管理委员会常务副主任委员，教育部全科医学课程指导委员会委员，北京医学教育协会副会长，北京内科住院医师培训专业委员会主任委员，国家医学考试中心命题专家。主要研究方向：呼吸系统疾病（弥漫性肺病、血管炎）、临床医学教育。2006 年在医学部系统内率先开展以器官系统为中心的教学模式改革，系统开展 PBL 教学。2012 年在国内率先开展“胜任力导向”的医学教育（住院医师培训）。

先进事迹摘录

李海潮教授倾注大量心血于医学教育，为医学教育做出了突出的贡献，曾获“北京市教育创新标兵”和“北京市师德标兵”的殊荣。

他不仅有追求学术的强烈愿望，还有对教书育人的深刻理解，更有传承优秀教育思想并将其发扬光大的强烈责任感。他广博的学识、缜密的思路和有魅力的人格深深吸引着学生们。他扎实的临床基础、严谨科学的思维方式和对多学科融会贯通的教学，特别是他经个人深刻感悟而凝练的教学经验，受到院内外许多教师以及医学教育者的肯定和称赞。

他锐意创新，在我国“器官系统中心教学”和PBL教学尚处于起步和探索阶段时，就在北大医院推进“器官系统中心教学”和PBL教学。他带领的团队获得国家级“器官系统中心临床医学教学团队”称号，成为北京大学医学部教学“旗舰”，在完善“器官系统中心”教学框架、推进PBL和CBL教学、推进客观结构化考试以及形成性评价等诸多体现现代国际前沿教学理念与教学方法方面做出了突出的成绩。

他以对21世纪“胜任力导向医学教育”深刻精确的理解，将“胜任力导向”的本科和毕业后教育推向更新更高的台阶：实施“胜任力导向”教学；建立“临床基础综合”新课程；成功承办“北京地区内科住院医师临床能力大赛”，率先设计体现胜任力的竞赛试题，为临床能力考核探索出更为科学合理的模式；在国家推进住院医师培训制度的阶段，他提出并成功组织了第一届“中国住院医师教育大会”，为中国建立了医学教育的国际交流平台，受到国内外医学教育者的高度认可和赞誉。

他对于国际医学教育模式的深刻理解和把握，使他的医学教育思想不断成熟和发展，他正从“教育专家”向“政策专家”转变。近几年，他先后承担国家医学考试中心“分段式考试(二段式)”的论证和考试模式设计(目前已经进入试点阶段)、教指委课题“专业学位博士研究生的培养方案研究”，同时在地方政府和国家卫生和计划生育委员会等多个层面参与国家住院医师规范化培训和专科医师培训的制度建设和政策制定工作，为我国医学院校教育和学生毕业后教育的发展发挥作用、贡献才智。

北京市高等学校教学名师奖获得者

陈徐宗

个人简历

陈徐宗，北京大学信息科学技术学院教授，博士生导师，量子电子学研究所所长。分别讲授本科生课程：力学、原子物理、高等光电子技术实验、现代电子与通信导论；研究生课程：激光技术、激光理论、实验原子物理进展等，培养硕士生与博士生60余名。担任国家"973"项目、国家自然科学重大基金项目、总装备部重大基础研究等项目负责人，在*Physics Review Letters*，*Physics Review*，*Optical Letters* 等国内外重要期刊上发表论文200余篇。目前兼任英国物理学会Fellow理事、中国计量测试学会理事、中国时间频率专业委员会副主任委员、中国物理学会原子分子专业委员会委员、量子光学专业委员会委员以及国内外多种杂志的编委。

先进事迹摘录

近十年来陈徐宗除了教学之外，还主持了多项国家重要科研项目，他经常访问欧美等国名校，与多个大学的著名科学家有着密切的国际合作。通过国际合作，陈徐宗深切感受到国际名校教授不但科研做得好，对教学也十分重视。陈徐宗认为，要搞好教学，科研是基础，他经常将科研成果引入教学，深受学生欢迎。

高等光电子实验是我国第一次开设的课程，是一门培养拔尖人才的课程，课程开设三年来已经培养校内外 100 余名优秀学生，课程受到了学生的欢迎与肯定。陈徐宗将 1997 年(激光冷却)、2001 年(玻色—爱因斯坦凝聚)、2005 年(光学频率精密测量)和 2012 年(量子操控)四次诺贝尔物理奖的技术发明引入本科生与研究生的实验课程中，该课程通过十个实验让学生掌握利用计算机、电子学、精密光学、精密机械、原子物理五位一体的现代高级光电子技术。课程受到了北京大学信息科学技术学院、物理学院学生的欢迎，并吸引了中国科学院、清华大学、北京航空航天大学等大学生前来选修。学生评价说："我认为高级光电子实验作为一门新开设的课程，有着如下优点，第一，实验设计新颖，所选实验贴近科学前沿；第二，实验之间环环相扣，阶梯性强；第三，老师讲解细致，大课与实验课相穿插，既能学到实验技能，也能学到许多理论知识；第四，课程对象设计合理，特别是在科研上对本科高年级学生和研究生的帮助很大。"

力学是本科生一年级的必修课，课程主要是培养学生科学的思想方法，提高学生的逻辑思维能力，激发学生对科学的兴趣，拓宽学生的科学视野。在课程中，陈徐宗侧重教授学生运用物理定律，建立数学模型，定量分析力学现象各参量之间的关系，培养学生科学的思考方法。学生在课程评估栏中反映：课程"不仅仅局限于物理力学的教学，同时从当代科学发展的角度来分析力学原理，在课上穿插老师自己的经历，使课堂不枯燥"；课程"视野很广阔，不局限于知识内容本身，能够结合当下知识内容拓展专业的前景"；"老师的课讲得很精彩，将力学讲得趣味横生，增加我们对科学的兴趣与了解"。

北京市高等学校教学名师奖获得者

吴晶姝

吴晶姝，中国人民大学财政金融学院教授，博士生导师，信用管理专业学科带头人，哲学社会科学百人工程学者，中国市场信用学术委员会副主任，北京信用协会会长，我国资深信用管理专家，现代信用学理论研究奠基人，我国首部信用规划《社会信用体系建设规划纲要(2014—2020年)》专家组组长，高校信用管理教育第一人，中国人民大学信用管理专业创始人。她开创了信用与经济增长及社会治理研究框架，创建了三维信用理论体系，提出了经济信用化、信用产业链、三大征信体系等学说，在《人民日报》《金融研究》《财贸经济》及《中国证券报》等报刊上发表学术论文百余篇，出版专著《三维信用论》《现代信用学》《资信评估》。

吴晶妹从教 27 载，坚持一线教学，授课广受赞誉。她一直勇挑教学重任，别人不愿上的课她都承担过来，从不拈轻怕重。她在日益成名、成为国家级专家、博士生导师以后，还一直坚持给本科生上课。她讲课重点突出，条理清晰，富有激情，语言生动，幽默风趣，感染力强；善于调动学生积极性，课堂气氛活跃；善于利用多媒体、网络等现代教学手段，授课与社会热点、重大事件结合，引导学生正确分析西方、理性认识中国，爱党爱国爱民族溢于言表，深受学生好评。吴晶妹教授热爱教育事业，热爱学生，是一位值得尊敬的优秀教师。

倾情奉献，学科建功。信用管理专业是国内新兴的紧缺学科。中国人民大学是全国第一个开设该专业的学校。在校、院领导的支持下，她带领团队克服困难，完成了创建工作，制定了完备的学科发展规划、课程体系，编写全套教材，建立了学生实习基地。同时，她帮助欲开办该专业的其他高校修改论证方案，向主管部门推荐，设计课程体系，辅导访问学者和进修教师；组织全国高校信用管理专业教师交流，为学科发展做出了重要贡献，被誉为中国信用管理教育第一人。吴晶妹教授是一名为了事业、为了理想而不懈奋斗、无须扬鞭自奋蹄的优秀学者。

师德高尚，传播正能量。她平等、热情地对待学生，用真诚的心灵倾听学生心声，用智慧、爱心与耐心帮助学生。学生家乡地震、发洪水，她都惦念，捐钱捐物，聊天化解与慰藉学生心绪。学生们有事都爱找她，恋爱吵架、舍友闹别扭、考不好心情郁闷、找工作考研出国选择迷茫、父母不理解等，毕业多年的学生在生活中遇到不顺也都爱找她聊聊，很多学生在自己的博客、朋友圈中都抒发了对她的崇敬与热爱。她对学生的尊重是润物无声的和煦春风，她对学生的关爱是发自肺腑的真情流露。她积极的生活态度、善良感恩的情怀、阳光简洁的思维方式都深深影响了她的学生们。吴晶妹教授是一位待人真诚、教书育人的好教师。

北京市高等学校教学名师奖获得者

张　斌

张斌，中国人民大学信息资源管理学院院长，教授，管理学博士。中国人民大学 CIO 研究中心主任，中国首席信息官联盟常务副理事长，中央电视台人力资源管理中心特聘专家，教育部高等学校档案学学科教学指导委员会委员兼秘书长，中国档案学会副理事长，北京市档案学会副理事长。1987 年至 1993 年在安徽大学历史系任教；1993 年至 1999 年在中国人民大学档案学院攻读硕士、博士学位，后留校任教至今，期间曾作为高级访问学者赴美国加州大学洛杉矶分校(UCLA)。曾荣获宝钢教育基金优秀教师奖、国家精品课程奖、中国档案学会全国优秀科研成果奖一等奖、北京市教育教学成果奖二等奖、中国人民大学优秀博士论文奖等。入选教育部新世纪优秀人才，获评北京市师德先进个人、2007 年中国知识管理人物。

先进事迹摘录

张斌一直从事档案学、信息管理专业的教学和研究工作，专业教龄已达30年。他坚守教学一线，精心授课，不断进行教学改革，积极从事科学研究，注重教书育人，寓人生哲理于课堂教学，使学生在学习知识的同时了解处世之道，深受学生爱戴。

张斌先后主讲档案管理学、知识管理等本科课程，以及档案价值论、知识管理研究等研究生课程。在教学中，张斌始终以提高学生综合素质、培养学生创新意识和创新精神为理念，不断更新教学内容，将科学研究纳入本科教学过程，精炼课堂教学内容，突出知识、能力、素质协调发展，提高教学质量。在知识管理课程中，他积极应用案例研究教学法，在探索本科生学习小组的学习和研究规律的基础上，形成了相应的教学方法和体系。张斌一贯重视教学改革和人才培养研究，开展多项教学改革研究，他参与的"应用型社会科学专业创新人才培养模式的探索与实践"项目获得2013年北京市教育教学成果奖二等奖。他在教学和教改等相关工作中的优异表现曾获得中国人民大学教学优秀奖，还获得宝钢教育基金优秀教师奖，被评为北京市师德先进个人。

张斌老师从教期间独立撰写学术专著2部、教材2部，参与编写著作2部，发表学术论文50多篇。主持和参加6项国家社会科学基金项目、1项国家自然科学基金项目，参加1项国际合作研究项目，主持和参与多项省部级科研项目。2000年，他撰写的博士论文《档案价值论》获得首届中国人民大学优秀博士论文奖；2006年，论文《企业档案管理与知识管理》获得中国档案学会全国优秀科研成果奖一等奖；2007年，社会科学基金项目"现代企业制度下的企业档案信息管理研究"被国家哲学社会科学规划办公室鉴定为优秀项目；2010年，专著《新经济时代的企业档案管理》获得第10届中国人民大学优秀科研成果著作类优秀奖。

张斌对学生、对教育事业充满爱，不管教学科研任务多繁重，他始终将学生放在第一位，多次担任指导老师带学生赴外进行专业实习，不仅教授专业知识，更注重指导学生如何做人，如何适应社会。他担任学院领导期间，努力为学生创造更好的学习、实习及国际交流环境，深受学生爱戴。他从2001年起担任硕士生导师，先后指导学生43人，2009年开始承担博士生指导工作，指导学生12人。作为导师，他始终要求研究生做人与做学问并重，他的学生多被中共中央办公厅、团中央、中央电视台、中粮、五矿等单位选拔录用，并在工作中表现优异。与他对学生的关心一样，学生对他的爱戴也从不曾因离开校园而终止。

北京市高等学校教学名师奖获得者

陈力丹

个人简历

陈力丹，中国人民大学二级教授(2007 年起)，新闻学院学术委员会主任。他于 1976 年毕业于北京大学中文系，1981 年毕业于中国社会科学院研究生院新闻系，1981 年起在中国社会科学院研究生院新闻系任教。鉴于研究与教学事迹突出，1984 年他被中国记协授予“全国优秀新闻工作者(一级)”称号(共 50 人)。陈力丹 1982 年起担任助理研究员，1987 年起担任副研究员和硕士生导师，1993 年起担任研究员并享受国务院特殊津贴，1998 年担任博士生导师和中国社科院新闻与传播研究所学术委员会副主任，2003 年至今担任中国人民大学新闻学院教授、博士生导师、博士后流动站站长。2009 年获北京市优秀教师称号，2014 年获宝钢教育基金优秀教师特等奖提名奖，2009—2014 年为第 6 届国务院学位委员会新闻传播学科评议组成员。

陈力丹被全国新闻界瞩目源于 1983 年全国马克思新闻思想研讨会，他以与会者身份参观中国历史博物馆的马克思生平事迹展览。当时没有讲解员，陈力丹也是第一次看这个展览，他凭借对马克思生平事迹的熟悉，面对展板逐一讲解，还指出个别地方年代和具体情节的差错。后来赶到的两位女讲解员拿着盒式录音机，请他再讲一遍。

陈力丹改编了新闻史和新闻传播理论教材的结构，他编写的教材有 3 本被评为精品教材，2 本被列入国家规划教材，1 本正在参评高校教材图书大奖。

陈力丹采用 PPT 教学已有 10 多年，紧密联系实际是他的教学特点。每节课他都组织 2～3位同学分析新闻传播界的最新问题，此前与学生多次通过邮件讨论、修改。课后他还将涉及具体媒体的分析性作业转交相关媒体负责人，供他们工作参考。

陈力丹创造性地组织同学参与研究。传播理论课全班 28 人，他提出研究选题，学生两人一组在课堂上进行播报分析。经他推荐，有 20 人次到北京、天津、西安等 6 所高校给本科生或研究生播报与交流；9 人次参加了西安、沈阳、上海、广州的学术会议。学生播报后形成的论文，经他逐字逐句地修改和补充，已有 7 篇被发表，还有几篇待发。学生的活动在学院电子报《工作动态》上报道，激发了学生积极性。

从 2011 年 8 月起，陈力丹连续 4 年在《青年记者》杂志开设“读新闻传播学书”的专栏，每月主题为一本书，他为每组读书笔记写按语，至今已经发表 150 篇，作者绝大部分是中国人民大学的本科生，还有其他 4 所地方高校的本科生。

中国人民大学本科生在参加各种竞赛时找陈教授指导的很多，有时学生在他的办公室门口排起了队，但他很少在指导教师栏署名，而是让青年教师担当。

陈力丹承担学院“985”子课题“马克思主义新闻观研究”，带动全院 21 位青年教师参与，教师们已发表各类论文 200 多篇，每篇论文均经他逐句修改。

陈力丹科研成果量与引证率长期居本学科全国第一位，独著和第一署名论著 47 本；CNKI 论文 1225 篇，其中 593 篇被引证 5040 次；近三年 CSSCI 内被引用率居本学科第一位(99 次)；其代表作《精神交往论》分别荣获吴玉章奖和教育部人文社科奖的一等奖。

北京市高等学校教学名师奖获得者

孙明君

个人简历

孙明君，清华大学人文学院中文系教授，陕西师范大学文学博士(1993年毕业)，北京大学首届文学博士后(1995年出站)。1995年6月至今任教于清华大学人文学院中文系，1997年在韩国釜山大学、2007年在日本九州大学各任教一年。2008年7月至今任对外汉语文化教学中心主任，2012年10月起任人文学院党委副书记。他主讲中国古代文学史、中国古典诗歌研究与赏析、中古诗歌研究等，先后招收博士研究生9人、硕士研究生10余人，出版专著5部、教材1部，在《哲学研究》《文学评论》等刊物发表学术文章百余篇。

孙明君教授热心于文化教育事业。他主讲的全校选修课中国古典诗歌研究与赏析数次获得“清华大学精品课”称号，2009 年获得“北京市精品课程”称号，2014 年获得中国高等教育学会大学素质分会“大学素质教育精品通选课”称号。该课开课时间长，从 1996 年至 2014 年开课 32 学期，课程容量大，选课人数达 4867 人次，最少时 100 人选修，最多时 400 人选修，学生选课需要抽签。

孙明君教授能够及时把学科最新成果引入教学当中。他主张教学必须与科研相结合，如果教师没有对学科前沿进行研究，只能照本宣科，拾人牙慧。他在课堂上实行讨论式、参与式教学，启发学生主动探索问题，能够将听觉与视觉相结合，通过古典诗词的吟诵和歌唱，活跃了课堂气氛，增强了学生的审美体验。

孙明君教授对魏晋南北朝文学的研究处于学术前沿，是该阶段学术研究的带头人之一。在研究中他能够做到文学与历史的结合、微观与宏观的结合、文献与思辨的结合。他共出版学术著作 5 部：《两晋士族文学研究》(中华书局)，《汉末士风与建安诗风》(台湾文津出版社)，《三曹与中国诗史》(商务印书馆)，《汉魏文学与政治》(商务印书馆)，《流霞回风：中国古典诗歌散论》(云南人民出版社)，编著教材《昨夜星辰：中国古典诗歌品鉴》(清华大学出版社)，在中华书局和人民文学出版社出版普及性读物 3 种；在《哲学研究》《文学评论》等刊物发表学术文章 100 余篇，被 CSSCI 收录数十篇。

孙明君教授承担科研项目三项：中国博士后基金项目“三曹与中国诗史”(1993 年)国家社会科学基金项目“汉魏文学与政治关系的历史考察”(1999 年)和“两晋历史与文学的关系研究”(2004 年)。

孙明君教授于 2006 年入选教育部新世纪优秀人才支持计划。他的专著《两晋士族文学研究》于 2012 年获得北京市第 12 届哲学社会科学优秀成果奖二等奖。

北京市高等学校教学名师奖获得者

王　红

王红，博士，清华大学自动化系副教授，系副主任，1992 年和 1995 年毕业于天津大学，分别获得工学学士学位和工学硕士学位。1995 年进入清华大学自动化系任教至今，2000 年至 2005 年攻读在职博士学位，2004 年至 2005 年在美国麻省理工学院电子与计算机工程系作访问学者。现任全国电子技术教学研究会理事，华北电子技术教学研究会常务理事，中国计算机协会容错专家委员会副主任。她担任国家级精品课程和国家级精品资源共享建设课程电子技术基础的负责人，两次获评清华大学“清韵烛光——我最喜爱的教师”称号，还曾获得宝钢教育基金优秀教师、霍英东教育基金会优秀青年教师、清华大学教书育人先进个人、清华大学先进工作者、清华大学优秀共产党员等称号和荣誉。

王红自 1995 年在清华大学自动化系电子学教学组任教，目前是国家级精品课程和国家级精品资源共享建设课程电子技术基础的负责人。她一直带领教学组开展教学研究和改革，保持了课程的先进性和鲜明特色，受到学生和专家同行的好评与肯定。

她主讲的电子技术基础，在近 10 年的学生评教中各单项指标均为“☺”(即各单项得分排名均在 100 人以上参评教师的前 15%)，且评教总分 10 次位列清华大学全校的前 5%。她开展的教改工作 2 次(2004 年、2010 年)获得清华大学教学成果奖一等奖、1 次二等奖(2014 年)，2013 年获得清华大学实验技术成果奖一等奖，还获得 2005 年清华大学青年教师教学优秀奖，2004 年获得清华大学首届青年教师基本功大赛一等奖。她和教学组同仁在教学工作中不断总结，发表教学论文 10 余篇，参编的教材被评为北京市首届高等教育经典教材(2013 年)，获得清华大学优秀教材特等奖(2008 年)和一等奖(2012 年)。

她还承担和参加国家“973”计划子课题、国家自然科学基金重大研究计划子课题、国防项目以及国际合作等 30 余项研究项目。科研方向为电子技术及其应用、电子电路系统的故障诊断和可靠性研究。主要成果包括：根据海军装备部的需求完成的数字电路板故障诊断测试集自动生成系统，解决了装备维护中的数字电路板测试集生成的问题，获得了军队科技进步奖一等奖、国防科学技术奖三等奖；针对模拟电路故障诊断难以实用化的问题，完成了模拟电路板故障诊断测试集自动生成系统，获得了军内科技进步奖二等奖；针对舰船装备可测性设计相对滞后的状况，完成了舰船电子装备的测试性分析和诊断系统，获得了军内科技进步奖三等奖。她在科研中不断总结，在国内外期刊、国际国内会议共发表文章 86 篇，其中 SCI 和 EI 收录 32 篇，申请专利 2 项。

王红还在 2008 年获得第 11 届霍英东教育基金会优秀青年教师奖，2010 年获宝钢教育基金优秀教师奖。

北京市高等学校教学名师奖获得者

张　雄

个人简历

张雄，教授，1966 年出生，1986 年毕业于宁夏大学物理系并留校任教，1989 年和 1992 年分别获大连理工大学计算力学专业硕士学位和博士学位，1994 年从成都科技大学水利工程系博士后出站到清华大学工程力学系工作，先后任助研、副研(1994.12)、教授(2003.12)、博士生导师(2004.9)、工程动力学研究所所长(2007—2013)、航空宇航工程系党支部书记(2013 年至今)，期间赴加拿大维多利亚大学、英国曼彻斯特理工大学和香港大学从事合作研究或学习。2004 年入选教育部首批新世纪优秀人才支持计划，现兼任中国力学学会理事、中国力学学会计算力学专业委员会委员、北京振动工程学会副理事长、1 本国际期刊副主编、3 本英文期刊编委和 2 本中文期刊编委。

张雄教授先后主讲过程序设计基础、专家系统、理论力学、有限元法基础、振动理论、航天器空间碎片防护问题研讨、计算动力学和高等计算固体力学等课程。自1999年起他主讲校一类课程理论力学，于2004年起负责理论力学的日常教学管理工作，并作为骨干教师全程参加了理论力学国家精品课的建设工作，出版了教材《理论力学》(第二作者，2001年第一版，2010年8月第二版)、《工程弹性力学与有限元》(第二作者)和《计算动力学》(第一作者，2007年第一版，2015年第二版)，并研发出版了理论力学教学网(2005年，唯一作者)、理论力学网络试题库(2005年，第一作者)、理论力学多媒体素材库(2005年，第一作者)和理论力学多媒体教学系统(2003年，第二作者)等教学软件和多媒体课件。

张雄教授在教学工作中潜心钻研，教学与科研相互促进，注重将科研成果引入教学，擅长利用各种多媒体教学手段，教学效果优异。在近10年来的教学评估中，张雄教授的理论力学评估结果有7次位于全校同类课程的前5%，其中2次为第一名，1次为第二名。2012年以来他为钱学森力学班开设的有限元法基础入选校“挑战性示范课”，他负责的计算动力学被评为校研究生精品课程。他先后被评为北京市教育创新标兵、教书育人先进个人，获北京市高等教育教学成果奖二等奖、清华大学青年教师教学优秀奖、优秀教学软件一等奖。

张雄教授于2004年入选教育部首批新世纪优秀人才支持计划，获教育部自然科学奖二等奖和一等奖；主持了6项国家自然科学基金项目、1项国家重点基础研究发展计划课题、1项国家安全重大基础研究子专题和多项横向项目；指导了24名博士生(其中7名为副导师)和14名硕士生；已出版专著2部，发表论文130余篇，其中被SCI收录60余篇，1篇论文入选2012年度中国百篇最具影响国内学术论文。2004年8月出版的国内首部《无网格法》专著在中国知网总库中被引用550余次，对促进国内无网格法的研究起到了重要作用。

北京市高等学校教学名师奖获得者

陈英和

个人简历

陈英和，博士，北京师范大学二级教授，博士生导师。现任教育部人文社科重点基地副主任、北京师范大学学位委员会委员、心理学院学位分会主席、《心理发展与教育》杂志副主编。自 1985 年以来她一直坚持为本科生和研究生教学，曾主讲多门课程，同时承担繁重的科研工作，主持国家社会科学重大项目、自然科学基金等 20 余项，在国内外学术刊物上发表学术论文 139 篇，独立撰写或主编学术著作 6 部。现任中国心理学会理事、中国心理学会教育心理学专业委员会主任、学术委员会委员；获国务院政府特殊津贴，入选教育部新世纪优秀人才计划；获得北京市高等教育教学成果奖一等奖、北京市教育科学研究一等奖、北京市哲学社会科学研究成果奖一等奖以及北京市高校优秀共产党员称号。

先进事迹摘录

陈英和教授在北京师范大学从事教学和科研工作已30年，数十年来她一直坚持在教学第一线，每年为本科生和研究生开设多门课程。她还主持国家社会科学基金等10多项课题，发表学术论文139篇，出版教材和著作6部，荣获多项省部级以上奖项。她对待工作严谨认真的态度对学生们产生了非常积极的影响。

在教书育人方面，她每周专门安排一天时间与上课的本科生进行学术交流，学生们深受其益并称为“教授时间”。为了更好地了解学生的特点和需求，每门课她都会精心制作一本学生信息卡，现已保存多本。每一届学生都会对学习及未来规划存在困惑，她就有针对性地与他们交谈，帮助他们树立职业理想，激发其热爱教育事业。

在教学改革方面，陈英和教授基于核心课程发展心理学，连续开设了两门新课程，其中儿童认知与情绪是对核心课程在内容上的聚焦和深入，而智力心理学新进展则关注最新的研究方法、研究成果、研究取向及理论思潮。早在1996年她就独立撰写出版了国内首部儿童认知发展教材《认知发展心理学》，该书多次印刷，为多所大学使用。2013年她又出版了新版《认知发展心理学》并被推荐为21世纪高等学校教材，她还出版了90多万字的翻译版《生命全程发展心理学》教材。在她的教学中，研究方法的讲授在课程内容及时间安排上占有很大比例。她认为学生只有掌握了科学有效的研究方法，才能自主地获取、创造知识。

在科学研究方面，陈英和教授在儿童认知发展与教育方向上已积累了近30年的研究经验及成果，在儿童情绪的发生和发展领域也做了近15年的研究。她已将现有的研究成果分别整合成了“儿童数认知”“儿童元认知”“儿童社会认知”以及“儿童情绪能力发生”等专题纳入她的课程中，真正形成了科研和教学相互促进的良好的工作模式。

北京市高等学校教学名师奖获得者

周尚意

周尚意，北京师范大学地理学与遥感科学学院教授，城市与区域规划研究所所长，兼任中国地理学会文化地理学专业委员会主任、中国地名学会常务理事、中国老年学学会常务理事、中国国土经济研究会理事、国际地理联合会文化地理学专业委员会委员、区域科学学会中国分会常务理事、亚洲文化景观学会常务理事，以及国内外8个学术刊物的编委。她主编教育部“九五”规划教材《人文地理学》、“十一五”规划教材《文化地理学》和《人文地理学野外方法》，主讲的人文地理学获北京市精品课程，她本人被评为宝钢教育基金优秀教师、北京市师德标兵等。她主持加拿大政府FEP项目、美国政府Fulbright项目、国家自然科学基金项目、国土资源部、民政部等国家部委委托项目，发表专著10余部、论文140余篇。

她在教学改革探索中汇聚起一支队伍。自 1988 年到北京师范大学任教以来，她主持了学校的人文地理学野外实习探索项目(2003—2004)、人文地理学精品课程建设项目(2005—2006)、北京市人文地理短途野外实习基地建设项目(2006—2007)、高等人文地理学课程建设项目(2006—2008)、自然资源与环境经济学双语课建设项目(2005—2007)、人文地理学多媒体教学资源库建设项目(2010)，参加了地理学人才培养理科基地建设(自然科学基金委项目 2009—2011，2012—2014)。她与团队成员的成果“国家理科基地地理学‘三维多元’创新型人才培养体系建设与实践”获得北京市政府教学成果奖一等奖(第四获奖人)，“世界地理学教学改革”获北京市政府教学成果奖二等奖(第一获奖人)，“地理学野外实习网站”获第 14 届全国多媒体课件大赛一等奖(第二获奖人)，“人文地理学野外实习录像系列”获北京师范大学第 3 届多媒体教学软件设计比赛演示课件优秀奖(第一获奖人)。

1993 年至今，她长期坚持野外教学实践，每年带领学生开展野外实习(2000 年在美国访学时中断一次)。在盛暑酷热的南方乡村做田野工作，条件十分艰苦，每次实习他们还要全体转场两次，她与其他老师一道竭诚合作，实现了 22 年无事故。作为实习领队，工作量大，她在实习中三次生病发烧、一次病毒性疱疹发作。在她与同事们的共同努力下，北京师范大学与实习地政府建立了北京和江苏两个人文地理学野外实习基地，依托这两个研究性基地，目前北京师范大学已与华东师范大学、北京大学、南京大学、复旦大学、华中师范大学、江西师范大学、宁夏大学、北京联合大学、曲阜师范大学等十余所大学开展联合实习。

她扩大了北京师范大学的人文地理学及野外实习的国际影响，美、德、荷、英、韩、俄、瑞典等国家的十余所大学被该课程吸引，主动与他们联系参加课程合作与野外实习，其中美国的马里兰大学、加州大学洛杉矶分校、瑞典哥德堡大学与周尚意领导的团队已建立了长期合作，目前正合作编写英文教材。

北京市高等学校教学名师奖获得者

孙　波

孙波，教授，博士生导师，北京师范大学信息科学与技术学院副院长，北京师范大学教学指导委员会委员，中国计算机学会教育工委会委员，中国计算机学会高级会员，教育部学位与研究生教育专家库成员。主要从事图像识别与机器学习、计算机教育应用等方向的研究。主持全国教育科学“十二五”“十一五”教育部重点课题、海军装备“十一五”规划项目、国防科工局国防基础科研项目、北京市自然科学基金项目以及多个政府招标项目。作为主要研究人员，孙波参与过国家“863”课题(1项)、国家自然科学基金项目(4项)、教育部科技攻关项目(3项)，2003年以来在国内外学术刊物上发表学术论文90余篇，获得教育部科技进步三等奖、广东省科技进步三等奖、中国人民解放军技术侦察成果奖三等奖、北京市教育教学成果奖(高等教育)二等奖(排名第一)、北京高等学校继续教育优秀教学团队(团队负责人)。

教师是一个平凡的职业，没有惊天动地的壮举，但它是一项神圣的事业，塑造人类的灵魂，为社会培养未来的栋梁。作为一名大学教师，首要的工作就是教书育人，培养合格的高等教育人才。在孙波23年的教学生涯中，辛勤的汗水洒在三尺讲台，1991年毕业留校担任91级班主任，而今他的学生活跃在各行各业，成为祖国建设的中坚力量。留校至今，每年他都给本科生开设算法设计与分析、编译原理课程，这是两门计算机专业的必修核心课程，学习难度大。为了让学生能够更好地掌握课程的内容，孙波投入了大量精力精心备课，制作多媒体课件，批改作业，为学生答疑。除了讲授专业课程，23年间他还指导了108名本科生的毕业论文，培养出76名硕士研究生和6名博士研究生。他指导的国家大学生创新创业训练计划项目、北京市大学生科学研究与创业行动计划项目、北京师范大学本科生科研基金项目的总数超过15个。他辛勤的付出也收获了荣誉，2008年他获得北京师范大学本科教学优秀奖，2009年获得第5届北京师范大学教学名师奖，2010年获得北京师范大学钱瑗教育基金优秀教师奖。

孙波不仅认真完成自己的专业课教学，从2005年开始，还担任信息科学与技术学院的教学副院长，负责制订学院的本科生培养方案、实验室建设规划，推进课程建设和实习基地建设等本科教学管理工作。在担任教学副院长的十年间，他积极加强教学改革并提升实践教学，构建了学院一体两翼的实践教学体系，并获得了2008年北京市高等教育教学成果奖二等奖。这些教学改革工作还分别获得了2008年北京师范大学教育教学成果奖一等奖(信息学科课程体系的建设与改革实践)、2008年北京师范大学教育教学成果奖一等奖(电子与计算机学科实践教学体系的建设与改革)、2012年北京师范大学教学成果奖一等奖，孙波也因此获得2010年北京师范大学优秀教学副院长。

除了教学，孙波在科研上也取得了可喜的成绩。2010年以来，他主持省部级纵向课题2项(在研项目1项)，主持横向科研项目5项(在研项目2项)，合同总金额1194万元，已到位经费1141万元。2010年以来他以第一作者或通信作者身份共发表学术论文38篇，其中期刊论文16篇(SCI检索1篇、EI检索6篇)，国际会议论文22篇(全部EI检索)。

北京市高等学校教学名师奖获得者

杜凤沛

个人简历

杜凤沛，1968 年出生。1999 年获南开大学物理化学博士学位，2007 年被评为教授和博士生导师，现任中国农业大学理学院副院长、化学实验教学中心主任、教育部大学化学课程教学指导委员会委员兼农林组召集人、中国化学会化学教育学科委员会委员、《大学化学》编委。他主要承担胶体与表面化学、物理化学实验等课程的教学任务，年均教学工作量超过 380 学时。近年来他共主持、参加各级教学研究项目 16 项，发表教学研究论文 17 篇，曾获国家级、北京市级教学成果奖 5 项，主编国家级“十一五”规划教材《简明物理化学》并由高等教育出版社出版。近年来，他围绕影响农药利用率的界面化学问题开展了大量研究工作，发表 SCI 检索论文 30 篇，并获 2 项国家发明专利。

先进事迹摘录

杜凤沛教授在16年的教学生涯中，从未间断过本科生基础课程教学工作，每学年为本科生授课不少于380学时。他非常重视教学研究，十几年来先后主持、参加教育部、北京市、学校教学研究项目16项，发表教学研究论文17篇。他对教学内容进行了合理的更新和取舍，力求使教学内容与现代农业、林业及生命科学结合得更为紧密，提高了学生的学习兴趣。他注重采用启发、讨论、研究式教学方法，加大了方法论的教学力度，大幅提高了教学质量，并得到了学生的高度评价。学生普遍认为，他讲课趣味性强，有吸引力，他的课使学生对许多化学问题引起深层次的思考，是一位将教书和育人融合在一起的好教师。他重视教材建设，主编、副主编、主审教材6部，其中2部被列入国家级“十一五”规划教材。因在教书育人等方面表现突出，他共获得国家级、北京市教学成果奖5项，受邀在2013年中国农业大学“重托·使命”师德论坛作了典型发言，并在2013年被评为中国农业大学首届教学名师。

在实验课程的教学改革中，他建立了以计划教学、开放教学、科研训练相结合的复合型教学实验新体系；开设双语实验教学，要求学生以科学论文的形式完成实验报告，培养了学生的创新能力。他完成了无机化学等课程共60多个长达380分钟的实验教学流媒体的制作任务，规范了化学实验的基本操作，也为学生提供了接触大型仪器虚拟平台的机会，并为今后虚拟仿真实验室的建设和实验教学翻转课堂的改革打下了良好的基础。

他重视学科竞赛和本科生科技创新活动，先后指导40名本科生参加全国大学生化学实验邀请赛和北京市大学生化学实验竞赛，其中4名学生获全国竞赛二等奖，4名学生获北京市竞赛一等奖，8名学生获二等奖。他还指导20名学生开展国家大学生创新项目等本科生业余科研活动，以本科生为第一作者发表SCI论文1篇(IF：4.15)，参与发表SCI论文4篇，另外指导本科生黄甜获全国大学生化学科技交流活动学术报告二等奖。

北京市高等学校教学名师奖获得者

张淑敏

个人简历

张淑敏，教授，博士生导师，中国农业大学教学名师，北京机械设计研究分会常务理事，首都高校机械创新设计大赛组委会委员，主讲机械设计、机械设计基础和机械设计课程。她以排名第一的身份获北京市教学成果奖一等奖、宝钢教育基金优秀教师奖、北京高教局舒尔美恩师奖。她承担毕业设计、生产实习，指导大学生课外创新活动及竞赛等；主编“十二五”规划教材《机械设计课程设计指导》，副主编“十一五”国家级规划教材《机械设计教程》《机械设计基础》，并获北京高等教育精品教材奖，发表教学论文 10 篇；参加教育部教学改革 4 项，参加北京市教学改革 4 项，主持校极教学改革 9 项；获学校教学成果奖 6 项，其中特等奖 2 项；主持国家级科研项目 4 项，参加 9 项；指导研究生 30 名，发表学术论文 40 余篇。

张淑敏勤勤恳恳坚守教学工作第一线，积极探索教学模式，成绩突出。近 5 年她完成教学工作量 3100 学时(620 学时/年)，教学效果得到学生和同行的好评。2014 年她被评为中国农业大学教学名师，2010 年被评为宝钢教育基金优秀教师。在课堂教学中，她突出“五注重”：注重及时了解每个学生的个体状况，因材施教；注重采用互动式教学方式，引导学生积极思考；注重实例教学，培养学生灵活运用所学知识解决实际问题的能力；注重引导鼓励学生利用现有资源和北京的文化古城优势，培养学生创新能力；注重学生道德品质的培养，教育学生要做事先做人。她近 10 年指导 45 名本科生的毕业设计，2012 年指导的学生获校级百篇优秀论文，本人被评为校级百篇优秀论文指导教师。

她积极开展教学改革，改善教学条件，提高教学质量。1996－2008 年作为主抓教学的系副主任，她先后主持了 4 次培养计划的修订工作，组织相关教师就教学内容、教学方法和教学手段进行研讨，修订教学大纲；组织实施了机械设计制造系实验室建设，其中“机械设计实验室基础条件建设”获得北京市合格实验室的称号，为学生实践和创新能力的培养提供了基础条件。作为机械设计课程负责人，她积极开展教学研究，她的机械设计课程 2007 年被评为中国农业大学机械设计精品课程。

2008 年以来她长期担任大学生创新中心主任，创建了大学生科技创新实践中心，牺牲大量节假日组织并亲自指导学生课外科技创新活动，探索科技创新实践对学生创新能力的培养模式。“农业院校四位一体工程拔尖人才创新能力培养模式构建与实践”获北京市教学成果奖一等奖。她带领的团队在学科竞赛中取得北京市及市级以上奖项 43 项。

她积极开展科学研究，提高科研业务水平，实现科研促教学。她主持或参加了 13 项国家重要科研课题，包括国家自然科学基金、国家科技支撑计划、公益性行业(农业)科研专项等，有 12 项课题已通过验收，1 项在研。她在提高科研业务水平的同时，实现了科研促教学，丰富了教学内容。

北京市高等学校教学名师奖获得者

刘建伟

刘建伟，北京航空航天大学电子信息工程学院教授，博士生导师，党委书记。1985 年和 1988 年于山东大学获学士和硕士学位，1998 年于西安电子科技大学获博士学位。1988 年 7 月进入空军工程大学电信工程学院任教，历任助教、讲师、副教授。2005 年 11 月进入北京航空航天大学从事教学和科研工作。承担国家级课题 10 余项，科研成果获国家技术发明一等奖 1 项、省部级奖励 3 项。出版教材和译著 6 部，其中 1 部被评为全国优秀教材一等奖，1 部被评为教育部精品教材，1 部被评为北京市精品教材，1 部入选“十一五”国家级规划教材。密码的奥秘被评为国家级精品视频公开课程。发表论文 100 余篇，申请发明专利 17 项。现任中国密码学会理事、教育部高等学校信息安全专业教学指导委员会委员。

先进事迹摘录

成为一名教师是他童年的梦想。1988年他从山东大学硕士毕业时，便毅然选择了教师这个职业，成为空军工程大学的一名教员。1989年，刚登上讲台不久的他就在空军工程大学举办的年轻教员教学基本功竞赛中脱颖而出，斩获学校二等奖。

1992年，他受命赴非洲某国执行军事援助任务，担任专家组副组长。他用流利的英语讲授了2门专业课，出色地完成了任务，获得空军嘉奖。西安电子科技大学博士毕业后，他于1999年选调至空军某部从事信息战的研究工作，因工作成绩突出，再获空军嘉奖。

脱下戎装后，他步入海信集团技术中心从事科研和产品开发工作，他主持开发的产品分别获得山东省计算机应用优秀成果奖二等奖和山东省科技进步三等奖，他被海信集团授予“科技标兵”称号。

2005年，他怀着对大学教师职业的憧憬和热爱，再次走进大学校园。近十年来，他辛勤地耕耘在教学和科研工作的第一线。在教学方面，他为本科生、研究生、留学生开设了多门课程；积极投身教学改革，将最新的教育教学理念和科研成果融入教学内容，先后获北京航空航天大学教学成果奖一等奖2项、二等奖2项、三等奖3项；他以高度的责任感确保每一堂课的含金量，为保证教学质量，常常备课到凌晨，从不懈怠和敷衍。他注重对教学方法和教学艺术的研究，主讲的信息网络安全成为北京航空航天大学的精品课程，密码的奥秘获评国家级精品视频公开课。他编写的多部优秀教材以及自主研发的信息安全实验设备被多所高校采用。他将自己在企业的工作经验带入课堂，教学效果获得学生的赞誉。他重视理论联系实践，积极组织和指导学生参加学科竞赛，学生共获得全国性科技竞赛一等奖14项、二等奖7项、三等奖1项，他本人多次获得“优秀指导教师”的荣誉称号。他能够将“教书”和“育人”相结合，主动及时为学生解决思想上的困惑。

在科研方面，他带领团队承担了国家“973”计划、“863”计划、国家自然科学基金等课题10余项，科研成果获得了国家技术发明一等奖，为我国的国防建设事业做出了突出贡献。

北京市高等学校教学名师奖获得者

张　华

张华，1958年出生，布依族，博士，教授，分别于1982年、1989年、2006年获得北京航空航天大学工学学士、硕士、博士学位。自1982年至今在北京航空航天大学航空科学与工程学院工作，历任助教（1982—1988年）、讲师（1988—1993年）、副教授（1993—2007年）、教授（2007年至今）。他是国家级精品课和北京市精品课“空气动力学”课程主要成员（排名第二）、北京市优秀教师、校优秀主讲教师，承担空气动力学、飞机构造与系统、现代力学基础、Aircraft Aerodynamics等课程教学。2000—2009年任北京航空航天大学流体力学研究所副所长，2007年至今任北京航空航天大学力学实验教学中心副主任，2000—2006年兼任中国空气动力学会流动显示专业委员会委员，现兼任中国力学学会《力学与实践》杂志第9届编委会委员、中国科技馆科技顾问。

张华教授是国家级精品课“空气动力学”课程组主要成员(排名第二)、北京市优秀教师(2006 年)、宝钢教育基金优秀教师(2000 年)、北京航空航天大学优秀主讲教师(2005 年)。他教学效果突出，学生历年教学评价分数均名列前茅，在 2007—2014 年第 7、8、13、14 届北京航空航天大学“我爱我师——我心中最爱戴的老师”评选中分获最具亲和力奖、十佳教师奖、优秀教师奖和激情洋溢奖。

他在教学上努力追求传承力学大师普朗特理论联系实际的学术思想，注重介绍科学大师的创新经历和成功经验，注重启发学生从实践到理论的科学素养和创新精神。他在教学中大量引入国内外著名高校和研究机构经典的实验录像，教学内容丰富、生动形象，促进了学生对基本概念和理论的深入认识和理解；注重运用多种理论与实际结合的方式开展启发式教学，结合工程实际提出问题，理论分析强调物理概念；注重利用课堂教具及现场制作开展教学，课堂气氛活跃，学生参与意识强。他的教学内容注重反映国内外航空航天技术发展趋势和热点，结合我国大飞机及军机研制进展和技术难点，适当介绍现代空气动力学的发展需求与最新成果。

他是力学实验教学中心副主任，承担了多项教改项目，建立了航空航天特色突出、层次化、综合化、创新性的实验教学体系。他在国家工科基础课程力学教学基地建设、北京市力学教学示范中心建设以及国家级精品课空气动力学等课程建设和教学中发挥了突出作用，促进了学生创新意识和能力的提高。相关成果获得北京市高等教育成果奖一等奖 1 项、北京航空航天大学优秀教学成果奖一等奖 2 项、二等奖 1 项。他的实验教学体系辐射面广，在国内外具有良好声誉和影响，他承担了国内外多所院校学生的教学实验，为国内外有关单位研制了多项流体力学教学设备，协助中央电视台等媒体拍摄了多个科教节目。

在科研上他承担国家自然科学基金、国防基金及横向课题等多项研究，发表论文 40 余篇，获国家自然科学三等奖 1 项(1997 年，排名第五)、部级科技进步二等奖 1 项(1995 年，排名第六)、天津市科技进步三等奖 1 项(2008 年，排名第三)。

北京市高等学校教学名师奖获得者

张京英

张京英，1963年出生。中共党员，北京理工大学机械与车辆学院教授，工程图学教研室主任，工学博士，机械制造及自动化专业。研究方向：计算机辅助设计、先进切削技术。自1988年至今她一直在高等院校从事图学教学工作，2009—2010年在美国麻省理工大学CAD实验室作访问学者。参加多项教改及科研项目，发表学术论文50余篇，主编教材4部，获校级、市级教学奖励多项。兼任北京市高等教育学会理事、北京市高等教育学会工程图学研究会理事长、北京图学学会理事会理事、北京图学学会图学教育专业委员会主任委员、北京图学学会学术工作委员会委员、中国机械工业教育协会工程图学课程教学委员会秘书长。

先进事迹摘录

张京英教授自 1988 年以来在高等院校从事图学基础教学 30 年，工作踏踏实实、兢兢业业、勤勤恳恳。在多年的教学实践中，她潜心研究教育理论，注重研究和摸索学生的心理，积极探索新时期实施素质教育的方法和途径，力求将教书与育人有机结合，并在实际教学中应用，收到了良好的效果。她曾被评为北京市优秀青年骨干教师、校三育人先进个人，获得北京理工大学青年教师教学基本功比赛一等奖、校优秀教学奖等，并获得多项校级和市级优秀教学成果奖。

2009—2010 年她在美国麻省理工大学 CAD 实验室作访问学者期间，曾亲历了美国顶尖工科院校注重创新思维和实践教学并基于项目的目标创建驱动式教学的过程。回国后，她在调研了国内一流高校教学改革的基础上，积极探索出一套既具有国外一流大学教学理念又具有中国特色的注重实践教学和素质教育的教学新模式，使学生的工程意识、工程素质、自我获取知识的能力、创新意识、交流能力、组织管理能力、团队合作能力等都得到很好的培养和锻炼，为后续工程类课程进一步的素质教育奠定良好的基础，也为学生走出国门进行国际化交流奠定了良好的基础。通过几年的教学实践，这个教学新模式取得了显著效果。近期她又通过制图慕课建设，将制图教学改革成果宣传出去，使更多人受益。

她在担任良乡校区繁重的本科基础教学任务(年均授课超过 192 学时，每年授课班在 10 个以上)的同时还参加多项科研项目，关注科技发展前沿，将科研与教学相结合。2011—2014 年她在担任机电科学基础部党支部书记期间，积极参加公共管理，开展各项活动，注重教师队伍建设，关心其他教师的发展和成长，带领基础部出色地完成各项教学科研任务。

作为北京市高等教育学会工程图学研究会理事长和北京图学学会图学教育专业委员会主任，她积极组织北京市各高校会员单位对图学教育教学及人才培养模式开展有特色的交流研讨活动，同时加强与企业的联系和合作，并逐步开展与国际同行的交流合作，力求推进图学教育，开创图学教育的新局面。

北京市高等学校教学名师奖获得者

罗庆生

罗庆生，博士，教授，博士生导师。1982 年获北京理工大学工学学士学位，20 世纪 80 年代、90 年代分别在北京理工大学光电工程学院和北京理工大学机电工程学院攻读工学硕士和工学博士学位，1987 年和 2001 年获得工学硕士和工学博士学位。1987 年进入高等教育战线，在武汉大学、汕头大学、北京理工大学等国内知名学府从事高等教育工作，现任北京理工大学机电学院教授、硕士生和博士生导师。主要从事机电一体化系统控制技术、机电一体化产品创新设计等的教学、科研、开发工作。担任教育部创新教学方法指导委员会委员，兼任中国发明协会高校创造教育学会副理事长、中国创造学会常务理事、北京创造学会学术委员会主任等职。承担多项国家级、省部级科研项目和多项教改项目。发表学术论文 200 余篇，出版学术专著 13 部，获发明专利 16 项，获省部级科研与教学成果奖一、二等奖 6 项，获校级教学成果奖一等奖 6 项。

先进事迹摘录

罗庆生教授主要从事光机电一体化技术、特种机器人技术、工业机器人技术、机电伺服控制技术研究，主持或完成省部级以上科研项目 25 项，总经费逾千万元，出版《智能作战机器人》《光机电一体化系统常用机构》《大学生课外科技创新获奖作品精析》等学术专著 11 部，发表论文 200 余篇，其中被 EI 收录逾 60 篇。

在带领团队承担高新科技项目攻关的同时，罗庆生教授将教书育人、科研育人、创新育人作为自己责无旁贷的任务，辛勤工作在本科生教育第一线，并坚持不懈地探索创新型人才的培养新模式，努力构建创新型人才培养新体系。为使学生成为创新型、复合型、通才型的人才，罗庆生教授在课堂教学中不断深化发掘创新潜力，激发创新思维，始终将指导本科生开展课外科技创新活动作为分内工作，探索实施了书本内外结合、课堂内外结合、校园内外结合、理论实际结合、继承创新结合、动脑动手结合的新型教学模式，并把这一模式贯彻到指导大学生开展课外科技创新活动中去。从课堂教学到课外科技创新，罗庆生教授深受学生好评，于 2010 年与 2014 年两度获得北京理工大学“我爱我师”称号，并在 2014 年获得“感动北理，激励你我”先进模范称号。

多年来，罗庆生教授指导的学生科创团队获得数十项全国大学生科技竞赛最高奖，他已成为全国大学生科技创新活动中最有影响力的指导教师之一。2012 年 10 月，由他指导本科生创新团队研制成功的新型节肢机器人，作为教育部、科技部联合推荐的全国高校唯一入选作品精彩亮相“科学发展 成就辉煌”大型图片实物展，向党的十八大成功召开献礼，轰动全国，极大地鼓舞了全校师生。2014 年 10 月，他指导的两件学生科创作品“基于人体工学的穿戴式增力套装”和“大角度矢量推进式水下多用途机器人”在第 7 届全国大学生创新创业年会上大放异彩，在学生代表评选的“我最喜爱的项目”与参会专家评选的“最佳创意项目”中均名列前茅，在两项投票中斩获“我最喜爱的项目”十佳第一名、第二名，同时获得“最佳创意项目”十佳第一名、第三名。这是该校连续第七年在全国大学生创新创业年会中获得“十佳”项目称号，也在全国高校大学生科技创新活动中树立了一面旗帜，一面为培养创新型人才不懈努力的旗帜。

北京市高等学校教学名师奖获得者

戴胜华

个人简历

戴胜华，教授，硕士生导师，北京市师德先进个人，北京交通大学教学名师，课堂教学教风标兵，教育部铁路运输与工程教学指导分委员会委员，北京市电子信息类专业群教学协作委员。发表了数十篇科研和教改论文，获国家教学成果奖一等奖 1 项、北京市教学成果奖特等奖 1 项。主编了国家“十一五”规划教材《嵌入式系统》等多部教材，其中《微机原理与接口技术》被评为北京市精品教材。主持自制多项教学实验系统得到推广应用，年讲授课时数都在 160 学时以上，多年被毕业班学生评为最敬爱的老师。年均指导本科生 2～8 人、研究生 2～5 人。近年来指导学生参加“大学生创新创业训练计划项目”获国家级奖项 16 项、北京市级奖项 7 项，指导学生竞赛获国家级一等奖 3 项、二等奖 4 项、北京市级奖项 5 项。

先进事迹摘录

单片机原理与应用这门课以提交作品的方式结课，在很大程度上加强了学生的动手能力。很多学生在毕业时背着自己的作品去找工作，往往获得很多公司的青睐，找工作的成功率有了很大提高。选过戴老师课程的张卫同学道出了奥妙：在戴老师的课上能学到真东西，课堂实践环节比较多，他更加强调动手能力，比如编程、调试、硬件设计等，这些内容在以后的工作中都能用到。

在微机原理与接口技术这门课上，戴老师建立了 FTP 服务器，供学生提交视频作业并答疑解惑，反馈教学信息。他布置的汇编实验，鼓励学生把做题过程进行录像，并把做得最好的录像放在可以下载的地方，让不会的学生来学习，调动了学生的学习积极性。除了录像，他还要求学生提交研究报告，目的是让学生独立思考，真正掌握一些有用的知识。

戴老师把指导竞赛当成教学里非常重要的一部分。戴老师对参赛学生关怀备至，对参赛费用也大力支持。电信学院 2007 级杨阳在 2009 年参加了电脑鼠走迷宫大赛，在大二的时候他就进入了戴老师的实验室，戴老师在竞赛上给他的帮助特别大，不但在拥挤的实验室里腾出了不小的空间来摆放迷宫，还经常对他们在竞赛上遇到的难题进行解答，设计使用的芯片都是戴老师掏钱买的。最终，他的团队获得了全国总决赛第三名的好成绩，杨阳也被保送到清华大学攻读硕士研究生。

戴老师对课堂纪律要求是非常严格的，对不守纪律的学生直接批评，他还“尤其照顾后三排的学生”，把 50%的提问机会留给这些学生。对于那些后进的学生，他不忘拉一把，经常让他们回答问题，让他们跟上课程。戴老师坚信：学校的学生只要好好培养都能成才！

北京市高等学校教学名师奖获得者

房海蓉

个人简历

房海蓉，1968 年出生，1997 年进入北京交通大学机电学院工作。2003 年任副教授，2011 年任教授，2012 年担任博士生导师，2011 年被聘为机电学院主管本科教学的副院长。主讲机械原理、创新工程、机器人技术基础等本科生课程和研究生课程，现为机械原理课程负责人、校级优秀主讲教师、校级教学名师。指导本科生机械系统创新设计实践、机械原理方案设计综合实践等课程设计和毕业设计等实践环节，同时指导学生参加机器人电视大赛和机械创新设计大赛等学科竞赛，获得多项国家级和北京市级奖励。主要社会兼职有北京市高等教育学会机械原理研究会常务理事、北京市机械类专业群教学协作委员会委员。

房海蓉教授从 1998 年开始承担本科生教学工作，教风严谨，倾情投入，具有很强的敬业精神，注重培养学生理论联系实际、解决问题的能力和创新精神，形成了独特的教学方法和扎实的教学基本功，教学效果获得学生好评，获评校级优秀主讲教师、校级教学名师，获得学校第 5 届青年教师教学基本功比赛一等奖、北京市第 4 届青年教师教学基本功比赛二等奖。她主讲的机械原理被评为北京市精品课程，她主编的《现代机械工程综合实践教程》被评为北京市精品教材、国家“十一五”和“十二五”规划教材，她参编的《创新思维与创造技法》被评为北京市精品教材。

她积极参与教学改革与建设，主持过国家级教改项目 4 项、北京市教改项目 5 项，教改成果获国家教学成果奖一等奖 2 项、北京市特等奖 1 项、北京市一等奖 1 项、校级奖励多项，以上成果都已在教学实践中得到推广和应用。

她在学生课外科技实践指导和担任班主任工作方面也取得突出成绩。2002 年至 2006 年，她指导学生参加 CCTV 机器人电视大赛，获得全国第三名、最佳设计奖、最佳创意奖、最佳策略奖等。此后，她又积极指导学生参加机械创新设计大赛和大学生计划项目，获得多项国家级、北京市级竞赛奖励。她在担任班主任期间，经常深入学生宿舍，关心学生学习和生活，拿出个人资金组织班级活动，为困难学生购买听英语的耳机等，资助生病学生。在她的带动下，班级学习风气良好、凝聚力强，获评校级优良学风班。

她在教书育人方面成绩突出，曾被评为北京市教育创新标兵、首都高校社会实践先进工作者、宝钢教育基金优秀教师、校级三育人标兵，获校级五四青年奖章等。

近 5 年她主持军工纵向课题 8 项，参加国家自然科学基金项目 5 项，获得科研经费 1000 余万元，发表论文 50 余篇，其中 SCI 和 EI 收录 6 篇，ISTP 收录 9 篇，申请发明专利 3 项，2013 年的科研成果获中国人民解放军科学技术进步二等奖。她充分发挥科研优势，积极推进科教融合，及时将最新科研成果引入教学，开展基于项目的研究性教学，获得校级优秀研究性载体 2 项、优秀学生作品 2 项。

北京市高等学校教学名师奖获得者

孙　军

孙军，1984 年毕业于哈尔滨工业大学管理科学与工程专业。1984—2004 年在华北航天工业学院经济管理系担任系主任、教授。1998 年 3—12 月在德国雷根斯堡应用技术大学作高级访问学者，2000—2010 年在北京化工大学研究生班管理科学与工程专业学习。2004 年至今，任北京化工大学经济管理学院教授。主要从事管理科学与工程、信息资源管理、项目与工程管理等方向的研究。曾被聘为全国标准化委员会航天行业委员会顾问专家、河北省经贸委专家咨询服务委员会专家、核心期刊《项目管理技术》杂志编委会编委、中国管理现代化研究会决策模拟专业委员会和专家委员会委员。

先进事迹摘录

孙军教授政治坚定，治学严谨，教书育人，在教学和科研上均取得了突出成绩，在校内外享有较高的声望。

孙军教授主持或参与的科研及教改项目均取得了突出的成果，曾获得北京市优秀教学成果一等奖、二等奖，北京市高等教育优秀教学团队奖，第 8 届北京化工大学教学名师称号，北京化工大学优秀成果奖特等奖。他先后主编并出版了《现代管理学》《项目管理》等 10 多部教材，其中 3 部教材获得北京市高等教育精品教材奖，1 部教材被评为国家“十一五”规划教材。

孙军教授充分利用校内外的教学资源，采取案例研讨、课堂讲授、习题考核、情景模拟、思维训练、管理游戏、影像放映、实地参观等多元的教学方式，增进师生的教学互动，加强团队学习，使学生在合作交流过程中自我发展、自我完善、自我矫正、互通有无、智慧共享。在课堂外，他借助课程网络信息互动平台、电子邮件、网络视频、QQ、微信等媒介，进行在线辅导、在线测试、文献导读、论文撰写、预习复习等多维教学方式，补充和延续师生的教学交互。这些教学方式极大地激励学生深入参与教学过程，实现师生间多形式、多层次、多方位、多角度、多元化的交互。

孙军教授作为课程建设主要责任人，所讲授的管理学被评为国家资源共享课、国家级精品课、北京市精品课。他担任北京化工大学电子商务校级精品课负责人，其主编的教材《电子商务概论》被评为北京市高等教育精品教材立项教材。此外，其主编的《项目管理》教材也被评为北京市高等教育精品教材立项教材和北京市高等教育精品教材。

除此之外，他还主持和参与多项教育部、北京市和企业委托的管理咨询项目，相继取得了不少成果。他常常为企业管理人员讲授管理类课程，其严谨的治学态度获得了合作单位的高度赞扬。他在德国作高级访问学者时积累了丰富的教学与实践经验，为北京化工大学教学和科研工作做出了较大的贡献。

孙军教授对学生的科研活动也极为热心，积极指导学生参与大学生科研训练计划项目、“挑战杯”商业计划书大赛、大学生创业大赛等活动，在大学生创业大赛中获北京市银奖。

此外，他参加学校历年招生咨询工作，并做出了较突出的贡献，为此获得北京化工大学招生宣传工作先进个人三等奖。孙军教授在教书育人和教学科研中的突出表现获得了广大师生的高度赞扬。

北京市高等学校教学名师奖获得者

李保山

李保山，1989—2001 年在抚顺石油学院工作，主讲分析化学、分离科学与技术导论等本科生课程。2001 年 5 月至今在北京化工大学工作，负责基础化学课程建设，主讲基础化学、配位化学、高等无机化学、中级无机化学、工业化学等本科生和研究生课程。现兼任全国化工硫酸和磷肥设计技术中心技术委员会委员、中国石油和化工勘察设计协会硫酸和磷肥设计专业委员会委员、济南市院士专家基层服务工作站特聘专家、塔里木大学客座教授、国家科技进步奖评审专家、千人计划、拔尖人才评审专家、*Global Journal of Physical Chemistry* 及《工业催化》期刊编委等。

先进事迹摘录

李保山教授长期为大学一年级学生主讲基础化学课程，还主讲过配位化学、高等无机化学、中级无机化学、分析化学、分离科学与技术导论、工业化学等多门本科生及研究生课程。他政治立场坚定，师德高尚，爱岗敬业，关爱学生，教书育人，严谨笃学，富有创新协作精神，具有先进的教育思想及理念，提出了“以应用为导向的化学课堂教学”模式，理论联系实际，及时把先进的教改成果及学科最新成果融入教学，激发学生的学习兴趣和创新思维，培养了学生的综合素质，受到学生及同行专家的一致好评。他多次被评为校级优秀教师、优秀思想政治工作者，1994年获得抚顺市模范共产党员称号。光明日报、抚顺日报、抚顺电视台等多家媒体分别以《李保山和他的教学班》《不断的攀登者——李保山》等为题报道了他教书育人的事迹。他还获得了北京化工大学第7届十佳教师和第8届教学名师称号。他先后主持和参与了20多项各级教学研究项目，他主编的《基础化学》被评为北京市精品教材及“十一五”国家级规划教材，负责建设的基础化学课程获得了北京市高等学校精品课程。他先后指导了86名硕士研究生和18名博士研究生，指导了大批本科生毕业论文的写作。2013年他获得北京市高等教育教学成果奖一等奖，2014年获得国家级教学成果奖二等奖。

在科研工作中，他始终坚持以应用为导向的科研理念，在催化剂新材料、重防腐涂料等研究领域取得了创新性的研究成果。他提出了涂层的双电层理论，并研发出多种形式的重防腐材料及涂料，产品已在多个领域被应用。他先后主持近30项科研课题，发表科研论文140多篇，申请国家发明专利30项，10多项科研成果被成功转化后创造了巨大的经济效益及社会效益。

他非常注重青年教师的培养工作，在他的指导下，十多名青年教师已成长为教学及学科建设的骨干，多位青年教师已晋升为教授或副教授，他的指导工作对学科建设及教学质量的提高起到了重要的作用。

北京市高等学校教学名师奖获得者

刘　立

刘立，1959年出生，教授，博士生导师，北京科技大学高等工程师学院院长，中国金属学会冶金设备分会矿山设备学术委员会主任委员。多年来他为本科生和研究生开设矿山机械与自动化、汽车电子与电气技术等课程，主持了教育部卓越工程师培养计划、国家级工程实践教育中心、海外名师、北京市教学改革等教研项目，主编了《建筑环境与能源应用工程概论》双语教材，多次获北京市教育教学成果奖。指导学生参加多届机器人、智能车队国际国内比赛，被评为优秀指导教师。主持了国家“863”计划项目、省部级项目共24项，1999年“攀枝花选矿厂新型分级工艺及相关设备研究工业试验”项目获国家冶金工业局科技进步一等奖，发表科研论文100余篇，多次荣获学校本科教学优秀奖、建龙优秀教师奖，被评为师德先进个人等。

先进事迹摘录

刘立教授多年来始终坚持工作在本科教学一线，十分注重将自己的科研工作和工程经历以案例形式融入课堂教学，受到学生普遍认可和好评；他始终坚持将专业理论与学生实践相结合，并创建平台培养和提高学生的科技创新能力。他组建学校智能车队、机器人团队并担任指导教师，取得了多项国内外顶尖赛事最高奖。他始终坚持以研究的态度服务教学工作，注重对教学经历和经验进行总结、梳理，依托教学研究项目持续改进教学方法，主持和参与了多项省部级科研项目，2009年获北京市教育教学成果奖(高等教育)二等奖，2013年获北京市教育教学成果奖(高等教育)一等奖。他始终坚持以开阔的视野、探索的精神、改革的魄力、不懈的努力潜心教学研究，特别注重教学理念的改革与创新，积极投身工程型人才培养改革工作中，主持学校卓越工程师教育培养计划、国家级工程实践教育中心建设、工程师国际化能力培养、中国冶金行业卓越工程师教育培养联盟筹建等人才培养改革工作，取得了有目共睹的成绩。他始终坚持通过“传帮带”培养和锻炼青年教师的教学能力，作为专业课教师和梯队负责人，他指导青年教师教学的每一个环节，严格把关，在课程组中营造浓厚的教学氛围，引导青年教师将科研与教学相结合，提高青年教师的学术水平。

刘立忠于党的教育事业，兢兢业业教书育人，勤勤恳恳做学问，踏踏实实搞研究，勇于创新，锐意进取，淡泊名利，埋头苦干，敏行务实，无愧为学校优秀教师的代表之一。

北京市高等学校教学名师奖获得者

金龙哲

个人简历

金龙哲，教授，博士生导师，享受国务院政府特殊津贴专家，现任北京科技大学土木与环境工程学院党委书记、国家安监总局科技支撑平台矿井避险技术研究中心主任。1985年起在北京煤炭干部管理学院、北京科技大学等高校任教。曾获宝钢教育基金优秀教师奖、建龙优秀教师奖、北京市教育教学成果奖一等奖、冶金优秀教材奖，被评为首都高校社会实践先进工作者；获国家科学技术二等奖1项、省部级科技进步奖17项(其中特等奖1项、一等奖7项)；主编或参编教材和专著18部；发表论文200余篇。目前主要兼任教育部教指委员会委员、国家安全生产专家组成员、4个国家级或省部级重点实验室学术委员会委员、《中国安全科学学报》等5部期刊编委会委员。

金龙哲教授多年工作在教学第一线，积累了丰富的经验，以严谨诚恳的教学态度、踏实稳重的工作作风、广博深厚的教学内容赢得了学生和老师的尊重与爱戴。

在教学过程中，金龙哲教授将其丰富的科研工作经验与课堂完美结合，课堂内容丰富且不拘一格，深入浅出地解析课本知识，诸多实践经验还为学生的专业学习提供了新的视角，他严谨诚恳的教学态度也得到了学生的一致认可和好评。金龙哲教授在教学领域取得了卓著的成果，参编教材和专著17部，他主编的《矿山安全工程》入选国家“十二五”规划教材，《安全学原理》获冶金优秀教材二等奖。任教33年间，先后培养了20余名博士生、100余名硕士生。这些充分彰显了一位当代先进教师的能力。

作为安全科学与工程学科带头人，金龙哲教授非常注意培养青年教师，在学院提出“青蓝工程”项目，采取“传帮带”等形式，以老带新、新老结合，为青年教师制订详细的培养计划，以不断提高他们的教学水平和科研能力。迄今，他已指导培养了刘建、陈月芳、黄志安、栗婧、牛伟、高娜等多名青年教师，其中陈月芳、刘建多次在各类青年教师教学基本功竞赛中获奖。

在科研工作领域，金龙哲教授严谨认真，善于开拓创新，注重交叉学科和优势互补，主持并完成了诸多科研技术攻关问题，在矿山安全等领域做出了突出贡献，发表学术论文200余篇，其中SCI、EI收录50余篇。他曾获得国家科技进步二等奖1项、省部级科技进步特等奖1项、一等奖7项、二等奖4项、三等奖5项。

金教授工作踏实，做事严谨负责，对学生，他是呕心沥血的严父、见识广博的长者；对工作，他是踏实负责的典范、大公无私的榜样；对科研，他是勇于创新的先锋、严谨客观的科研工作者。正是这种广博的知识、严谨的态度、虚怀若谷的人格魅力、勇于创新的学术精神深深地影响了一代又一代学生。

北京市高等学校教学名师奖获得者

高　颀

高颀，北京体育大学教授，博士生导师。1992 年北京体育大学运动医学专业本科毕业，2005 年获得北京体育大学运动生理学博士学位。2011 年晋升为教授，2015 年获博士生导师资格。自 1992 年在北京体育大学任教以来，他担任博士、硕士及本科运动医学专业三个层次的教学工作，负责康复专业本科核心课程：骨骼肌肉康复、运动疗法技术学和伤后功能训练等。在校任教期间，他年年超额完成工作量，所授课程被评为北京体育大学首批优质课。获北京体育大学青年教师基本功大奖赛第二名、北京体育大学教学成果奖二等奖。主持省部级及以上课题 13 项，担任多支国家队队医及康复教练，2012 年入选教育部新世纪优秀人才支持计划和国家体育总局优秀中青年专业技术人才百人计划名单。

高颀教授作为一名中国共产党党员，热爱祖国，坚决拥护党中央的正确领导，认真履行党员的责任和义务，热爱并忠于党的教育事业，具有高度的责任心和事业感，始终工作在教学科研第一线，为党的教育事业无私奉献。

高颀教授始终恪守教师职业道德，履行教师职责，坚持为人师表，注重教书育人。从教 26 年来，他始终严于律己，不断提高教学水平，将国外先进运动损伤预防及康复理念运用于课堂教学中，将自己长期跟随国家队从事科技服务所获得的研究成果和经验融入教学环节。其严谨的教学态度和幽默风趣的教学风格受到广大师生的喜爱和一致认可，所带的学生中有 7 人次获得国家奖学金。作为教研室主任，在学校领导大力支持下，他和同事们一直致力于北京体育大学运动康复专业的持续发展。2011 年，作为主要执笔人，他修改康复医学与理疗学硕士专业的学科规划，经国务院学位委员会第二十八次会议审议批准，增列北京体育大学临床医学硕士学位为一级学科，使北京体育大学成为国内唯一拥有 4 个一级学科的体育高等院校，使学校的综合实力又迈上了一个新台阶。目前他正在积极筹备、推动本专业成为首个通过 WCPT(世界物理治疗联盟)认证的运动康复专业院校，同时与全美运动康复专业排名第一的美国南加州大学就人才培养方面建立了良好的合作关系，全面促进中国的运动康复专业与世界接轨，为北京体育大学运动康复专业的持续发展做出了应有的贡献。

高颀教授在体育科学领域的国内核心期刊和国外专业会议发表论文 20 余篇，主持省部级及以上课题 13 项；曾担任备战奥运会、亚运会中国拳击队、中国跆拳道队、中国女子曲棍球队、中国艺术体操队、中国棒球队等多支国家队队医和康复教练；获得第 29 届北京奥运会、第 30 届伦敦奥运会及第 22 届索契冬奥会国家体育总局授予的“科研攻关与科技服务个人贡献奖”。

北京市高等学校教学名师奖获得者

王　军

王军，1952 年出生，1975 年毕业于北京外国语学院意大利语专业，后留校任教，1981—1983 年赴意大利进修，主要研究领域为意大利语言与文学。现任北京外国语大学教授、博士生导师、中国意大利文学研究会副会长、中国意大利语教学会副会长、中国译协汉译意研究会会长等职。著有专著 3 部、教材 14 册、译著 7 部，撰写各类学术论文 20 余篇，创建多门精品课程，其中两套教材被评为北京市精品教材，一门课程入选中国大学精品视频公开课。2012 年被意大利共和国总统授予意大利之星骑士勋章，获中国外语非通用语教育奖，2013 年获北京市优秀教师奖。

王军教授忠诚于党的教育事业，教书育人，把德育贯穿于教学的每个环节，受到学生的尊重与爱戴。在40年的教学生涯中，他兢兢业业，始终坚持在教学一线，多次获得学校优秀教学奖，并于2013年获北京市优秀教师荣誉称号。

他与其他同事一道建立起一种符合在中国教授中国人意大利语的教学理念，并根据这一理念制定出一整套科学的教学法，取得了良好的教学成果，该教学理念和教学方法已逐渐被国内高校的意大利语专业教师普遍接受和采用。

最近10年来，王军教授编写了大量意大利语言与文化教材，其中两套教材分别被评为2008年和2011年北京市精品教材。此外王军教授编写的《意大利文学史：中世纪与文艺复兴时期》《意大利文化简史》和《意大利文学史及名家名著研读》等著作，代表了中国在意大利文学研究方面的较高水平。

王军教授非常重视对青年教师的培养，积极推动建立国内外相结合的意大利语青年教师培养机制。在他的推动下，北京外国语大学意大利语教研室已成为学科分布基本合理的全国最优秀的意大利语言文化的教学科研团队；预计3年后，该教研室具有博士学位的教师将达到全体教师总数的80%。此外，作为意大利语教学会的领导，他还积极指导其他院校的教学，培养其他院校的青年教师，现有6名来自全国各院校的青年教师师从王军教授，攻读博士学位。

北京市高等学校教学名师奖获得者

段克勤

个人简历

段克勤，1962 年出生，教授，外国语言学及应用语言学专业硕士生导师，日语学科负责人，现任北京林业大学外语学院教学副院长。1984 年开始任教至今，1986 年公派到日本留学获硕士学位，博士结业。回国后主讲日语阅读、日本文化等 7 门本科生课程。现兼任国家外专局国际化人才 BFT 命题专家、北京市考试院命题专家、北京市大学日语研究会理事、留学基金委评审专家。她长期从事日本语言文化的教学和研究，主持课题 20 多项，参与课题 20 多项，发表论文数十篇，主编、参编的著作、教材近 20 部。参加的两项教育教学研究获北京市教学成果奖二等奖，曾获宝钢教育基金优秀教师奖，被评为北京市优秀教师、首届北京林业大学教学名师、优秀共产党员和巾帼标兵。

段克勤教授爱岗敬业，无私奉献，教书育人，勤于耕耘。她热衷于教育事业，一直投身一线教学工作，具有扎实的教学基本功以及很强的科研和教学管理能力。从教以来她一直承担本科生、研究生的日语专业课教学工作，同时承担教学管理工作，历任外语系日俄教研室主任、日语系主任、外语学院副院长等职。她主动承担多种课型的教学任务，除了讲授公共日语(大学日语、中日文化对比、研究生日语)外，还先后为日语专业开设了专业概论、综合日语、日语阅读、日本影视欣赏、日本文化等课程，先后指导 40 名本科生、8 名硕士研究生的毕业论文。作为指导教师，她对学生严格要求，在生活上关心备至，她严谨的工作作风和无私的奉献精神深深地感动着、感染着每一名学生。

段克勤教授潜心研究教学，成果斐然。她主要研究日语篇章法、句法、词汇学、日本社会文化和教学法，她主持和参加的科研课题有 40 多项，发表论文数十篇，主编、参编、翻译著作 20 多部。她主持的基础日语被评为校级优秀精品课程；主持的课题分别获校级教学成果奖一、二、三等奖；参加的两项课题均获 2009 年北京市教学成果奖二等奖，成果应用推广取得良好的效果。

在教学管理上，她坚持以改革求创新，以创新求发展，强化质量意识，她在学院教学管理工作方面成绩突出。她的学生大学英语四级通过率创学校最高纪录；在全国大学英语竞赛中，她的学生屡创佳绩，获奖人数逐年增多；日语、英语专业四级、八级通过率远远超过全国和理工院校的平均水平。

段克勤教授以饱满的工作热情为党的教育事业无私地奉献着，无论是在繁重的教学科研工作中，还是在推动学院教学改革中；无论是在烦琐的日常管理工作中，还是在本科教学工作水平评估、审核评估、专业评估等大事件中，都表现出了极强的责任感和管理才能。

北京市高等学校教学名师奖获得者

张　学

个人简历

张学，1964 年出生，医学博士，教授，1989 年参加工作至今已从事高等教育教学工作 29 年，先后于中国医科大学及中国医学科学院—北京协和医学院从事医学遗传学教学及科研工作。现任中国医学科学院—北京协和医学院基础医学研究所(基础学院)医学遗传学系主任、北京协和医院临床遗传学实验室主任、国务院学位委员会第 6 届学科评议组成员、中华医学会医学遗传学分会候任主任委员、*Annual Review of Genomics and Human Genetics* 等多个国际杂志编委。目前主要从事单基因遗传病致病基因研究，迄今为止在 *Science* 和 *Nature Genetics* 和 *American Journal of Human Genetics* 等杂志发表系列高水平论文。入选教育部长江学者特聘教授名单，获得国家自然科学基金二等奖、教育部首届高校青年教师奖等多个奖项。

先进事迹摘录

张学教授长期在教学一线工作，主持了多项八年制临床医学专业本科生医学遗传学课程改革并总结发表教学论文，内容包括：以问题为中心、以病例为主线的课堂教学；利用网络资源和多媒体手段，组织以学生为中心的主动学习；围绕典型病例，开展社会实践和科研活动；使用英文教材，请国际著名遗传学家进讲堂；注重实践教学，围绕遗传病检测开设实验课。他常年将自己的实验室向学生开放，多年来已有多名八年制学生在实验室完成了科研训练及学位论文撰写工作。在历届学生的评估中，张学教授一直是协和基础学院最受欢迎的教师之一，并在 2009 年被评为北京协和医学院教学名师。

张学教授近年来先后主持国家"863"课题、国家自然科学基金重点项目以及教育部长江学者和创新团队发展计划创新团队项目等，发现了家族性反常性痤疮和 Marie Unna 型遗传性稀毛症等单基因病的致病基因以及先天性全身多毛症等基因组病的致病基因组重排，在国际著名杂志发表多篇高水平论文，包括《科学》1 篇、《自然遗传学》2 篇和《美国人类遗传学杂志》5 篇。上述发现改写了国际最权威的人类遗传病数据库 13 个条目，被写进多部国际著名遗传学或医学教科书，张学教授本人也因此受邀担任 8 家国际专业学术杂志的编委并多次应邀在国际学术会议上作报告。他牵头完成的遗传病致病基因和致病基因组重排的发现成果获 2014 年度国家自然科学基金二等奖。

张学教授注重学生德与才的双重培养，在网上获得"想做人，请报考张学老师"的高度评价。迄今为止，他指导的研究生已有两人获得全国百篇优秀博士论文提名奖，一人的论文获评北京市优秀博士论文。

此外，他还注重对青年教师的培养，已有三名海外归国的青年学术骨干加盟学系，他们在科研和教学工作中发挥了关键作用。他在促进学科交流及发展的相关工作中受到国内同行的普遍赞许及原卫生部和广西壮族自治区领导的表扬。

北京市高等学校教学名师奖获得者

张晓光

张晓光，教授，博士生导师，1988 年北京大学研究生毕业，同年到北京邮电大学理学院物理部工作，长期从事物理教学与光纤通信的研究工作。主讲本科生大学物理(双语课)、大学物理解题法、非线性光学导论、光通信的物理基础课程；主讲研究生非线性光学、特殊函数概论课程。长期从事高速光纤通信研究，研究方向有光纤中的偏振控制、相干光纤通信均衡方法、高质量光频梳的产生、轨道角动量光波通信等，为华为科技公司研制出国内第一台偏振模色散自适应补偿样机，其产生的高质量光频梳处于世界先进水平。为美国 IEEE 高级会员，美国 OSA 会员，中国通信学会、光学学会、电子学会高级会员，北京光学学会理事兼光通信专业委员会主任。享受国务院政府津贴(2007 年)、获得教育部科学技术进步二等奖(排名第二，2015 年)、中国通信学会科学技术三等奖(排名第一，2005 年)、信息产业部科学技术进步三等奖(排名第四，1999 年)、首届全国大学物理教学优秀论文三等奖(1997 年)。主编《大学物理双语课程解题指导书——A Guide to the Problems in University Physics》(北京邮电大学出版社，2010)，翻译国际著名光学著作《光学》第四版(清华大学出版社，2013)。

先进事迹摘录

在北京邮电大学工作的 30 年中，张晓光教授将基础物理教学工作与光纤通信科研工作完美结合，走出了一条教学与科研相互促进、教学成果与科研成果双丰收的学术之路。

教学成果亮点：(1)提出基于费马原理的几何光学自聚焦光纤模式色散的完整讲授方法，文章发表在《大学物理》、*IEEE Transaction on Education* 杂志上，获得教育部高等学校物理学与天文学指导委员会与中国物理学会颁发的首届大学物理教学优秀论文三等奖。(2)作为课程负责人，他在北京邮电大学与英国伦敦大学玛丽女王学院联合培养项目——北京邮电大学国际学院课程建设中，建立了一套完整的大学物理双语教学平台，在《中国大学教学》杂志发表题为《大学物理双语教学探讨》的论文。(3)提出一套利用相长干涉理论的简明光波导模式理论，给出了归一化频率的不同于传统的物理解释，适合低年级学生学习。教学文章发表在《工科物理》和《光通信研究》杂志上。(4)受邀翻译国际著名教材《光学》第四版，并邀请原书作者来北京邮电大学访问，进行“大师进课堂”活动。

科研成果亮点：(1)作为项目负责人，他完成国家“863”计划重点项目、国家自然科学基金项目资助的光纤偏振模色散自适应补偿的理论与实验研究，获得中国通信学会科学技术三等奖和教育部高等学校科学研究优秀成果科技进步二等奖。(2)作为项目负责人，他受华为科技公司委托，成功研制国内第一台光纤偏振模色散自适应补偿样机，其性能指标全面超过美国 Stratalight 公司的 OTS4540 型号产品。(3)成功研制目前国际上性能指标最好的应用于超信道传输的多载波光源，提出了一整套影响多载波质量的解决方案。(4)因在光纤孤子传输方面的成绩获得原信息产业部科学技术进步三等奖。

张晓光教授长期受肝病困扰，需要长期注射干扰素，每次注射完几个小时后就会发烧，但是不管什么情况，他都坚持工作。2005 年他刚从上海参加国际会议赶回北京就接待了美国佐治亚理工学院的张继昆教授，由于劳累，夜间晕倒摔破了头，在医院缝了 5 针。在接下来的一周时间，他带着绷带坚持上了 13 节课，他的事迹感动了许多老师和学生，在北邮人论坛上被传为美谈。

北京市高等学校教学名师奖获得者

赵进喜

赵进喜，医学博士，教授，主任医师，博士生导师。1987年参加工作，主讲中医内科学等并创建中医临床思维课程。现任北京中医药大学东直门医院大内科副主任、中医内科教研室主任、国家中医药管理局内分泌重点学科带头人、糖尿病肾病"微型癥瘕"重点研究室主任。兼任世界中医药学会联合会糖尿病专业委员会副会长、秘书长、内分泌副会长、中华中医药学会糖尿病分会副主委、北京中医药学会糖尿病专业委员会副主委、中国医师协会内分泌医师分会委员、北京医学会内分泌专业委员会委员、《北京中医药大学学报》编委、《北京中医》编委、《糖尿病天地》副主编、《中华糖友》主编、《糖尿病之友》编委等。

赵进喜教授1987年参加工作，从事高等教育31年，长期在北京中医药大学承担本科生的中医内科学的教学与临床带教工作，积极探索中医教育新模式。他面向七年制学生创建中医临床思维课程，并计划针对教改班、岐黄国医班等不同班级采用不同的教学内容。在教学方法方面，他积极利用多媒体教学、视频教学，承担了中医内科学选讲视频公开课项目，获得国家级精品课程称号，课程视频已在爱课程网公开上线。他从教多年，培养了大批博士、硕士研究生，承担研究生中医病因病机学和中医内伤杂病专题讲座的授课任务，指导研究生临床实习和科研。在课余时间他指导学生的学术沙龙和义诊等，2013年的“关爱身心、健康相伴”社会实践活动，获北京高校红色“1＋1”示范活动三等奖。他作为总指导带领学生参加2014年全国中医药临床技能大赛并获得一等奖。因其工作卓有成效多次受到表彰：2002年获得霍英东教育基金会高校青年教师奖；2007年被评为国家中医药管理局全国中医优秀临床人才，在全国优秀中医临床人才研修项目中获“研修项目优秀学员”称号，获得中华中医药学会首届中医传承高徒奖；2009年主编的《关格》课件被评为“首都中医药实训与综合评估管理”项目优秀课件；2010年获得中国科协“全国优秀科技工作者”荣誉称号；2013年获得首届北京中医药大学“岐黄中医药传承发展奖”；2013年获得北京中医药大学优秀BB网络课程评比三等奖。他长期坚守临床教学、医疗、科研一线，提出了“三阴三阳体质”理论及“辨体质—辨病—辨证三位一体”的辨证模式等创新理论。他主持和参与8项国家级或省部级课题，科研成果获国家科技进步二等奖1项，获中华中医药学会科技奖一等奖1项、二等奖4项，获北京市科技进步奖二等奖1项、三等奖1项。他曾发表论文、译文90余篇，著有《四大经典与中医现代临床》(丛书)、《糖尿病及其并发症中西医诊治学》《内分泌代谢病中西医诊治》《疼痛性疾病现代中医治疗学》等学术著作与科普著作23部。

北京市高等学校教学名师奖获得者

侯俊玲

个人简历

侯俊玲，教授，自 1986 年以来，在北京中医药大学中药学院讲授物理学、医用物理学及物理学实验等课程。兼任中国生物医学工程学会中医工程专业委员会秘书长、中药资源生态专业委员会委员、教育部高等学校教学指导委员会委员、教育部高等学校教学指导委员会医学物理分会副主任委员。

教学方面：侯俊玲教授在北京中医药大学中药学院物理教研室从事教学工作 32 载，一直工作在教学一线，具有主讲 1 万多学时的教学经验。在这 32 年的物理教育教学生涯中，她努力钻研相关领域的知识，脚踏实地，积极进取。出身物理专业的她跟着本科生一起学习中医药相关知识，研修医药领域与物理学密切相关的契合点，从而在教学中巧妙地把物理学理论融入医药学应用之中。她所讲授的物理学深受学生喜爱，讲出了具有医药院校特色的物理学，在每次学生给予教师的考评中她都名列前茅，是一位深得学生赞誉的主讲教师。

教材建设方面：教材建设是教学的主要环节之一，侯俊玲教授不断研究和思考物理学知识体系构成的逻辑关系以及医学院校学生自身的特点，对物理学教材进行了深度研究，自 2003 年以来，她一直担任全国中医药院校物理学教材的主编，近十年她编写的相关教材有 23 部，其中主编 14 部，副主编 8 部，主审 1 部；2014 年由她和上海中医药大学共同主编的《中医工程学导论》被评为上海中医药大学的优秀教材，也是“十二五”规划教材的创新教材。

多媒体教学及实验室建设方面：多年来，为了达到更好的教学效果，她自制研发本学科的多媒体教学课件，研发教学效果更直观的动画编辑软件，并一直应用在课堂教学及实验教学中，使物理教学更为形象，收到了很好的教学效果；她还经常维修和改造实验教学仪器，为学校为国家节省了相当可观的教育教学经费。

科研方面：在教学的同时，她积极投入科研工作，主持多项省部级科研，近五年获得科研经费达 300 多万元，培养指导了研究生 10 余名，撰写论文多篇，近五年发表 SCI 论文 4 篇、期刊论文 32 篇、会议论文若干篇；与此同时，在全国范围的研讨会上、学会上汇报多项相关的科研工作成果等。

教师队伍建设方面：她经常自费组织科室教师开展相关的教学研讨工作并带领基础教学部到兄弟院校进行参观学习。当年轻教师进入科室后，她组织青年教师进行岗前培训，加强德育教育，树立积极向上的人生观，完成从课桌走向讲台的转变；她利用各种教法模式，使年轻教师尽快进入教师角色，确定工作目标、工作职责与工作方案。她通过系统的备课、教学研修、撰写论文，深入研究教材内容、编写教材，她还经常请校外优秀的教师给科室老师进行培训等，使整个团队快速成长为具有较高专业素养、专业技能、学生认可的优秀物理教师团队。

北京市高等学校教学名师奖获得者

钱爱民

钱爱民，经济学博士，对外经济贸易大学国际商学院副院长，会计学教授，博士生导师，中国注册会计师，入选教育部新世纪优秀人才支持计划名单，中国会计学会会计教育专业委员会委员。拥有20年高等教育教学经验，是国家级精品课程企业财务报表分析的主讲教师之一，编写“十二五”国家级规划教材1部，现为浙江大学、东北大学等多家高校的EMBA项目特聘教授。出版专著2部，编著教材10余部，翻译国外专著3部，在专业期刊上发表论文30余篇。主持国家自然科学基金、教育部社会科学基金、北京哲学社会科学“十一五”规划重点项目等多项国家级和省部级项目。荣获第6届高等学校科学研究优秀成果奖和北京市第12届哲学社会科学优秀成果奖。

先进事迹摘录

钱爱民教授拥有 20 年高等教育教学经验，她扎实的专业功底和独特的授课风格在校内外各层次学生中赢得了一致好评，她被评为校优秀教师、优秀研究生导师、优秀本科教学管理工作者，荣获“王林生”奖教金和 MBA 优秀教师贡献奖。

善于开展案例教学和营造活跃的课堂气氛是钱爱民教授教学成功的一个关键性保证。在课堂上，她将学生分成不同的小组，对案例展开全方位讨论。她总是就教学内容向学生发问，借助提问引导学生对理论和实际问题展开细致深入的思考。接近一半的课堂教学都是在各类问答、讨论交流的互动中进行，她也因此被学生笑称“问题老师”。她经常说：“教师的职责是努力激起并用心呵护学生的学习兴趣。”

“热情、真诚、耐心”的教学态度使她与学生建立了平等友好的关系，不仅中国学生喜欢这位好老师，外国学生也对她怀有深厚的感情。她多年来为留学生和 MBA 学生讲授全英文的财务会计课程。留学生来自几十个国家，她总是抓住各种机会与他们沟通，了解他们不同的学习习惯和学习需求，帮助他们更好地了解中国，适应中国。

在钱爱民教授的心目中，教师是世界上最阳光的职业，“以学生为本、因材施教”是她一贯秉承的教育理念，她以成就学生为荣，用大爱铸就师魂。

北京市高等学校教学名师奖获得者

李　英

李英，1965 年出生，华北电力大学人文与社会科学学院国际法学教授，国际经济法专业硕士生导师。兼任中国国际法学会理事、中国国际私法学会理事、北京市国际法学会理事，加拿大渥太华大学法学院访问学者。从事国际法教学 20 年，主持和参加多个省部级科研项目，出版学术专著 5 部、编著 7 部。公开发表法学论文 60 多篇，主编和参编高等院校法学教材 8 部，其中《国际私法》一书获得教育部全国高等学校优秀教材一等奖。曾获得商务部第 6 届中国贸易救济与产业安全研究奖、北京市教育工会理论调研工作成果奖、山西省全省法院 2013 年度重点课题成果优秀奖、校教学成果奖，被评为校十佳青年教师、校第 3 届“巾帼之星”等。

作为法学专业的一名普通教师，李英始终贯彻“以教学为本，为学生负责”的理念，时刻心系学生，助力学生成长，帮助学生发展。一方面，她始终以一名普通教师的身份定位自己，在教学过程中踏踏实实，勤勤恳恳。有一次李老师腿部骨折，腿上打着石膏坚持为学生上课，学生们都为她的精神所感动。另一方面，她针对学生的特点制定科学的教学体系，采用学生喜闻乐见的教学方法，教学成果显著。李英教授对学生进行分类教学，课堂教学质量颇高。她讲授的法学专业本科生国际法必修课有三套教学课件：纯英文课件、中英文对照课件和纯中文课件，学生可以根据自己的实际情况选择使用。她还自编了国际法双语教材，因材施教，分类教学。学生的课程考试优秀率以及学生对她教学的评估均位于专业课程前列。

作为一名国际法学专业教授，科研永远是教学的核心。李老师多年来勤勤恳恳，任劳任怨，潜心科研，成果显著，尤其是在面对身体的伤痛时，她仍以顽强的意志用生命做科研。2013 年她经历了一次大手术，术后不能轻易走动，医生嘱咐她要好好静养，但是李老师仍放心不下科研和教学，不能下床时她就在床上进行创作，刚能下床了她就到处去找资料，她从来没有因为自己的身体不适耽搁科研进程和教学任务，这种精神让学生和同事钦佩不已。李老师正是以这样的意志累计出版学术专著 5 部、编著 7 部，主编和参编高等院校法学教材 8 部，公开发表法学论文 60 多篇，主持和参加多个科研项目，成果显著。

李老师深知人民教师的责任，她在教学和科研方面始终将培养学生放在首位，学生经过李老师的指导都受益匪浅。有许多本科学生学习了李老师的课程后，激发了学习国际法的热情，纷纷报考国际法专业研究生，其中多人已成为李老师的研究生。在研究生教学期间，李老师注重对学生学术研究能力的训练，有的学生在校期间即与李老师合著专业书籍，有的学生在学术期刊上发表多篇论文，有的学生与李老师参加学术会议并发表主题演讲，有的学生在校内外学术交流大会上获一等奖，多名学生获得国家奖学金、校级一等奖学金，还有的被评为北京市优秀毕业生、校级优秀毕业生等。

北京市高等学校教学名师奖获得者

高　飞

高飞，博士，教授，外交学院教务处长，院长助理，中国国际关系学会副秘书长，中国中俄关系史学会理事，上海合作组织睦邻友好合作委员会理事。1998年起在外交学院外交学系工作，先后任科研处处长、中国外交理论研究中心主任、法国斯特拉斯堡大学兼职教授、美国富布莱特高级访问学者。曾获霍英东青年教育基金奖(2008)，被评为北京市优秀教师(2006)，并入选北京市社科理论百人工程(2009)。近年来，作为课题负责人，他主持国家社会科学课题“未来十年上海合作组织的发展趋势及影响因素研究”等10余项课题的研究工作，出版了《政治文化变迁与中俄关系的演变》《和谐世界与君子国家》《改革开放以来的中国外交》等著作10余部，在国内外发表学术论文30余篇。

先进事迹摘录

在教学方面，高飞先后讲授外交学院本科生、双学位生外交学概论课程，开设硕士研究生外交案例、外交思想史、当代俄罗斯政治课程以及博士研究生的外交研究课程。2008 年，他参加的外交学概论教学团队获得外交学院优秀教学团队奖，外交学概论课程被评为北京市精品课。他还积极组织外交学名著的翻译和教材编写工作，他主编的“外交学译丛”已由北京大学出版社出版 7 部，参编的《外交学》教材也已于 2010 年正式出版。教书同时不忘育人，作为教师，他总是倾听学生的想法或对教学、管理工作的意见，引导学生积极向上、治学做人。由于在教学中的突出表现，2006 年他获得了北京市优秀教师称号。

在科研方面，他主持或作为主要成员参与了多项科研课题工作。其中包括 2012 年主持的国家社会科学一般课题“未来十年上海合作组织的发展趋势及其影响因素研究”，2007 年主持的北京市“十一五”规划重点课题“国外科研项目管理模式及其对北京市的借鉴与启示”等。作为主要参加者，他参加了多项外交部、公安部等课题研究，先后完成外交部重大课题“改革开放以来中国特色外交理论的形成、发展和实践以及对新时期我外交理论创新的看法和建议”“对当今世界相互依存加深的看法及对策建议”“近十年来中国外交理论与实践”“国际体系调整趋向及中国的定位和主张”“中国外交 60 年的发展轨迹、突出成就、主要经验和启示”以及“和平共处五项原则的重大历史意义以及如何赋予其新时代内涵”等工作，课题研究成果多次受到外交部表扬。他在国内外学术期刊发表论文 30 余篇，出版学术著作 10 部、译著 3 部。

在社会服务方面，他积极参加国家的公共外交工作，2013 年以来他连续接受外交部驻香港特派公署的委托赴港宣介中国外交，每年接受中央电视台、人民日报、新华社、中国新闻社等媒体采访上百次。他尽自己所能，帮助公众正确理解国家的外交政策，客观理性看待国际问题，把关于国际热点问题的讨论转化成建设国家的正能量，相关工作受到了外交部、新华社等有关部门的表扬。

北京市高等学校教学名师奖获得者

丁　迈

丁迈，1970 年出生，教授，博士生导师，本科毕业于北京师范大学，在中国传媒大学获硕士学位(广电网络工程学)和博士学位(传播学)，现任中国传媒大学新闻传播学部新闻学院副院长、国家话语研究会视觉传播学会副会长、中国传媒大学调查统计研究所副所长。1992 年从教至今，她一直活跃在本科教学一线，先后开设了传播统计学、定性研究方法系列、传媒市场调查与分析等 10 多门课程，年平均主讲 320 课时。评教成绩一直是优秀(A 级)，参评人次达 1700 人。在完成课堂教学任务的同时，她主持和参与了多项国家级、校级教学改革项目，并负责新闻学院本科及研究生日常教学管理工作和教学督导工作。

作为理工科出身的丁迈老师时常笑言自己来到传媒界的“黄埔军校”，并且一待就是 20 余年。然而，严谨的理工科思维与传媒大学充满自由和创造力的氛围发生了奇妙的化学反应，这令丁迈老师走向一条个性十足的为师之路。

我国的传播学研究脱胎于新闻学母体，具有鲜明的文科特点，学生的科学研究思维与方法相对欠缺。为此，丁迈老师花费大量精力搜集培养科学思维方法的书籍，按照学生理论水平、学科背景、学术兴趣的不同分别制定读书计划，她要求学生定期撰写读书笔记并相互交流，循序渐进地引导学生感受科学思维方法的乐趣与魅力。

课堂是丁迈老师为学生开启的科学研究之门，传播统计学等课程因包含大量的数理内容曾经令许多文科学生望而却步，丁老师却能深入浅出地让学生体会数据科学的魅力。

尽管丁迈老师自身更偏向于量化的实证研究，但她非常鼓励学生们选择不同的研究方向。“在传媒大学开设研究方法专业，首先就是要让学生知道，研究方法没有好坏之分，只有适不适合。量化和质化，不就像蝴蝶的两个翅膀吗?”这是丁迈老师教学理念的生动体现。

不久前，中国传媒大学电视台的微信公众号进行了校园魅力教师的评选，丁迈以极高的人气入选。工作中，丁老师是严谨和勤奋的代名词。无论上课、讨论还是课题研究，丁老师对学术的认真态度总是令学生折服。许多已毕业多年的学生都由衷地感叹，一到工作中就会发现，当时丁老师在课上讲授的内容是记得最牢、用得最好的知识。

生活中，丁老师又是学生最可信赖的朋友。“她就是那种有人格魅力的人。”2006 级硕士研究生杨婧这样说，“她不会对你嘘寒问暖，问东问西，但是她能让你感受到有什么事情都可以跟她说。”作为一名女教师，丁老师以她敏锐的洞察力和温柔的天性履行着教书育人、春风化雨的职责，也像一支奇妙的黏合剂，把一个个性格天差地别的学生凝聚成一个温暖的大家庭。如今，丁老师门下的博士生、硕士生已逾 30 人，他们把自己叫“丁家人”。

陈曦是丁迈老师带的第一批硕士生之一，她有一段话颇令人深思：“我很感激在硕士学习阶段遇到丁老师，她不仅对我的学习、研究有莫大的帮助，更重要的是，她不是一个脸谱化的老师，她的为人处世、她的个性十足让我在二十出头的时候就能够感受到一种美好却不流俗的人生姿态，这对我一生都影响深远。”

北京市高等学校教学名师奖获得者

李　立

李立，1962 年出生，中国政法大学教授，硕士生导师，曾先后就读于上海外国语大学、北京外国语大学、英国伯明翰大学、中国政法大学，研究领域：应用语言学、法律语言学、法律翻译、英语教学法。主要讲授英语教学法、学术论文写作、英语专业论文写作、实用英语写作、英语语音等课程。现任中国政法大学外国语学院院长，主要社会兼职：中国外语教学研究会专门用途英语专业委员会副会长、中国高等教育学会外语教学研究分会常务理事、北京市大学英语研究会常务理事、《法律英语国际期刊》主编等。

李立教授从事教学科研工作30余年，致力于我国高质量专业人才外语教学的培养模式改革。尽管身为教授、硕士生导师，并承担学院领导工作，她却一直坚持承担本科生的公共外语教学工作，同时承担硕士生、博士生的公共英语、专业英语和法律英语的教学任务。

李立教授治学严谨，注重将知识与实际运用相结合，使学生在学习中自觉地做到知与行的统一。在教好书的同时，她还担任学生实习的带队老师，及时解答学生的专业问题，并指导实习论文，随时掌握学生思想状况，适时进行思想人格教育，教书与育人并举。多年来，李立教授以优秀的人格品质和教学成绩获得了学生、同事及领导的认可：她被评为中国政法大学优秀教师、中国政法大学优秀实习指导教师、北京市优秀教师、北京市优秀青年骨干教师，并多次荣获曾宪梓优秀教学奖、青年教师教学基本功技能大赛一等奖、宝钢教育基金优秀教师奖等省部级以上奖项。

正是出于对现代先进教育理念的追求和对年轻学子的关切之心，在李立教授的带领下，学校不断开拓人才培养新模式，创设英语、德语专业五年双专业学士学位模式，培育多语种的语言文学硕士点，新建以法律翻译为特色的MTI翻译专业学位点。在李立教授的推动下，学校的大学英语教学改革成效显著，在全国高校大学英语教学改革中起到了引领示范作用。目前已取得的阶段性成果有：中国政法大学大学英语“四位一体”学习模式的创新与实践，荣获2008年北京市教育教学成果奖(高等教育)二等奖；2010年，学校成为全国大学英语教学改革示范校。目前，学校大学英语改革顺利进入第三阶段，由李立教授主持，学校正在建立突显法学学科特点，以学术英语为核心，以分科英语为特色，通用英语与学术英语并重，英语与专业、语言与文化相结合的多元大学英语课程体系。李立教授带领的教学团队已连续十年荣获学校优秀教学科研集体奖。

北京市高等学校教学名师奖获得者

李树杰

李树杰，1963年出生，中华女子学院金融系教授，经济学博士。兼任东北师范大学经济学院硕士生导师、全国金融专业英语证书考试委员会专家、北京区域经济学会理事、首都经济学家论坛理事、全国信用教育联盟理事、《中国村镇银行》期刊编委会委员、瑞典耶夫勒大学社会工作与心理学系学生中国开展实习活动导师等。现主讲国际金融学、信用管理、金融英语等专业课程。曾在河北金融学院金融系、北京石油化工学院经济管理学院任教。主要研究领域：妇女发展与小额信贷等金融资源优化配置问题等。主持省部级以上课题4项，出版专著3部，在《金融研究》《财经科学》《妇女研究论丛》等发表论文40余篇。曾赴香港、瑞典、西班牙、意大利等国家和地区参加培训项目、国际会议和讲学。

近年来，李树杰作为学院教学名师，主要做了以下几方面工作：

第一，积极鼓励和带领学生参与教师的科研活动，指导学生独立申报和开展科研项目。2011 年 5 月，他作为推荐人指导 3 名学生成功申报了第 6 届“挑战杯”首都大学生课外学术科技作品竞赛项目。2017 年 4 月，他又作为指导教师指导 4 名学生申报了 2017 年的“挑战杯”首都大学生课外学术科技作品竞赛项目。

第二，提升专业水平，拓宽专业领域，他为学生继续深造和补充实用知识搭建平台。2012 年，他带领的金融系学生与东北师范大学经济学院联合培养的金融学硕士研究生顺利毕业，全部入职银行正式岗位。2008 年至今，他带领全体教职员工创办的金融学(双学位班)已经招生 7 届，为学校其他专业的复合型人才培养提供了平台。

第三，开展国际合作，为培养国际化合格人才开拓渠道。2009 年至今，他与瑞典耶夫勒大学合作，与林奈—帕尔梅基金合作项目运转顺利，已经向该大学输送近 20 名学生，6 名教师去讲学，同时也接受了 2 名瑞典学生来金融系交流和进修。

第四，带学生去金融一线调研，把所学专业知识放到实践中去检验并提炼。为了激发学生参与科研工作的热情，达到“以科研促教学”的目的，2006 年，他带领 3 名学生、1 名青年教师到山西平遥对刚刚成立的小额贷款公司进行调研，锻炼了学生和教师。

第五，把校外专家请进来，拓宽学术视野。为了营造浓厚的科研氛围，激发大家勇于思考、积极探索的精神，他积极联系和主持讲座，邀请过著名经济学家梁小民教授、中国人民银行参事秦池江教授、国家外汇管理局综合司司长管涛博士、首经贸大学金融学院院长谢太峰教授、中国社会科学院农业经济研究所杜晓山教授、中国农业大学何广文教授等。

第六，努力搞好科研工作，为不断提高教学质量积蓄力量。在科研工作中，他成功主持申报省部级科研课题 2 项、教改课题 2 项，参与多项国家级和学院级重点课题，出版专著 3 部，在各级别期刊发表学术论文 40 余篇。

北京市高等学校教学名师奖获得者

李建军

个人简历

李建军，中央财经大学金融学院教授，博士生导师，约翰霍普金斯大学访问学者，首批国家金融学精品课程和国家优秀教学团队的核心成员，国家社科基金重大项目首席专家，国家新世纪优秀人才。从1996年开始投身高等教育事业，先后任教于大连海事大学、北京电影学院和中央财经大学，曾担任本科生辅导员、班主任。为本科生主讲金融学、金融统计分析等课程。积极探索教学改革，完成多项教改课题，主编教材《金融统计分析实验教程》，获批教育部“十二五”国家级规划教材。2004年以来，先后主持国家社科基金、国家自然科学基金项目4项、教育部人文社科基金规划项目2项；在SSCI等学术刊物发表论文数十篇，出版著作7部。获得第6届高等学校科学研究优秀成果奖，中国人民银行优秀成果奖二等奖等。兼任全国金融青联委员——中国金融学会金融统计专业委员会委员、北京市金融学会理事等职务。

李建军老师在教学中坚持“立德树人”的理念，认真备课，从不调停课，更没有迟到与提前下课的现象。他不断探索教学方法的改革，教学效果优秀，深受学生喜爱。李建军老师关爱学生，积极帮助有困难的学生，提供助研岗位，既能培养学生，又能为他们提供经济支持；他还为家庭困难、父亲离世的研究生提供连续资助，为母亲生病的博士生提供资助。他以人格魅力感染学生，引导学生。

李建军老师对学生高度负责，在他们成长的道路上给予全方位指导和无私的帮助。他每年指导20名左右的本科生，为学生在出国留学、夏令营、保研等申请中提供咨询建议并撰写推荐信，他每年还指导本科生申请科研创新基金项目和创业大赛等。在指导和帮助学生的过程中，他多为学生考虑，如为减少学生在沙河与学院南路两校区间奔波，李老师经常主动去沙河校区与学生交流；为了减少学生路途上的时间，他亲自去两校区间的地铁站与学生见面进行指导。李老师指导的学生在出国、保研等方面的成功率一直比较高，他推荐的学生有不少已就读于哥伦比亚大学、清华大学、北京大学等顶尖高校。

李建军老师对研究生要求严格，首先是对学生人格品质的塑造，入学时他要求学生从每一件小事做起，学会奉献，辩证理解得与失。在学术研究方面他要求学生树立严谨的学风，对科学研究精益求精。近3年来，他指导的研究生在A类期刊发表论文4篇，在SSCI期刊发表论文2篇。2013年以来，他指导的研究生共有4人获得国家级奖学金，1人获得优秀博士学位论文奖，4人获得优秀硕士学位论文奖。

北京市高等学校教学名师奖获得者

刘俊勇

个人简历

刘俊勇，1970 年出生，博士。现任中央财经大学会计学院副院长、中国管理会计研究与发展中心执行主任、教授、博士生导师。主要教学研究领域为管理会计，2009 年和 2014 年获高等教育国家级教学成果奖。

在教学内容方面，他使用国际主流的管理会计英文教材 *Cost Accounting*，并使用培生出版公司的 My Accounting Lab 教学系统。他积极引入与美国管理会计师协会、英国特许管理会计师公会的实务公告和教学案例，不但使学生及时掌握管理会计国际前沿内容，也提升了学生的专业英语水平。

在教学方法方面，他积极采用案例教学法，编写教学案例。2008 年，他参与每年一度在中央财经大学举办的中国管理会计论坛和中国管理会计实践奖的评比工作，推动理论和实践相结合。2009 年他在课程中引入行动学习法、团队合作、集体研究等方法，大大提升了学习效率。

在教学平台方面，2013 年他将课程导入 Blackboard 教学平台。2015 年他又将蓝墨云班课手机教学平台与教学相结合，资源下载、课堂互动等手段极大地提升了学生的学习体验。

在科研工作方面，他专注于管理会计理论与实务相结合。多年来，他专注于管理会计研究，主持了国家社科基金项目等多项课题，在《会计研究》等期刊发表了 50 多篇论文，翻译 5 部管理会计名著，出版教材、专著 8 部，推动了管理会计理论在中国的传播和发展。由于管理会计研究中的数据资料难以从资本市场公开的数据中获得，限制了管理会计研究的开展，2007—2008 年他率领管理会计系教师开发了管理会计研究方法论课程，并指导学生将案例研究、实验研究和调查研究等方法与管理会计研究相结合，至今，已取得了丰硕成果。2012 年，他指导的 1 名本科生、1 名研究生和 1 名 MBA 学生同时获得校级优秀毕业论文奖。

路漫漫其修远兮，刘俊勇教授在教学和科研领域见证了管理会计领域的发展。在未来，他将继续努力，在中国经济发展中为人才培养做出贡献。

北京市高等学校教学名师奖获得者

白中科

个人简历

白中科，1963年出生，1985年参加工作，持续从事土地复垦与生态恢复领域教学与科研工作，教龄30年。1997年、2000年被山西农业大学破格晋升为副教授、教授，1999年、2003年被聘为硕士生、博士生导师。目前主要学术兼职有：国土资源部土地整治重点实验室副主任、土地复垦方向带头人，中国土地学会土地整理与复垦分会副主任委员，中国农业工程学会常务理事、土地利用工程专业委员会副主任委员，中国煤炭学会煤矿土地复垦与生态修复专业委员会副主任委员，中国土壤学会土壤遥感与信息专业委员会委员，中国国土经济学会理事，全国专业标准化技术委员会土地利用、整理、保护分技术委员会委员，国家环境保护部环境影响评估中心常聘专家，国土资源部矿山土地复垦核心专家，农业部教材办公室教材建设专家委员会委员，《生态学杂志》《农业工程学报》《国土经济》编委，《山西农业大学学报》特邀编委。

(1)基地建设：他带领团队在平朔矿区构建了国家级大学生校外实践教育基地、国家级工程实践教育中心、国土资源部矿区土地复垦野外科学观测基地。

(2)开设主要课程：他为本科生开设土地复垦学、土地整理与复垦等，为硕士、博士研究生开设土地综合整治、土地复垦与生态重建、土地科学进展、地球科学进展—工矿区土地复垦与生态安全等课程，授课效果优秀。

(3)主要教学研究成果及文章发表：他编写国家统编教材8部，主编普通高等教育农业部“十二五”规划教材《土地复垦学》《土地复垦认知与传承》；副主编普通高等教育“十一五”规划教材《土地整理概论》；面向21世纪课程教材《土壤学》等。他发表教学法论文15篇，代表性的教学法论文有：《试论大学课堂教学与毕业论文(设计)中的创新思维》《土地资源可持续利用产学研基地的构建》《认知复垦、从事复垦、传承复垦》。

(4)代表性的教学成果：中国地质大学优秀教学成果奖一等奖2项(第一完成人，2008，第三完成人，2012)；山西省优秀教学成果奖二等奖(第二完成人，2004)；林业教育委员会优秀教学成果奖二等奖(第二完成人，2005)。

(5)代表性的科研成果：山西省高等学校科学进步一等奖(第一完成人，2005)；山西省科技进步三等奖(第一完成人，2005)；山西省科技进步二等奖2项(第二完成人，2002，2004)；国家土地局科技进步二等奖(第五完成人，1993)。

(6)专业建设、学科发展与人才培养：他带领团队建设了土地资源管理北京市特色专业与教育部特色专业，在全国首次开创了土地资源管理专业土地整治工程卓越工程师方向。近年来，他指导23名本科生进行毕业论文(设计)；先后培养从事土地复垦与生态重建科学研究的研究生83名，其中，硕士62名、博士学19名、博士后2名。2011—2015年他指导研究生发表论文50余篇，其中SCI/EI论文920余篇，研究生14人次在全国学术论坛获优秀论文奖。

(7)行业标准编制：作为主要起草人，他带领团队编制了中华人民共和国土地管理行业标准——土地复垦方案编制规程、土地复垦质量控制标准等8项。

(8)代表性的个人荣誉：被评为全国优秀科技工作者、“地大我爱我师”十佳教师(2013)。

北京市高等学校教学名师奖获得者

张长厚

张长厚，教授，博士生导师，1985 年、1988 年、1996 年在中国地质大学获得理学学士、硕士、博士学位。1988 年起在中国地质大学(北京)构造教研室任教至今，曾任教研室副主任(1994—1996)、主任(1997—2008)、中国地质学会构造地质学与地球动力学专业委员会第 6 届委员会常委、第 7 届委员会副主任兼秘书长、第 8 届委员，兼任《地学前缘》《地质科学》编委。主讲本科生构造地质学(1990—2015)、大地构造学(2007—2015)和研究生区域构造解析(1998—2015)课程。2006 年获北京市教学成果奖二等奖(排名第三)，主编北京高等教育精品教材《构造地质学》(第二主编)，参加北京市高等教育改革项目优势学科拔尖人才培养模式的探索与实践(2013)1 项。

先进事迹摘录

张长厚根据专业培养目标和培养计划的调整情况，适时进行教学内容与教学方式的改革。自1990年以来，他的课程学时经历较大幅度调整(60～120学时不等)。作为课程负责人，他根据专业培养目标调整新的学时规定，并充分考虑课程核心知识结构和学科发展，负责修订教学大纲，调整、编写、制作满足不同教学需要的多媒体课件，保证了教学的平稳运行。

他改革和更新构造地质学实习内容与训练方法，提高技能训练水平并强化学以致用的观念。他负责完成了由读图、实物标本观测、课间野外实习、物理模拟四部分主要内容构成的实践教学体系建设。他通过增加复杂地区地质图编制，模拟解决实际勘探构造问题，将计算机技术应用于构造数据统计分析等方法，增强了学生理论联系实际的观念，缩短了课程教学与学科进展之间的距离，较大幅度地提升了教学效果。

他编写出版了北京高等教育精品教材《构造地质学》(2013)和《构造地质学实习指导书》(2014)，进一步完善了构造地质学课程系统建设。除撰写主要章节外，他还负责全书文、图统编，延伸阅读文献选取，实习材料的选取、修编等工作，在内容编排、素材选取、学科进展和新成果内容补充、实习训练材料更新等方面成果显著，他的工作使课程体系建设更加完善，有利于教学水平进一步提高。

在大地构造学课程教学过程中，他尝试将基础知识与学科前缘相结合、强化以学生为中心的教学改革，取得良好教学效果。他在地质学专业三年级本科生大地构造学课程教学中，开展了以小组为单位的英文文献阅读、翻译、汇报、讨论及答辩的课程实习改革。至今，已有9届、25个班、878名学生参与了课程实习，阅读翻译文献546篇，152名同学进行了汇报和答辩，每年涉及讨论主题6～14个。这种尝试在拓展和延伸课程核心内容、帮助学生了解大地构造学若干重要前沿进展和动态、培养和加强学生协同合作能力、提高部分学生综合与表达能力方面起到了积极作用。

北京市高等学校教学名师奖获得者

易　成

易成，1962年出生，力学与建筑工程学院教授，博士生导师，建筑工程系主任。1990年在哈尔滨建筑大学开始从教，2002年起在中国地质大学(北京)任教。先后讲授5门本科生及7门研究生专业课程，教学效果好，有3门课程获评校级优秀课程。主编的《土木工程概论》被评为北京市高等教育精品教材。主持国家自然科学基金项目1项、国家重点实验室开放课题2项，作为骨干参加国家"973"项目2项，另主持北京市和中建总公司研究项目5项。作为第一作者发表教学论文8篇、科研论文40余篇，被SCI、EI收录20余篇；获国家专利2项、软件著作权1项；撰写学术专著1部，合作译著1部。兼任中国建筑学会建筑材料分会墙体保温材料及应用技术专业委员会委员、中国绿色建筑与节能委员会绿色建材学组委员。

易成出身于教师世家，热爱教育事业。在中国地质大学(北京)任教期间先后主讲了 5 门本科生和 7 门研究生课程。针对社会上反映大学生“有知识、没文化”的现象，他与沈世钊院士合著了具有人文视角的本科教材《土木工程概论》，该教材追根溯源，结合故事讲专业知识，让学生以史为镜，了解专业在历史长河中的发展轨迹、现状和前景。出版社对该教材的评价是：①视角独特，史料翔实，通过新史料和查阅外文原文资料，订正了许多以讹传讹的说法；②重视德育，结合我国工程奇迹进行爱国主义教育；针对典型历史事件与相关人物，引入对人物职业道德的讨论，德育效果良好；③可读性强，图文并茂，将知识的传播故事化。教材自 2010 年出版至今已印刷 9 次，发行两万多册，被评为北京市高等教育精品教材、普通高等教育土建学科专业“十二五”规划教材。

他努力践行“以学为中心”的教学理念，充分运用互动式教学、无边界学习、任务驱动等先进教学方法。例如，在土木工程概论课上，他要求学生完成超出教材范围的小论文或手工制作模型，培养学生查找资料、探索未知世界的能力，增加学生对结构受力的感性理解，建设课程网站，拓展学习途径。在建筑学专业的高层建筑结构课上，他开展课堂讨论式教学，通过学生宣讲和教师点评等环节，使学生加深对授课内容的理解，完善了作品，还培养了表达能力。他组织和指导高年级学生多专业联合参加建筑结构竞赛、BIM 大赛，以竞赛促学习。他主讲的 3 门课程被评为校级优秀课程，主持的教改项目获校教学成果奖一等奖。

他被评为校优秀班主任，除担任研究生导师外，还担任本科生导师，定期与他指导的学生座谈，不仅了解学生学习情况，还谈理想和追求，引导学生阅读课外书籍，树立正确的金钱观、人生观，帮助学生克服学习、生活上的困难。他努力做好青年教师的“传帮带”工作，指导他们改进教学方法，无条件移交多年积累的讲义、课件、动画等资料，帮助他们提高教学水平。

北京市高等学校教学名师奖获得者

朱红青

个人简历

朱红青，1969 年出生，1994 年硕士毕业于中国矿业大学(北京)，毕业后在中国矿业大学(北京)资源与安全工程学院工作至今，现为安全科学与工程学科教授、博士生导师，主要从事煤矿通风、火灾与瓦斯防治理论与技术、安全管理与应急救援等方面的教学与科学研究工作。从 2002 年起主要讲授安全工程专业课、专业基础课 7 门，连续负责本科生毕业实习，指导课程设计、毕业设计，注重对年轻教师的培养。作为负责人主持北京市教学改革项目 2 项、学校教学改革项目 4 项，作为主要参与人员(副主任，负责日常管理和建设)建设国家级、北京市级教学示范中心、校外人才培养基地 4 个。发表教学论文 8 篇，主编或参编教材 7 部，获北京市教育教学成果奖(高等教育)一等奖 1 项。

先进事迹摘录

自 1994 年在中国矿业大学(北京)留校工作以来，朱红青先后承担本科、硕士、博士 10 余门课程的教学工作，指导培养本科生、研究生达 150 余人，培养青年教师 3 名。在 24 年的教学生涯中，他始终站在教学工作的前沿，让每位学生都能找到自己的学习兴趣点，因材施教是教育事业的目标。使学生健康全面成长是每个老师的责任，也是作为一名教师的价值体现。

从 2002 年起他主要讲授矿井火灾防治、矿山安全工程、安全系统工程与安全评价、流体力学在安全工程中的应用、消防工程、采矿概论 A 等课程；按照人才培养的科学规律和社会发展的需要，他将本科生课程矿井火灾防治、矿山安全工程、安全系统工程与安全评价等内容进行更新，主编相关教材，注重基础理论与现场实践应用相结合，加强实践教学和创新性教学，促进最新理论及科技成果进展。在课堂教学上，他综合应用讨论式、研究式教学，将传统教学方法与现代教学手段有机结合，同时开展课程考核方式多样化研究活动，以保证教学效果。

为适应高等教育改革和发展的需要，他深化教育教学和人才培养模式的改革，提高学生自主学习的能力和绩效，切实提高教学质量，培养具有创新精神、实践能力和综合素质的人才，充分发挥教师在教育教学中的主导作用，指导学生学习，帮助学生成长，改进大学生思想政治教育方法和模式，促进学生全面发展，切实把教书育人、管理育人、服务育人工作落到实处。朱红青带领资源与安全工程学院教师根据中共中央《关于进一步加强和改进大学生思想政治教育的意见》(16 号文件)的文件精神，制定《本科生“导师制”实施办法(试行)》。例如，他 2015 年负责一个 4 人小组，每两周与学生交流，并要求学生参与研究团队的学术报告与讨论会；这 4 个学生中，有两个爱玩网络游戏的男生，现在基本不玩了，4 人每天晚上都去自习室学习，还参加了 4 个不同的科技创新团队，其中两人已经撰写了科技论文(初稿，准备发表)，学习态度和成绩明显好转。

每学期他组织各年级学生座谈会，切实听取学生意见，并反馈到教学管理、教学大纲修订、教学内容完善、学生思想教育等工作中。例如，安全工程专业的一名本科生由于个人原因几乎放弃学业，朱红青和他父亲共同努力，费尽周折让他迷途知返，鼓励他考研究生，并答应如果考上，朱红青亲自指导，目前这名学生学习态度大为改变，全力备考，成绩上升很快。

北京市高等学校教学名师奖获得者

谢庆宾

谢庆宾，1966 年出生，博士，副教授，中国石油大学(北京)地球科学学院教学副院长，教育部学位中心学位论文通讯评议专家，首届全国地质技能大赛专家。1993 年起在中国石油大学(北京)工作至今，为本科生主讲造岩矿物学，为硕士生主讲油区岩相古地理，为博士生主讲野外地质考察研讨等课程。出版教材 4 部，先后主持省部级以上教学改革项目 4 项、校级教学改革项目 10 余项，发表教学改革论文 13 篇，获省部级教学成果奖 2 项。科研方面主要从事层序地层学和储层地质学等方面的研究工作，主持国家自然科学基金、中石油集团公司等科研项目，发表学术论文 50 余篇，获省部级以上科技奖励 3 项，曾获校级教学名师、校优秀教师和校优秀共产党员称号。

投身教学一线，打造精品课程。谢庆宾老师自 1993 年任教以来，先后为本科生主讲造岩矿物学、岩浆岩与变质岩、石油地质基础等课程，其中造岩矿物学为北京市精品课程，石油地质基础为国家网络精品课程，为硕士生主讲油区岩相古地理、现代沉积作用及考察、高级矿物岩石学、野外地质考察研讨等课程，其中油区岩相古地理和现代沉积作用与考察是国家精品课程沉积岩石学的重要组成部分。在打造精品课的同时，他还编写了高水平教材，主编和参编教材 4 部，参编的《沉积岩石学》教材多次获得省部级奖励。

潜心教学研究，教改成果突出。他注重教学教育改革，在教学方法、课程建设、教材建设、团队建设、实验室建设、专业建设等方面进行全方位的改革实践。近年来他主持了 14 项教学改革项目，获得省部级教学成果奖 2 项、校级教学成果奖 12 项；发表教学改革论文 13 篇，其中《满足行业需求，创新人才培养模式，培养多目标石油主干专业人才》获北京市优秀教学成果奖一等奖。

奉献教育管理，打造精品专业。作为主管本科教学的副院长，他热心奉献教育管理事业，带领专业教学团队，不断开拓创新。在打造精品专业的建设过程中，他始终秉承“实施精品战略，建优质品牌专业，育石油勘探英才”的理念，使地质工程专业建设成为中国石油大学首批品牌专业、国家级特色专业，也是教育部综合改革和“卓越工程师教育培养计划”试点专业，于 2014 年通过工程教育认证，目前已成为国家级质量工程全面覆盖的专业。

注重科研创新，科研服务教学。在投身教学的同时，谢庆宾老师长期致力于层序地层学和储层地质学方面的研究工作，并将自己的科研成果融入日常教学活动中，努力做好教学与科研的相互促进，先后主持国家自然科学基金项目、中石油科技项目和多项油田委托科研课题，获省部级科研奖励 3 项，发表论文 50 余篇。通过科学研究以及成果总结，他丰富的课堂教学内容深受学生欢迎。

教书育人履天职，甘于奉献为学生。谢庆宾老师执教 20 余载，以扎实的教学功底、严谨的处事态度、亲切的待人方式赢得了学生的尊敬和喜爱。他每年都亲自组织本校大学生地质技能大赛，亲自带队并指导学生参加全国地质技能大赛，屡创佳绩，曾获全国团体第二名的好成绩。他为人师表，关爱学生，乐于奉献，曾被评为中国石油大学最喜爱的老师、大学生科技创新优秀指导教师、中国石油大学优秀教师、中国石油大学优秀共产党员、中国石油大学教学名师。“师者，所以传道授业解惑也”，谢庆宾老师履行了一名教师的职责，将全部心血奉献给了祖国的石油教育事业。

北京市高等学校教学名师奖获得者

李　艳

个人简历

李艳，1964年出生，公安大学人文社会科学教研部副主任，教授，公安思政与文化方向导师组组长，公安思想政治工作研究中心主任。被评为公安大学教学名师、学科带头人、全国公安系统优秀教师、教育部全国高校思想政治理论课教师2014年度影响力提名人物。李艳自从教以来一直工作在高校思想政治理论课教育教学一线，先后为本科生、硕士生和博士生讲授毛泽东思想和中国特色社会主义理论体系概论、中国特色社会主义理论与实践、马克思主义与当代世界、党的公安理论与政策等课程。研究领域为中国化马克思主义、公安思想政治工作研究。主要社会兼职：北京市中共党史研究会理事、北京高教学会中国化马克思主义分会理事。

李艳在 20 余年的思政课教学生涯中勤勉工作，取得了突出业绩。她敬业爱生，始终贯彻育人宗旨，注重从人生理想、家国情怀、职业操守等角度影响学生、培育学生。每当学生遇到困难、面临人生重大选择时，她都及时给予关爱和指导，深受学生的欢迎和爱戴。

她潜心钻研教学艺术，积极开展教学改革，探索出思政课“双主体”教学法，形成了个性色彩鲜明、感染力强的教学风格，受到广泛好评。她多次承担北京市教委重大教学研究项目，她主持的教改项目“政治理论课双主体教学模式的构建与应用研究”获北京市教改立项，并获得公安部教学成果奖三等奖，在 2006 年全国公安院校思想政治理论课教学比赛中获得一等奖，她主持的“以素质养成为核心的公安院校思想政治理论课教学模式的创新与实践”项目在 2012 年获得公安部优秀教学成果奖二等奖，起到示范推广作用。

作为思想政治理论课教学负责人，她努力推进课程建设和教学团队建设。她的课程被学校评为首批精品课和优质课。她精心组织青年教师参加北京市教工委、北京市教育工会的教学比赛并连续 7 年获得二等奖。以她为核心成员的马克思主义原理教学团队获得北京市优秀教学团队称号。自 2010 年以来，她组织并指导学生参加首都高校思政课学生暑期社会实践优秀论文征集活动，连续获得北京市教工委的表彰。她撰写的全国研究生政治理论课改革方案受到教育部社科司领导的好评，并受邀出席全国研究生思政课改革会议。

她积极发挥智库作用，紧密围绕公安队伍建设主持完成多项省部级课题，出版专著多部。论文《江泽民对毛泽东邓小平社会主义民主政治思想的继承发展论析》被中国人民大学报刊复印资料全文转载，她撰写的警务改革方面的论文获得中国警察协会好评。她在公安思想政治工作方面出色的工作受到公安机关的高度评价。

2014 年，李艳被评为公安大学首届教学名师、学科带头人、全国公安系统优秀教师。2015 年被评为教育部全国高校思政课教师 2014 年度影响力提名人物。

北京市高等学校教学名师奖获得者

张 先

张先，教授，博士生导师，担任中央戏剧学院戏剧文学系主任，联合国教科文组织国际戏剧评论家协会(IATC)执行委员和中国分会理事长，中国戏剧家协会会员，中国戏剧文学协会副会长，文化部、教育部特邀专家。曾多次受聘担任文化部、教育部、中宣部、团中央、广电总局、中国戏剧家协会、北京戏剧家协会、中国广播电视协会、中国戏剧文学协会、北京市教育委员会等部门的特约评委，参加国家舞台演出精品工程、“五个一”工程、全国优秀舞台剧本评选、文化科研评选工程、社会科学成果评选工程、曹禺戏剧文学奖、老舍文学奖、全国优秀广播剧评奖、北京市社会优秀科学奖、青年戏剧文学奖、北京大学生戏剧节等活动。

张先教授是中央戏剧学院戏剧学领域负责人和专业带头人，自 1993 年在戏剧文学系任教以来，工作勤勉，教书育人，笔耕不辍，始终坚持在教学、科研和创作的第一线。

张先教授应邀到访爱尔兰、英国、以色列、澳大利亚、美国、意大利、法国、韩国、日本、俄罗斯、保加利亚、德国、葡萄牙、波兰、爱美尼亚等国家，参加有关戏剧演出、戏剧评论、戏剧教学等多种交流活动；参加国际戏剧研究年会(IFTR)并发言介绍中国当代戏剧(2008 年韩国，2009 年葡萄牙)；参加国际戏剧评论家协会(IATC)年会并当选执行委员(2008 年保加利亚，2010 年爱美尼亚)；应邀参加欧洲戏剧大奖颁奖典礼(2009 年波兰)。他在北京发起、组织了亚洲首届戏剧论坛，多次发起并组织我国香港、澳门、台湾地区与内地的戏剧交流与教学活动，使学生开阔眼界，并与各地戏剧大师零距离交流。

二十几年来，张先教授为千余名本科生讲授写作、戏剧概论、戏剧评论等课程，涉及戏剧戏曲学的多个专业领域。他授课全情投入，理论讲解与实践展示并重，注重引导和发挥学生创造性思维的交流互动，语言轻松幽默，课堂气氛活跃，其授课质量被学院师生广泛赞许。同时，张先教授还为研究生开设戏剧学课程，带领研究生进行戏剧创作原理研究、比较戏剧研究、戏剧理论与批评研究以及中国当代戏剧创作现象研究。

在坚持一线教学的同时，张先教授不间断地进行艺术创作与学术研究，著作屡屡问世，包括《剧本创作论要》(中国戏剧出版社，2003)、《什么是真相？——戏剧理论、戏剧批评作品集》(中国戏剧出版社，2006)，合著《外国戏剧经典解读(上、下)》(作家出版社，1987)、《戏剧文学系专业考试指南》(广播电视出版社，2003)、《剧本创作初级教程》(中国戏剧出版社，2003；2009 年由文化艺术出版社修订再版)，主编《戏剧艺术》(广西师范大学出版社，2005)、《外国戏剧经典作品赏析》(高等教育出版社，2005)。另有近百万字的戏剧理论、戏剧评论、影视评论、文化批评等论文在报刊发表，还有十余部话剧、音乐剧、电视连续剧问世，其中话剧作品《活着》(改编自余华同名小说)在国家大剧院首演，赢得业界盛誉。

作为戏剧学专业领域专家，张先教授主持教育部科研项目“戏剧构作在中国”，该项目全面梳理戏剧构作这一科目在中国的发展情况，填补了中国戏剧构作的空白。他深厚的艺术造诣使得结出丰硕成果，陆续获得 2003 年中国文联文学艺术评论奖、2004 年度中国曹禺戏剧评论优秀奖、2005 年中国戏剧文学创作金奖、2011 中国话剧金狮奖、2013 年文化部创新优秀剧目奖等。

张先教授多年来的教学、科研和创作是具体而扎实的，也是高屋建瓴的。他严谨治学的态度为戏剧文学系培养了一批又一批优秀的人才，为戏剧批评界、影视创作界做出自己的贡献。

北京市高等学校教学名师奖获得者

王建华

王建华，中央音乐学院教授，硕士生导师，民乐系打击乐教研室主任以及前民乐系副主任。1986 年开始从事打击乐的教学、演奏和研究工作，在国际、国内多项打击乐比赛中担任评委，应邀在国内外多所音乐院校讲学、授课，受邀成为多所院校的客座教授。曾荣获中央音乐学院三育人优秀教师奖，2012 年荣获文化部文华艺术院校奖——园丁奖，2014 荣获全国十佳打击乐优秀教师称号。现任中国音乐协会打击乐学会副会长、民族打击乐学会副会长、中国民族管弦乐学会打击乐专业委员会副会长、《华乐大典》(打击乐卷)副主编。

先进事迹摘录

王建华老师从事教学工作三十余年，始终把教书育人、为人师表放在首位，坚持认真负责、规范严谨的教学态度和严于律己、宽厚待人的做事原则，始终保持谦虚谨慎、勤奋上进的学习精神。

在教学工作中，他不断积累教学经验，提高教学水平，形成自己的教学风格，受到学生好评。他采用多种教学方式，激发学生学习热情，促进学生学习成绩的提高，不计较个人得失，长期超课时、超工作量工作。目前，他主要承担本科生和硕士生打击乐专业课程的教学，周课时 28 节，包括主课和公共课，内容涉及中国打击乐器独奏、重奏与合奏等。已有 22 名学生获得文学学士学位、5 名学生获得文学硕士学位；10 名学生被欧美国家音乐院校录取，正在攻读硕士学位。多名学生获得文化部文华奖、中国音乐协会金钟奖、中央电视台民族器乐大赛金、银、铜奖以及全国青少年打击乐比赛民族打击乐前三名。除日常教学工作外，他还应邀赴丹麦皇家音乐学院、香港演艺学院、新加坡戏曲学院、美国明尼苏达州卡尔顿学院等做短期教学，应邀在中国音乐学院、沈阳音乐学院、天津音乐学院等开办讲座及大师班课程。

在教学改革和科研工作方面，王建华老师积极开展教学改革，将戏曲锣鼓、民间锣鼓引入音乐学院的教学，重视学生的基础训练和基本功训练。他配合教学工作，编写教材 3 部，创作打击乐曲 4 首。

王建华老师曾担任新加坡华乐团打击乐声部长及声部名誉首席，应邀赴亚洲、欧洲、美洲、非洲以二十多个国家访问演出，与海内外多个乐团合作演出举办打击乐专场音乐会。

北京市高等学校教学名师奖获得者

李云章

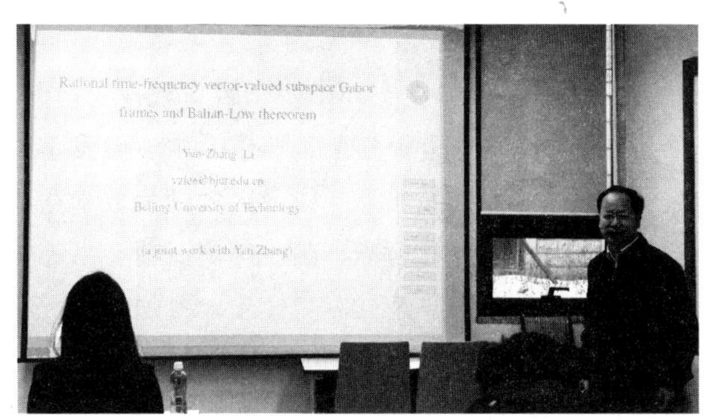

李云章，教授，博士生导师，《应用数学进展》杂志编委，国家科技奖励评审专家。2004—2005 年在加拿大麦克玛斯特大学数学与统计系作访问学者。从事高教工作 20 余年，一直坚持在教学第一线，为本科生讲授数学分析、高等数学等课程，为研究生讲授小波分析、实分析、复分析等课程。他以使学生会学习和会研究为目标，坚持“注重背景、强调思想、兼顾技巧”的教育理念，形成了自己独特的教学风格。李云章多年来一直坚持为本科生讲授数学分析，该课程是数学类各专业的基础课和考研必考课，内容多、系统性与逻辑性强、概念抽象、时间跨度大(每学期 96 学时，三学期上完)。他的工作得到了师生的一致好评，2014 年被北京工业大学授予优秀教师称号。

先进事迹摘录

在20余年的教学实践中，李云章教授以培养人才为己任，并付诸实践，遵循教学相长、师生平等的原则，爱护学生、尊重学生、激发学生积极性和创造性。

他指导本科生参加第5届全国大学生数学竞赛决赛，获一等奖1项；参加第4、5、6届全国大学生数学竞赛预赛，获一等奖3项、二等奖2项、三等奖6项；参加首届全国大学生数学竞赛，获北京赛区三等奖3项；参加第15至23届北京市大学生数学竞赛，获一等奖1项、二等奖6项、三等奖19项；指导博士后(温学兵)1人，已出站；指导校优秀博士学位论文1篇(周凤英，2012)；参编的教材《应用泛函分析》(机械工业出版社，2007)2008年被评为北京高等教育精品教材。

青年教师是培养跨世纪建设人才的有生力量，是推动教育事业现代化的主力军，是未来教育改革与发展的希望。他先后指导了金彩云博士、曾明博士(副教授)、邱玲博士(副教授)、梁志刚博士等青年教师承担数学分析教学辅导工作，他们现已成为数学分析等课程的教学骨干。

在科研方面，他的研究领域涉及小波分析与Gabor分析。他主持完成国家自然科学基金、北京市自然科学基金、北京市中青年骨干教师基金、北京市优秀人才基金、北京市留学人员科技活动择优资助项目等，现主持国家自然科学基金1项。关于多元小波乘子、小波标架构造、子空间Gabor标架理论的研究工作，受到了国内外同行的关注。他的研究成果发表在 *J. Funct. Anal.*，*J. Fourier Anal. Appl.*，*J. Math. Phys.*，*J. Math. Anal. Appl.*，*J. Approx. Theory*，*Proc. Amer. Math. Soc.*，*Num. Func. Anal. Optim.*，*Acta Appl. Math.*，*Adv. Comput. Math.*，*Int. J. Wavelets Multiresolut. Inf. Process.*，*Appl. Math. Comput.*，*Kyoto J. Math.*，*Kodai Math. J.*，《中国科学》等期刊，其中SCI收录40余篇。

北京市高等学校教学名师奖获得者

孙治荣

孙治荣，教授，博士生导师，北京工业大学环境科学与工程北京市重点学科硕士点责任教授，教育部学科评估专家，国家科学技术奖励评审专家，环保部国家科技重大专项评审专家。本科毕业于复旦大学，博士毕业于哈尔滨工业大学。为国家级教学团队主要成员、两门国家精品课程主讲教师。被评为北京市科技新星、北京市高校中青年骨干教师(教学类)、新世纪百千万人才工程北京市级人选，2012 年入选首批北京市长城学者培养计划名单。2014 年获国家级教育教学成果奖二等奖(排名第八)，2008 年、2012 年分别获北京市高等教育教学成果奖一等奖(排名第四、第三)，主持 4 项国家自然科学基金、1 项国家“863”计划课题，获得国家发明四等奖 1 项(排名第二)、省部级科技进步二等奖 1 项(排名第二)。

孙治荣多年来一直工作在教学第一线，严谨治学，在教学、科研和教书育人工作中取得了突出成绩。

孙治荣教授热爱教育事业，始终把人才培养作为首要任务。她先后主讲包括两门国家精品课程在内的6门本科生课程、4门研究生课程。在教学中，她坚持以研促教、教研相长的理念，既注重精选，讲透基础内容，又注重将学科发展前沿知识、环境污染社会热点问题引入教学中，坚持理论知识与实际工程相结合、教学内容与最新科研成果相结合的理念，使教学内容具有科学性、前沿性、实用性。在多年的教学实践中，她强化以学生为中心的教学理念，教学效果受到好评，在历年的专家检查和学生评教中都被评为优秀。

作为"水质工程学"国家级教学团队主要成员，孙治荣教授积极开展教育教学的研究与实践，主持北京工业大学教育教学研究项目两项，参与完成9项教育部、北京市教学立项项目，参编的教材获得中国石油和化学工业优秀出版物奖(教材奖)二等奖。任环境工程系教学主任期间，她组织全系教师积极进行专业建设及教育教学改革，其中，环境工程专业先后被评为北京市品牌专业和北京市特色专业。

北京市高等学校教学名师奖获得者

王淑芹

王淑芹，首都师范大学教授、博士生导师，思想政治教育系主任，伦理学与道德教育研究所所长，北京市重点学科负责人，北京高等学校市级校外人才培养基地负责人，中国伦理学会教育伦理学专业委员会副会长，中国伦理学会经济伦理学专业委员会副会长，北京市伦理学会秘书长，国家职业道德专业委员会专家。国家社科基金重大招标项目首席专家，先后主持3项国家社科基金项目，主持多项省部级项目以及横向联合课题。出版《信用伦理研究》等专著、译著、教材6部，先后在《人民日报》《光明日报》《哲学研究》等发表论文100余篇，其中多篇被报刊转载。获得北京市第9届哲学社会科学优秀成果奖二等奖、国家级教学成果奖二等奖、北京市高等教育教学成果奖一等奖。为国务院政府特殊津贴获得者，被评为北京市长城学者、北京市优秀教师、北京市培养跨世纪理论人才百人工程人员、北京市属市管高等学校中青年骨干教师。

先进事迹摘录

王淑芹教授作为伦理学和思想政治教育学科的专任教师，始终工作在教学第一线，先后给本科生讲授伦理学、行政伦理学、应用伦理学、教师职业道德等课程。她爱岗敬业，教书育人，注重学科体系化、知识系统化，精心设计每章的教学内容，突出重点和难点，不断拓展学科理论与实践知识。她秉持“以学生为中心”的教育理念，坚持教师主导与学生主体性有机结合的教育原则，遵循教育规律和人才成长规律，在注重学科知识体系的完整性、基本概念和原理科学性的基础上，立足学科前沿，及时把国内外学科最新研究成果引入教学中，注重把自己的学术研究成果转化为教学资源，扩展学生的学术视野，引导学生思考学科前沿中的理论焦点问题，培养学生的学术旨趣和理论探索精神；坚持理论联系实际的原则，引导学生运用学科知识思考与之相关的社会问题，培育学生的哲人思维气质，注重学生综合素质和能力的培养，增强学生关注社会问题、服务社会的责任感。她课下主动与学生交谈，了解学生的知识结构、兴趣及思想动态，并有针对性地进行引导，做到有的放矢；课堂上运用多种教学方式启发学生，调动学生的积极性；每一章都设计相应的案例和思考题，附有具体的参考书目，引导学生研读，培养大学生自主学习习惯。

王淑芹教授积极开展新时期教师教育人才培养理论与实践的探索与改革活动，深化实践教学体系改革，注重学生的学习能力与实践教学能力的“双能力”提升；积极推进大学教育与基础教育的契合，重视学生课程开发能力、教学研究能力和团队合作能力的培养；先后主办了5届北京高等学校市级校外人才培养基地论坛。思想政治教育专业是学校特色专业，毕业生实际签约率为96%以上，近两年为100%。

王淑芹教授作为北京市思想政治教育重点学科负责人，凝练学科建设理念，规划学科建设目标，提出“学术创新、成果精品、服务实效”的学科建设思路；发挥学科带头人的作用，着力提高学科团队整体研究水平和硕博研究生的培养质量，对学科建设具有战略性思考，并带领团队立足学科前沿领域开拓创新。

北京市高等学校教学名师奖获得者

骆力明

骆力明，1963年出生，首都师范大学信息工程学院教授，首都师范大学国家级特色专业“软件工程”专业负责人。北京市精品课程、北京市优秀教学团队和北京高等教育精品教材《数据库开发实践案例》项目成员，北京市信息化建设专家组成员。长期从事软件系统构成、智能教育等方面的研究，近三年主持横向课题合同资金近300万元，承担国家级、市级基金项目等6项。除了科研工作外，他常年为本科生讲授专业基础课，平均每学年授课近200学时。被评为学校优秀教师、十佳教师、师德先进个人、优秀毕业论文指导教师、优秀实习指导教师，先后7次获得优秀主讲教师称号。获得1次北京市科技进步三等奖、2次北京市高等教育教学成果奖二等奖、5次首都师范大学优秀教学成果奖。

先进事迹摘录

骆老师把教书当事业，爱学生如子女，工作任劳任怨，兢兢业业，二十多年如一日，肩负教书育人的使命，行走于教学、教研、学习之间，这是骆老师的真实写照。

骆老师常年教授专业基础课，非常重视理论知识的传授，根据每届学生的不同特点有针对性地调整授课内容和方式，努力使授课效果达到最佳。他主讲的面向对象程序设计和程序设计综合实践分别获评北京市级精品课程、校级精品课程。

为了使学生更深刻地理解所学理论知识，提高运用知识的能力，骆老师非常重视学生能力的培养。他每年都利用业余时间带领学生参加学科竞赛，指导大学生创业、学生科研项目。这些项目从学生的实际能力和兴趣出发，充分发挥学生的个性、潜能，使学生勤于动手，主动参与，乐于探究。近五年，骆老师指导学生参加国家级、市级、校级各类学生项目 20 余项，指导学生参加市级以上学科竞赛 30 余人次，学生获奖 20 余项，获得国家级奖项 9 项，指导学生发表论文 10 余篇，获得软件著作权 11 项。参与项目的学生，有近 20 人考取研究生或者出国深造，很多学生也由此喜欢上了软件工程方面的相关技术，成为单位的业务骨干。他的付出得到了广泛认可，他先后获得市级以上学科竞赛组委会授予的优秀指导教师称号近 20 次，并被学生评为首都师范大学十佳教师和信息工程学院最受学生欢迎的教师。

骆老师还担任学院软件工程的专业负责人。他为该专业的建设不遗余力，在专业培养方案制定、课程体系及实验课程体系设置、实习基地建立与运行等方面提出了改革思路。经过他和教师团队的努力，2009 年该专业获批国家级特色专业，2009 年、2013 年分别获得北京市高等教育教学成果奖二等奖，5 次获得首都师范大学优秀教学成果奖。

骆老师非常重视科研工作，致力于软件工程、计算机教育等方向的研究，近三年，他主持我国航天部卫星环境工程研究所关于航天设备热真空试验系统的重大课题等横向课题 4 项，承担国家、市级科研项目 6 项，发表 EI 检索学术论文 20 余篇，2013 年获得北京市科技进步三等奖。

北京市高等学校教学名师奖获得者

赵　明

赵明，教授，北京市特聘教授，博士生导师，享受国务院特殊津贴。1995 年毕业于北京医科大学药学院，获理学博士学位。1997 年被北京医科大学聘为副教授，2001 年被聘为教授、博士生导师。2006 年至今为北京市特聘教授，多肽及小分子药物北京市重点实验室主任，2006—2012 年为首都医科大学化学生物学与药学院副院长，2012—2014 年为常务副院长，2014 年至今为院长，2007 年为美国 North Carolina 大学访问教授、2009 年至今为内源式预防药物教育部工程研究中心主任，2012 年至今为高雄医学大学客座教授，2013 年至今为北京生物材料实验室副主任。兼任科技部、财政部、国家自然科学基金和北京自然科学基金审评专家。

教书育人是高校教师的天职。赵明除完成系主任的全面工作外，每年还承担着多门本科生和研究生课程教学任务，年均授课 200 学时。

赵明教授特别注重实验教学课程建设。她积极推行将 NMR、MS 等大型仪器应用到本科生实验教学并在药学专业实验中实行“一人一套”实验仪器授课方式，极大地提高了本科生的动手能力和综合素质。她作为主编撰写理论教材和实验讲义 8 本，由她担任主任的基础与专业药学实验教学中心在 2013 年顺利通过北京市实验教学示范中心验收，并在 2014 年成功获批国家级实验教学示范中心。

在超负荷的教学工作外，赵明奉献了周末和节假日，勤奋刻苦地耕耘在科学研究的战场上，在国际期刊发表了 117 篇 SCI 学术论文；申请了 318 项国家发明专利，其中授权专利 173 项；获得 7 项国家和省部级科技进步奖；主持完成科技部“1035”等省部级以上课题 17 项；有 5 种产品上市，1 个一类新药获得临床批文，1 个二类新药和 1 个四类新药正在申请生产证书。

为了完成药学一级博士点的破格申请工作，赵明教授先后 3 次调整框架，11 次修改申报书，9 轮预答辩，在近 5 个多月不分昼夜地拼搏后，学校终于以优秀的成绩获批药学一级博士点。此外，她还担任多肽及小分子药物北京市重点实验室主任和内源式预防药物教育部工程研究中心主任，这样高水平的研究平台为学科建设提供了强有力的保障。

赵明教授承担年均 3～6 名博士研究生和 30 名硕士研究生的培养任务，注重在研究生培养环节带好青年教师。她组织青年教师参加导师指导小组，以言传身教使青年教师有机会学习研究生培养的各环节。她还积极联系国外高校，为青年教师创造出国深造的机会，保证年轻教师具有国外博士后经历。在赵明教授的精心栽培下，药物化学系的青年教师迅速成长，现已成为学科建设中的骨干力量。她带领的药物化学团队在 2008 年获得首都医科大学优秀教学团队称号，药物化学系在 2011 年被评为北京市教育工会教育先锋号。

北京市高等学校教学名师奖获得者

王宁利

个人简历

王宁利，教授，一级主任医师，博士生导师。现任首都医科大学第四临床医学院（附属北京同仁医院）副院长、北京同仁眼科中心主任、北京市眼科研究所所长、首都医科大学眼科学院院长、中华医学会眼科分会主任委员、全国防盲技术指导组组长、北京眼科学会主任委员、国际眼科理事会常务委员、世界青光眼联合会常务理事、国际眼科学院院士。从事眼科临床医疗、教学、研究和防盲工作30余年，共有博士生84名。主编或参编的专著包括《眼科学》（5年制）、《中华眼科学》（第三版）、《眼科学》（第二版，临床诊疗的回顾·现状·展望）等30余部，发表学术论文570余篇，其中SCI收录220余篇，获得发明专利25项。

王宁利教授注重引导学生在临床中发现问题，进行科学研究和思考，以寻求当前临床中疑难问题的解决方法和答案，并发表原创性学术专著《临床与科研——临床需求导向的科学研究》。

他在国内最早提出整合眼科学的概念，将眼部疾病与全身的异常情况进行整体性思考，突破传统眼科诊疗思维模式，传承辨证施治的传统医学精髓，并发表了学术专著《整合眼科学》。在临床教学中，他注重整合眼科学理念在临床中的实践，引导学生们在治疗眼部疾病时联系患者的全身情况。

王宁利教授历时五年整理的《临床青光眼图谱》收录了在临床工作中积累的大量青光眼图片资料，这一图谱将珍贵的图片资料和临床经验分享给众多的眼科医生，使更多医生有机会见到临床上罕见的眼部病变体征。

同时，王宁利教授还在青光眼研究领域提出开创性观点：以房角关闭机制为基础的原发性闭角型青光眼新的分类和诊治体系；提出跨筛板压力差增大是导致青光眼视神经损害的新理论并进行系列研究。他针对临床中复杂青光眼患者设计并率先开展了多项眼科新技术，如非穿透性小梁手术、改良外路小梁切开手术、Schlemm 管成形扩张术、房水引流物两阶段植入术和高度近视眼内镜植入术等，并被多本专著收录。

作为国家级精品课程和资源共享课的负责人，王宁利教授带领教学团队勇于创新，不断进行教学改革。他把团队的丰富临床经验与前沿的眼科学高科技诊疗技术融入临床课程的教学中，并将宝贵的资源通过教育部网络平台予以共享，取得很好的教学效果和社会效应。

王宁利教授作为北京市优秀教学团队的负责人，带领着眼科学教学团队，融入其丰富的教学经验、先进的教学理念与各老师精诚协作，被评为院级、校级和北京市级教育教学先进集体。

他主编的《眼科学》和《眼内屈光手术学》获评首都医科大学校级优秀教材，在本科生、研究生教育中应用广泛，备受好评。

北京市高等学校教学名师奖获得者

郎丽华

郎丽华，1963 年出生，首都经济贸易大学经济学院教授，经济学博士，中共党员。1985 年毕业于北京大学，获经济学学士学位；1988 年毕业于中国社会科学院研究生院，获经济学硕士学位；2009 年毕业于对外经贸大学，获经济学博士学位。现任经济学院院长，兼任中国国际贸易学会理事、北京国际经济贸易学会副会长、北京地区经贸类专业群建设专家委员会和教学协作委员会秘书长。自 1988 年任教以来，郎丽华教授为本科生、硕士生、博士生(含中国学生和留学生)主讲国际经济学、国际贸易、世界经济、中国商务环境、国际贸易前沿、国际商务等课程。她教学态度认真，教学效果良好，被评为首都经济贸易大学教学名师、北京市中青年骨干教师。

郎丽华教授1988年入职首都经济贸易大学。多年来，她始终严格要求自己，严谨治学，兢兢业业，在教学、科研、育人等方面成效显著，贡献突出。

作为一名教授，郎丽华严谨教学，先后为中外本科生、硕士生和博士生讲授了10余门课程，达数千课时，指导了60余名硕士生和10名博士生，她负责和主讲的国际商务和国际经济学双语教学课程被评为教育部双语教学示范课程，国际商务课程被教育部评为来华留学生英文授课品牌课程，国际贸易课程被评为北京市精品课程，她主编的《国际贸易理论、政策、实务》被评为北京市精品教材。

郎丽华的主要研究领域是国际贸易理论与政策、国际贸易周期、世界经济等，先后在《人民日报》《世界经济》《管理世界》《经济与管理研究》《经济学动态》等报刊上发表了多篇学术论文并出版了几部专著、教材和译著。她主持了国家发改委、国家物资储备局、北京市教委、北京社科规划项目、北京市商委等多项课题，作为主要负责人参加了国家社科基金重大项目、国家社科项目、教育部、北京市多项课题研究。

作为院长、专业和课程负责人，郎丽华教授和团队成员关注中青年教师成长。通过各种制度和措施，培养中青年教师，加强师资队伍建设，为中青年教师提供发展机会。

作为经贸专业和学科负责人，郎丽华教授与本学科的同事共同致力于专业学科建设，注重专业学科建设和协同发展。国际贸易学科目前是北京市重点学科，经济学院是北京地区高校经贸类专业群建设的牵头单位。

郎丽华教授和经济学院领导班子以及全体教师注重开放办学，在经济学国际化人才培养方面，已经走在了国内大学的前列。2013年，经济学院在国际化人才培养模式改革方面取得荣获北京地区高等教育教学成果奖一等奖的成绩。

北京市高等学校教学名师奖获得者

刘　娟

刘娟，1963 年出生，首都经济贸易大学统计学院教授，经济学博士，中共党员。1986 年毕业于北京经济学院经济数学系，获理学学士学位；1999 年毕业于首都经济贸易大学统计系，获经济学硕士学位；2006 年毕业于中国人民大学统计学院，获经济学博士学位。现在主要的社会活动和兼职有：中国商业学会市场调查分会理事、中国统计学会会员、国家统计局职称考试专家委员会成员、国家职业资格职业信息分析师鉴定小组成员、北京市统计学会会员等。刘娟教授任教以来一直从事高校的教学和科研工作，主讲统计学、应用多元统计分析、市场调查等课程，教授经济统计学的本科生、研究生和 MBA 的学生。刘娟教授常年超教学工作量，教学效果良好，受到学生和同行专家普遍好评。2006 年获评北京市中青年骨干教师，2011 年被评为首都经济贸易大学教学名师。

刘娟教授踏实勤恳，勇于奉献，积极进取，在教学科研工作中成绩突出。自1998年以来，曾为首都经济贸易大学多个学院不同专业的几千名本科生讲授过统计学、应用多元统计分析、市场调查和经济统计课程，共计3360课时，平均每学期120课时。10年来，为在校研究生、MBA学生讲授统计调查、经济统计研究、管理统计、统计分析方法与技术等课程共计636课时，受到学生的好评。她在教学方法和内容上积极改革，引入案例教学、项目教学、学生参与教学活动等多种教学方法，改变了学生对统计学的畏难情绪和偏见，学生深刻理解和掌握了统计方法在实际中的应用。每年她还指导本科生毕业论文、实习报告的撰写，指导研究生，带领学生参加北京市城镇居民社会生活指数调查，香港、澳门、台湾和内地消费者信心指数调查等社会实践活动。

刘娟教授曾担任统计学院院长助理、教学副院长。在担任教学副院长期间，她除承担自身繁重且责任重大的教学管理工作外，还圆满完成学校交给统计学院的各项教学任务，配合统计学院院长工作，团结全体教师。获批国家级统计学特色专业建设，统计学教学团队获评北京市优秀教学团队，统计学专业获评北京市品牌专业，统计学课程获评北京市精品课程。她主编的《应用统计学》获得北京市精品教材。在建设国家级实验教学示范中心的任务中，她负责数字化电话调查实验室的建设，为最后获评国家级实验教学示范中心贡献了重要力量。与此同时她积极开展统计专业本科生社会实践模式的探索与创新活动，获北京市教育教学成果奖(高等教育)二等奖。她在本科人才培养模式上积极探索创新，不仅对全校学生施行数学基础课分层教学，还在统计学专业开展了大类招生、国际统计班的开设等，使本科生培养方式发生了根本变化，受到学生和教师的欢迎。

近年来，刘娟教授主持和参与国家社科基金、教育部人文社会科学研究项目、北京市哲学社会科学规划项目、北京教委社会科学研究计划项目、北京市教育科学规划重点项目、国家统计局科研项目以及北京市技术市场管理办公室科研项目等十余项课题，参加重要学术会议数次，并发表主题演讲。她在国内外高水平公开学术刊物上发表论文30余篇，出版专著和主编教材3部，参与编写各种教材多部。

北京市高等学校教学名师奖获得者

梁　珣

梁珣，1961年出生，教授，主讲设计制图、人机工程学、计算机辅助工业设计、产品数字化设计技术等课程。1993—1995年在北京理工大学工业设计研究生班学习。1983—1997年先后在清华大学分校、北京联合大学机械工程与自动化专业任教。1998—2001年先后在北京轻工业学院机械系、北京工商大学机械自动化学院工业设计专业任教。2002年至今在北京工商大学艺术与传媒学院产品设计专业任教，现任设计系主任、产品设计专业负责人。兼任中国工业设计学会理事，北京工业设计促进会监事，北京市科委、海淀区科委评审专家，《包装工程》期刊审稿专家等。先后多次被评为学校优秀教师，获得教学优秀奖和教学成果奖，2013年获北京市教学成果奖二等奖。

把课堂作为人生舞台。这个由三尺讲台搭成的舞台成为梁珣30多年来驻足最多的地方，陪伴着她从二十出头到如今的年过半百，青丝开始变作白发，却不改初衷。她总结道：要当一个好老师，就要有良好的师德、师风；讲课要有艺术性、针对性；要有精深的专业知识，还要有实践应用的体会。梁老师在搞好教学的同时，关心学生们的成长，深受他们的欢迎与喜爱。她指导的学生中多人获得学校优秀毕业论文奖、教育部教指委优秀毕业设计奖、德国红点、中国创新设计红星原创奖等奖项。

为学生搭建更大平台。针对工业设计专业、产品设计专业的特点，她在课堂外为学生搭建更多更好的教学平台，从最棘手的专业实习入手，在校外基地创造性地开展真环境、真项目、真操作、模拟设计师的"三真一模拟"专业实习，自2006年起连续10届将整班制的学生420余人送到校外基地，保证每个学生都有1个月的企业实践经历。这种校企合作模式与效果被《光明日报》、新华网等多家媒体报道。2009年，该基地成为学校首个市级校外人才培养基地。2013年，该项改革成果获得了北京市教育教学成果奖二等奖。

为专业发展勇于改革创新。她带领产品设计专业团队，主动请缨加入学校的本科教学改革试点专业行列。她组织全体专业教师先后召开了十几次内部专业研讨会、业内专家论证会，成功找到了产品服务设计这一独特的专业定位，适应社会对设计类人才的变化性需求。产品设计专业2009级学生中有4位登上了"非你莫属"求职节目舞台并成功就职，《中国教育报》对此进行了报道。她们的专业2014年以总分第一的成绩成为北京工商大学九个示范专业之一。

积极从事教学和科学研究。她参加完成国家自然科学基金项目1项，主持或参与完成北京市高等学校教育教学改革与面上项目3项，主持完成市级校外人才培养基地建设项目1项，主持或参加完成10余项横向科研课题，以及多个学校教育教学改革项目，发表学术论文20多篇，主编著作与教材10余部、电子出版物2套。

北京市高等学校教学名师奖获得者

欧阳文

欧阳文，现为北京建筑大学建筑与城市规划学院教授，硕士生导师。先后毕业于西安建筑科技大学建筑学专业和重庆建筑大学建筑设计及其理论专业，分别获得学士、硕士学位。1995 年研究生毕业入校任教，现任建筑与城市规划学院建筑系主任。从教 20 多年来，先后承担了建筑学、城市规划等本科专业的设计初步、建筑设计及原理、建筑概论等专业核心课程的教学任务。兼任全国专业标准化技术委员会委员、《城市住宅》杂志编委、中国民族建筑研究会委员。

欧阳文老师坚持以“德高为师，身正为范”严格要求自己，20 年来一直坚守在教学第一线，以其人格魅力和学识魅力感染着广大师生。她注重对学生的个性化指导，习惯下课后“不散场”，为学生答疑解惑。在教学中，她高度的责任心和敬业精神得到了全国建筑学专业评估专家的高度肯定。欧阳文老师分别于 2004 年、2010 年被评为校级优秀教师；在 2014 年由学生自发组织的首届“我爱我师——我心中的优秀教师”评选中，她以全校得票第一名的成绩成为学生心目中的“十佳”教师。

多年来欧阳文老师紧密围绕建筑学专业人才培养的特点和要求，积极开展教学模式、教学内容与教学方法的改革与研究，先后主持或参与了多项教学研究课题，取得了丰硕的教学研究成果。2007—2011 年她连续 5 年指导学生获得全国大学生优秀作业奖(该专业的最高奖)及 7 项其他优秀作业、优秀教案奖。作为本科 1—3 年级设计课程负责人，她与其他老师共同承担的建筑学专业人才培养体系改革研究与实践项目，于 2012 年获得北京市教育教学成果奖一等奖、2014 年国家教学成果奖一等奖，得到了国内建筑教育界的高度评价。

欧阳文老师一贯坚持“教学是流，科研是源”的理念，在做好教学工作的同时，也非常注重科学研究。她发挥自身的学科专业优势，围绕国家战略需求积极申报科研课题，先后主持或参与国家科技支撑计划项目 3 项、国家自然科学基金项目 3 项以及省部级科研项目 5 项；先后出版学术专著(译著)8 部，发表学术论文 16 篇，获得北京市和住建部等省部级科技奖励 4 项；主持完成了北京密云古北水镇游客中心建筑设计、山东泰山赤鳞鱼博物馆建筑设计等多项工程实践项目，产生了良好的社会影响。

北京市高等学校教学名师奖获得者

赵俊兰

个人简历

赵俊兰，1962 年出生，历任北方工业大学建工实验中心主任、建筑工程学院土木工程系主任，现任土木工程学院建管系主任、岩土工程二级学科硕士点责任人、教工党支部书记、教授、北京市测绘专业教育委员会委员。1979—1983 年在西南科技大学地质工程专业获学士学位；1983—1986 年在中国建材集团公司地质勘查公司云南勘查总队任技术员；1986—1992 年在西南林学院工程测量教研室任助教、讲师；1987—1988 年在武汉测绘科技大学大地测量助教进修班学习；1995—1997 年在清华大学工程测量研究生班学习；2000—2001 年在北京大学地空学院遥感研究所作访问学者进修学习；2005—2006 年在北京大学遥感研究所作国内高级访问学者进修学习；1992 年至今在北方工业大学任讲师、副教授、教授。

赵俊兰同志忠诚于党的教育事业，长期工作在教学、科研的第一线，以饱满的热情投入工作，在教书育人的平凡岗位上精心耕耘，无私奉献。她爱岗敬业，具有良好的职业道德，为人师表，关爱学生，是学生的良师益友。该同志具有比较扎实的基础知识和基本功，教风严谨，充满激情，深入研究教学方法和技巧并应用于实践，不断进行教学改革探索，高质量地完成了各项教学任务，教学成效显著。她以培养优秀的专业人才为己任，结合现代技术发展的前沿课题，指导学生运用科学的思维方法，掌握现代技术，注重理论联系实际，为社会培养复合型人才。

她先后主持北京市教委科技、教改课题等各类项目 20 余项；获国家测绘局全国优秀测绘教材三等奖 1 项、北京市教学改革成果奖二等奖 1 项(排名第四)；主编或副主编教材 3 部、以第一作者发表学术论文 60 余篇，EI 收录 7 篇；获校级教学成果一等奖 1 项、二等奖 3 项；被评为校级精品教材 1 部、校级精品课程 1 门；荣获北方工业大学教学名师及北京市优秀共产党员荣誉称号。多次荣获北方工业大学优秀共产党员、师德先进个人、优秀班导师、先进工作者和优秀研究生指导教师荣誉称号。她以孜孜不倦的科学作风、严谨求实的工作态度、严肃认真的教学风格、爱生如子的高尚品德，受到全校师生的交口称赞。其所在党支部两次被评为北方工业大学先进党支部。她在岩土信息技术、边坡稳定性预测预警评价等方面取得了一系列的研究成果。

赵俊兰同志默默奉献，做好党务工作；扎扎实实，做好教学科研；兢兢业业，做好管理工作。作为土木系主任及建工实验中心主任，她不断整合、优化教学资源，加强实践教学基地建设，注重教师队伍建设，做好青年教师的培养工作。2009 年她带领全系教师成功申报了北京市高等学校实验教学示范中心，2011 年顺利获批建筑与土木工程专业领域招生资格并顺利完成了首届招生工作，同年成功申报城市地下与空间工程本科专业并开始招生，她自主研发了网络实验教学管理平台，实现了情景化和系统化实验教学环境，率先实现了远程实验教学。

北京市高等学校教学名师奖获得者

周金和

周金和，1991 年武汉大学研究生毕业后到北京信息科技大学任教至今，现为北京市重点建设学科负责人。先后主讲本科生必修课 5 门、本科选修课、实践课和研究生课共 9 门，教学效果优良。主持完成教育部和北京市特色专业建设点等市级教学建设项目 5 项，主持和参与校教改项目 10 项，发表教研论文 14 篇。被评为北京市优秀教师、优秀德育工作者、优秀教学团队带头人等，获北京市教育教学成果奖二等奖、校级奖励 8 项。主持完成“973”子课题 1 项，参与完成国家级项目 4 项，现主持国家自然科学基金 1 项，主持北京市自然科学基金重点项目及子课题各 1 项。发表学术论文 30 余篇，其中 EI 检索 20 篇，出版专著 1 部，获发明专利 2 项。

周金和始终以“爱心与学问兼备、教书与育人并重”为座右铭，以培养高素质人才为己任，为人师表，教书育人。工作中他通过实际行动为学生做表率，不断努力学习，提高自身综合素质，严谨治学，踏实做人。他先后承担了多门本科和研究生课程的教学工作，讲课态度认真，热情投入，效果良好。他指导开发了电子信息工程专业综合教育平台作为课堂教学的延伸和补充。

他秉承“德才兼备、以德为先”的人才培养理念，将政治思想和品德教育寓于日常教学实践活动中，经常教育学生努力学习，要有一技之长，树立以自己的学识服务社会、报效祖国的理想。他积极关心家庭经济困难学生，在学业和就业上予以鼓励和帮助。他不断进行教学改革，努力使自己始终站在技术发展的前沿，将适应技术发展和社会需求的专业知识传授给学生，提升学生就业能力。

他投入极大的精力和热情指导学生进行实践创新活动，注重培养学生创新精神和团队协作精神。他连续指导学生参加了全国大学生电子设计竞赛和北京市大学生电子设计竞赛，多次获优秀指导教师奖，并受邀成为全国大学生电子设计竞赛北京赛区评审专家。

作为电子信息工程专业负责人，他积极投身教育教学改革，加强教师团队精神和文化建设，团结带领电子信息工程专业全体教师积极实践、改革创新。在专业建设方面取得突出成绩，获得 2004 年北京市教育教学成果奖二等奖，并分别于 2004 年、2008 年、2012 年获得校教学成果奖一等奖，使电子信息工程专业成为学校首个教育部特色专业建设点，电子信息工程专业教学团队也被评为北京市优秀教学团队。作为信号与信息处理学科负责人，他锐意改革，积极进取，使该学科入选北京市重点建设学科，并顺利通过建设验收。

在科研工作中，他刻苦钻研，勇于创新，在研究工作中注意吸收本科生进入课题，着力培养学生独立分析解决问题的能力和创新能力。他主持完成国家级课题 1 项，现主持省部级以上课题 3 项。

北京市高等学校教学名师奖获得者

张洪颖

张洪颖，1965年出生，副教授，北京联合大学应用科技学院外语系系主任，高职公共英语课程负责人。座右铭：用真情教书，以诚心育人。曾获学校师德先进个人和学校优秀共产党员荣誉称号。现主要讲授高职高专英语、IT职业英语、跨文化交际等课程。主要研究领域包括：高职英语教学、职业教育学。从教以来一直从事一线教学工作，致力于公共英语教学改革研究与实践，所主持的高职公共英语教学改革成果获校级教学成果奖二等奖。主持市级、校级及横向课题8项，主要参与各级课题6项，发表核心期刊论文10余篇，主编高校教材6部。在企业做培训师多年，受到企业好评。

先进事迹摘录

张洪颖热爱党，热爱祖国，爱岗敬业，教书育人，有高度责任感。张老师在教学、科研、管理和服务岗位上发挥先锋模范作用，引领师生创造一流业绩；该同志所带党支部曾荣获北京市先进基层党组织称号，所带公共外语教学团队在教学、科研、学科竞赛、第二课堂等多方面取得历史性突破。

张老师一直致力于高职公共英语教学改革。构建了高职公共英语多维立体课程体系，在业内率先创新提出高职公共英语不应是一门课程，而应是一个课程体系。该教学改革改变了公共英语课程不分对象、不分水平、内容单一、手段单一、重知识轻运用且学生缺乏英语学习兴趣的局面。数据分析显示，实施改革方案的学生在入学成绩呈下降趋势的情况下，三级、四级成绩呈上升趋势，且各层次各模块学生均学有所获，学生满意度达 90％。

张老师带领团队成员开发编写因材施教的高职公共英语教学内容，主编教材 6 部，专门为公共英语课程的学生开发了综合英语实训教材，填补了公共英语课程没有实训教材的空白。

第二课堂建设是张老师带领团队进行课程建设的另一特色。以前院里学生的外语课外活动很少，张老师带领团队骨干教师牺牲了大量的休息时间推动学院的学生英语课外活动，在张老师和团队的共同努力下，学院已成功举办 5 届外语文化节，学科竞赛也在数量和质量上都取得了历史性的突破。

张老师在工作中坚持“以人为本”，关心同事，爱护学生。想学生之所想，急学生之所急，一切为了学生，一切服务学生。她曾资助一名贫困学生，使其顺利完成学业。张老师尤其注重对年轻教师的培养，一直承担年轻教师的指导工作，她所带年轻教师在教学、科研等工作中成长迅速，在市级、校级等各项赛事中多次获奖。张老师不但帮助他们不断地在事业中取得成就，还在生活中做他们的良师益友，经常和他们谈心，帮助他们排解生活中的烦恼。

北京市高等学校教学名师奖获得者

黄　丹

个人简历

黄丹，北京电影学院文学系主任，教授，国家一级编剧，电影导演兼制片人，2011 年当选为海淀区人大代表。1985 年任教于北京电影学院文学系，30 多年来始终坚持在教学一线。创作电影剧本 20 余部，多次获得夏衍电影文学奖、华表奖最佳编剧、台湾金马奖最佳剧本等殊荣；多次任华表奖、夏衍电影文学奖、北京大学生电影节评委；还担任原广电总局电影剧本规划策划中心文学顾问、教育部高等学校艺术类专业教学指导委员会戏剧、影视、广播类专业教学指导分委员会特邀专家、中国电影家协会会员、中国电影家协会文学创作委员会委员、中国电影文学学会理事、北京电影家协会理事、北京电影家协会电影青年编剧委员会会长等重要电影学术团体、机关机构的兼职工作。

黄丹 1985 年就读于北京电影学院文学系，毕业后留校任教，2008 年起担任文学系主任。在 30 多年的教学生涯中，无论是作为普通教师，还是作为系主任，黄丹老师始终坚持在教学第一线，至今仍在担任本科生班主任，尤其重视本科生剧作基础的基本功训练。在教学中，他平等对待每一位学生，严格批改每一份作业，关心学生思想也尊重个性发展，注重培养学生正确的价值观，要求学生在剧本写作过程中可以不按成规，没有教条，实现创新，但要遵守基本道德规范，重视人性美的传递与表达，以此为年轻教师的教学树立规范与标准，承继文学系的文化传统。

黄丹老师始终坚持教学与创作相结合，其创作的二十余部电影剧本不仅获得多个奖项，更为教学提供了可贵的素材与经验。他以自己的创作体验为例，告诉学生，艺术来源于生活与观察，以及如何在一部作品中采用准确的表达方式呈现出人物的合理状态。老师的身体力行鼓舞了学生，在每年的社会实践中学生都认真选材、实地亲访，整理成近万字的调查报告，弥补本科生阅历有限的不足，为形成更加成熟的写作状态打下基础。

如今，身为系主任的黄丹老师，站在更加宏观的角度看待文学系的发展，时刻不忘为中国电影事业输送一线编剧人才的教育使命。根据当下电影市场现状，他与文学系老师们群策群力，创建了电影创意与策划专业。如今此专业第一届的本科生已经顺利毕业，实现了高就业率和高考研率。其中，由黄丹老师指导的毕业联合作业《家·人》获得 2014 年联合作业大奖，在国内外也获得了很多可喜奖项。身兼导演、编剧两职的王曦曦同学也顺利被美国哥伦比亚大学电影学专业录取。在中国电影市场更需要复合型人才的今天，他实现了文学系师生从重视“写作”到重视“创作”的思想转变与突破，全方位认识“创作”是为了更好地“写作”。

除此之外，中国电影编剧研究院的成立；改革艺术考试招生方式；作为文学系品牌的“金字奖”成功举办了 11 届，融资规模与奖励幅度不断扩大；与广电总局剧本中心合作的“剧本扶植计划”每年顺利推动；与大地数字院线合作的“大地视野”跨界邀请各行大家进行系列讲座，系列举措的落实与实施都旨在为学生创作搭建更有力的输出平台，让文学系教学更加系统完善，与中国电影创作一线实现有效对接。

北京市高等学校教学名师奖获得者

王越平

王越平，1987 年毕业于东华大学（原中国纺织大学）纺织品设计专业，获工学学士学位；2001 年毕业于北京服装学院服装设计与工程专业，获工学硕士学位；2009 年毕业于四川大学材料学专业，获工学博士学位。自 1987 年进入北京服装学院（1988 年 5 月更名）服装系任教至今，已经在教学一线工作了 30 年，1998 年被聘为副教授，2013 年被聘为教授。目前主要从事服装设计与工程专业、纺织材料与纺织品设计专业本科与研究生的教学、科研工作。主要社会兼职：公安部公安装备财务专家、北京市服装材料研究开发与评价重点实验室学术委员会委员。

从教 30 年来，王越平同志承担了大量本科生、研究生的教学工作，工作量饱满，课堂教学气氛活跃，学生学习兴趣浓厚，教学效果优秀。在教学过程中她注重教学方法与教学手段的改革，注意培养学生分析问题、解决问题的能力。1997 年获评北京市优秀青年教师，2000 年荣获北京服装学院第 3 届青年教师基本功比赛三等奖，2010 年荣获桑麻基金会奖教金。教书的同时不忘育人，她课上严格要求，课下与同学交流、谈心，了解学生思想动态，鼓励学生学好本领，报效社会。

自 2001 年开始，王越平同志主持服装材料学重点课程建设项目，并一直担任服装材料学专业基础课程群的负责人，在教学改革、教材建设、课程建设、实验室建设、人员梯队建设等方面做了大量工作。2003 年底服装材料学重点课程建设项目通过学校验收，2004 年该教改项目获得北京服装学院优秀教学成果奖三等奖。经过几年的建设，服装材料学连续三次被评为校精品课程。在此过程中她撰写了多篇教研论文，如《高等教育中科学技术与艺术的相互融合》等。

多年来，王越平同志主持或参与了国家科技部、国家质量监督检验检疫总局、北京市教委、北京市组织部、国家林业局等多项科研课题达 20 余项。如国家“十一五”科技支撑计划项目、国家质检总局下达的公益性行业科研专项项目、北京市教委科技面上项目等。科研的同时，她积极撰写论文、著作，参加国内外学术会议。公开发表教学、科研论文 50 余篇，如 *Structures of Natural Bamboo Fiber for Textiles*，*Effects on Surface Properties of Natural Bamboo Fibers Treated with Atmospheric Pressure Argon Plasma* 等学术论文发表于国际著名杂志以及国内核心期刊。

正式出版著作 7 部，其中个人专著 2 部，参编著作 5 部，如学术专著《回归自然——植物染料染色设计与工艺》，教材《现代服装材料学》(第二版)(“十二五”部委级规划教材)，目前该教材被多个高校服装专业用于教学，该教材已重复印刷 19 次。她还作为主要执笔人制订了 LY/T2226—2013《纺织用竹纤维鉴别试验方法》等行业标准 2 项，分别于 2008 年 12 月、2014 年 1 月颁布实施。

北京市高等学校教学名师奖获得者

高佳佳

高佳佳，本科毕业于沈阳音乐学院作曲系并留校任教，主讲曲式与作品分析等课程。后考入中央音乐学院获得硕士、博士学位，成为我国第一位作品分析研究方向博士。毕业后到中国音乐学院主讲本科曲式与作品分析课程。现任中国音乐分析学会副会长、中国音乐学院作曲系主任、博士生导师。兼任中国音乐学院、中央音乐学院、上海音乐学院等博士论文答辩评委；中国民族管弦乐学会、上海音乐学院百川奖、中国之声等作曲赛事决赛评委；人民音乐出版社 2013 年、2014 年出版项目讨论会特聘专家等。2014 年主持申报的“中国民族音乐教学资源数字化建设工程”项目获得国家级教学成果奖一等奖。2013 年被评为北京市优秀教师，2011 年被评为北京市教育系统优秀共产党员。

先进事迹摘录

高佳佳是 1978 年恢复高考的第一代大学生，1982 年以全优成绩留校任教(沈阳音乐学院)，从此她与讲台结下了不解之缘，至今已在教学岗位上工作了 36 年。

她热爱党的教育事业，当年作为年轻教师教过很多课程：曲式与作品分析、和声、即兴伴奏、钢琴……她毫无怨言、乐此不疲地认真备课。为了获得更好的教学效果她还多次进行新课试讲，而讲台下的听众只有一个人——与她是音乐同行的丈夫，这对年轻夫妇认真教学的态度曾被系里老师传为佳话。由于业务进步大，她很快被提升为最年轻的教研室主任。1991 年她考入中央音乐学院，成为我国音乐分析学泰斗杨儒怀教授的第一位硕士及博士研究生，她不仅继承了杨儒怀先生创立的中国音乐分析体系，而且运用该体系创造性地对中国当代的音乐创作进行了大量的分析实践，在业内产生了一定的影响。

曲式与作品分析是音乐艺术院校各专业的必修课，中外音乐文献浩瀚，涉及作曲技术、人文背景广泛，是比较难上的课，该课程面对的学生群体也不同，不仅有作曲系高层次的分析课，也有面对表演系及理论系更多学生的共同课。多年来高佳佳在教学中不断总结经验，根据不同专业的学生调整教学方法，她编写的教材被很多艺术院校使用，影响广泛。

高佳佳对教学工作严肃认真，她从来没有因个人的事情请假调课，即使生病她也会坚持。她常说，补课时学生很难到齐，轻易不能调课。她对学生充满爱心，对年龄大的、生活比较困难的学生她会主动送教材，并免费给考研学生补课，对旁听“蹭课”的学生也是有问必答。

作为博士生导师，她在大量行政工作的压力下，几十年来始终坚持为本科生上大课，同时不放松对研究生的指导。她常常利用午休时间给研究生上课，并始终保持 1 对 1 的上课形式。她指导的硕士生论文有两人在 2009 年全国音乐分析学大会上获得二等奖，她指导的博士生一人在 2013 年全国音乐分析学论文比赛中获得第二名，2014 届一名博士生毕业论文答辩获得优秀成绩，并顺利获批进入上海音乐学院博士后流动站。

北京市高等学校教学名师奖获得者

陈　娆

陈娆，1969 年出生，教授，中国民主同盟盟员，现任民盟昌平区工委委员、民盟昌平区统战理论研究会副会长、中国农业企业经营管理研究会秘书长、中国农业技术经济研究会理事、北京农业经济学会监事。1992 年毕业于河北农业大学农业经济管理专业，同年留校任教。1997 年在河北农业大学获得管理学硕士学位，2009 年在华中农业大学获得管理学博士学位。2000 年调入北京农学院任教，主讲农业企业经营管理学、农业经济学、管理学等课程，多年来坚持一线教学科研工作，获得北京市教育教学成果奖二等奖 1 项、黑龙江省社会科学优秀科研成果奖一等奖 1 项、教育部高等学校农业经济管理类专业教学指导委员会优秀成果奖 2 项，主讲的"现代农业企业发展漫谈"于 2014 年被教育部办公厅批准为第五批精品视频公开课。

陈娆老师自1992年任教至今，一直坚守在教育教学第一线，工作踏实，教学效果突出，科研和学术成果显著。

她主持国家自然科学基金“我国乡镇企业全球化发展战略”子课题，参加国家社科基金重大课题“同步推进工业化、城镇化和农业现代化战略研究”，主持北京市社科基金重点课题“基于合作博弈的北京节水农业协同发展战略研究”、北京市优秀中青年骨干教师课题、北京市组织部课题、北京新农村基地课题和横向课题等20余项，获得黑龙江省社会科学优秀科研成果奖一等奖1项，出版《基于产业集群的乡镇企业竞争优势研究》《蔬菜供应链集成研究》《城郊农村如何搞好小城镇建设》等专著6部，在《中国流通经济》《商业时代》《生产力研究》等刊物发表论文30余篇。

根据学科发展特点，她在课程教学过程中不断探索新的教学方式，2005年主持的“都市型农林经济管理专业改革与实践”项目获得北京市教育教学成果奖二等奖；围绕学校“3＋1”人才培养模式的改革和创新，于2009年获得北京农学院教育教学成果奖二等奖；参与主持的特色农经行动计划“都市型农林经济管理专业人才培养与创新项目”，于2012年获得北京农学院教育教学成果奖二等奖；2011年度《农业企业经营管理学》教学方案荣获北京农学院优秀教学设计方案奖；2014年录制的“现代农业企业发展漫谈”课程被教育部办公厅批准为第五批精品视频公开课。她为北京市开放大学录制的农村经济与管理、农业投资项目评估、农村经纪人实务、现代农业生产经营管理等课件被评为中国农业大学现代远程教育优秀课件。

她平时注重与学生进行情感交流，以科学的教育策略和方式来感召学生，秉承从“以教师教书为主”向“以学生自主学为主”转变的教育理念，不断引导学生进行探索。她指导学生参加“挑战杯”首都大学生课外学术科技作品竞赛，获得二等奖和三等奖；指导学生参加2013年“晨光杯”北京青年创新创业大赛，获得铜牌。她本人被评为暑期社会实践优秀指导教师。

北京市高等学校教学名师奖获得者

颜天民

颜天民，1957年出生，博士，首都体育学院教授，博士生导师，管理与传播学院院长。1982—2001年任教于江苏徐州师范大学，2001—2006年任教于清华大学，2006年至今任教于首都体育学院。承担普通高校、体育院校体育专业本科生体操技术课、体育概论课、游戏概论课及普通高校学生体育课教学并指导研究生工作。曾任徐州师范大学体育系副主任、清华大学体育部副主任、清华大学国家体育总局体育社会科学重点研究基地副主任、首都体育学院教务处处长、中国教育学会、中国高等教育学会体育专业委员会常务理事兼副秘书长、北京市高等学校体育学术委员会委员等职务，现为中国体育科学学会体育社会科学分会委员。

先进事迹摘录

颜天民老师在30多年的高校教学中，承担体育专业本科生的体操技术课、体育概论课、游戏概论课以及普通高校学生体育课教学工作，并指导研究生工作。曾获江苏省高校优秀中青年体育教师、清华大学优秀共产党员、北京市总工会奥运立功标兵等荣誉称号。

他坚持“以人为本”的教育理念，为人师表，关注学生的发展与成长。长期承担基础课教学任务，为低年级学生授课；主动开设新课程，为课程建设做出了贡献。教学中他注重学生知识掌握与逻辑思辨能力的培养，能充分运用体育实践案例，深入浅出，循因追理，引发学生的兴趣与探究，培养学生独立思考与研究问题的能力，使学生在体育认识的层面上有明显进步。

他坚持理论联系实际的教学作风，始终将体育的实践问题、前沿进展、学术研究、课堂教学结合在一起，主持、参与国家级社科课题研究，出版专著，编写教材，在学术刊物发表多篇论文，教学与科研融会贯通，不断积淀与提炼，能够给予学生开阔的思路与理论指导，教学效果好，学生评价高，同行专家认可，形成了自己的教学特点与风格。

他坚持脚踏实地的工作作风，任劳任怨，为学生成长和学校发展做贡献。在教务处工作期间，他参与本科教学工作水平评估的各项工作，学校获得“优秀”评估成绩；参与教育教学质量工程建设的各项工作，学校获得多项国家级和市级立项；参与的全国体育院校学生基本功大赛的竞赛管理工作，参赛队获得了第一名。在管理与传播学院工作期间，他注重人才培养和专业学科建设，申办了体育与经济管理新专业、新闻与传播专业硕士学位点；学生获得了全国体育院校创业策划大赛特等奖、全国大学生体育影像节最佳瞬间奖、最佳人物奖。他注重青年教师的培养，鼓励、指导三名教师考取了博士研究生。

北京市高等学校教学名师奖获得者

王玉海

王玉海，1962年出生，博士，1987年开始任教，1995年被评为副教授，2000年被评为教授，2001年开始担任硕士生导师。2002年任内蒙古大学旅游系主任、硕士生导师。2005年调入北京石油化工学院人文社科学院，历任教授、旅游系主任、人文社科学院常务副院长，现为人文社科学院教授。王玉海教授在民族史和旅游文化方面有一定的影响，先后主持过多项国家社科基金项目和各地方政府项目；出版专著6部，其中两部著作获省部级和国家级奖项，一部专著入选《中国边疆研究文库》，被列入国家出版基金项目，是从大陆及港澳台众多研究中遴选出来的具有代表性的著作；还在核心期刊和统计源期刊上发表论文60余篇。近3年他个人获得纵、横向科研经费300余万元，先后被大地风景旅游规划设计院(北京大学)、中国创意联盟、内蒙古阿拉善盟政府等多家单位聘为高级顾问，兼任全国和北京哲学社会科学规划项目评审专家、中国蒙古史学会理事、《旅游学刊》和《内蒙古大学学报》等刊物审稿人，入选北京市青年骨干教师和北京市新世纪社科理论人才“百人工程”名单。

先进事迹摘录

王玉海教授自参加工作以来一直从事教学科研工作，对为师之道孜孜以求，传道授业，答疑解惑，行为师范。

王玉海教授对三尺讲台有着特殊的感情，他曾言："我一上讲台就兴奋，最喜欢看的是学生求知欲得到满足后的笑脸，最有成就感的，是看到自己学生的成功。"正是出于对教学的热爱，他在业务上精益求精，尽管有些课已讲过多次，但每一轮他都要重新备课，不断更新教学内容，添加新观点，举出新事例，特别注重引导学生用所学知识分析问题、解决问题，提高学生的修养和处理问题的能力。学生说："我从老师渊博的知识中看到了自己的不足，更重要的是知道了今后应该怎样去对待知识。学习是手段，是丰富和提高自己本领的手段，而不是目的。"

王玉海教授积极探索创新教育教学方法，将先进的治学理念融入实际教学工作中，讲课深入浅出，生动活泼。针对急功近利的思想，他告诫同学们：在就业选择上，薪水并不是最重要的，比薪水更重要的是发挥水平和能力的平台。尤其是第一次选择，一定要放眼未来。

王玉海教授研究成果颇丰，主持完成了多项国家社科基金项目和各级地方政府项目。著作《内蒙古历史地理》获国家教育部优秀学术著作奖；《发展与变革》获内蒙古自治区第 6 届社会科学优秀成果奖二等奖；《从游牧走向定居》入选国家出版基金项目、国家"十二五"重点出版项目；论文《旅游概念新探——兼与谢彦君、张凌云两位教授商榷》获 2010 年度《旅游学刊》优秀论文奖，被人大报刊复印资料全文转载。

北京市高等学校教学名师奖获得者

孟广城

孟广城，1944 年出生，1955 年考入北京舞蹈学院，成为我国第一批自己培养的经过严格系统训练的芭蕾舞人才。1961 年毕业后被分配到中央芭蕾舞团，17 年的剧团演出经验为日后的教学工作奠定了坚实的基础。1978 年他重回北京舞蹈学院，开始了近 40 年的芭蕾舞教学生涯，1987 年开始历任芭蕾舞系党支部书记、系副主任、主任。2001 年他辞去党政领导职务，作为老教授，他至今仍然扑在教学一线。现任北京舞蹈学院学术委员会委员、教学督导，身兼研究生导师、研究生考委、全日制硕士论文开题委员及答辩委员、MFA 论文开题委员及答辩委员、本科招生考试考委等职务，同时还是芭蕾舞系 2014 级男班的主讲教师。在清华大学、北京大学、北京师范大学、中央民族大学、国家图书馆、国家大剧院、北京戏曲学院、广西大学艺术学院、云南艺术大学、福建省歌舞剧院开展关于古典芭蕾教学法的讲座。

先进事迹摘录

孟广城教授对待工作极其认真，视芭蕾舞事业为生命。2004 年，时已六旬的他不顾多年的脚伤困扰，仍然风雨无阻地执鞭在教学一线。孟广城教授不遗余力地指导本科生、硕士生，特别是在 2007 年党建评估和本科教学评估两个最高级别的评估检查工作中，他作为院学术委员会委员和系务会重要成员，既要忙于学院面临的各项检查的筹备工作，又要忙于系里各种评估文件的撰写，他废寝忘食地工作，连家人生病住院都顾不上探视和照顾。

在 2008 年初的本科招生考试过后，他因长期劳累而患上了癌症。尽管被病痛折磨了数日，但他依然坚持完成当年的本科招考工作才默默地独自前往医院进行治疗。然而，癌症和一次又一次的化疗并没有压垮这位顶天立地的老艺术家，孟广城教授躺在人民医院的病床上，心里日夜牵挂的仍然是教学工作和学生们。当他在进入手术室的时候，很多老师前来看望，他却对同事们说："等我手术完，请给我一个班，我想继续教学。"2008 年 9 月随着身体日渐康复，他又进入教学一线，满怀激情地到教室里上课了。尽管那时他左臂因手术摘除了腋下的淋巴，抬不起胳膊，可他仍尽量手舞足蹈地编排动作组合，示范舞蹈动作，那股精神劲根本看不出是一个刚做过大手术的癌症病人。

孟广城教授已用自己严谨、认真的教学态度为国家培养了大量杰出的芭蕾舞人才，许多学生是国内外芭蕾舞团的主要演员。孙杰、朱妍、孙瑞辰是中央芭蕾舞团的主要演员；邹罡是广州芭蕾舞团的主要演员兼书记；李莹、潘家斌正领导着苏州芭蕾舞团大展宏图；祁欢是新西兰国家芭蕾舞团的首席主演；胡洋和马殿麟是苏州芭蕾舞团和新加坡芭蕾舞团的主要演员；杨鹏是天津芭蕾舞团的主要演员；邹之瑞、关於正带领着北京舞蹈学院芭蕾舞系开拓美好未来。

孟广城教授一生都在为中国芭蕾舞事业贡献自己的精力和热情，他也势必将这种精神继续发扬下去，"生命不息，艺术不止"，时刻感染着周围的人，他用自己无怨无悔的真情付出诠释着一名老共产党员对舞蹈教育事业无比热爱的真挚情怀。

北京市高等学校教学名师奖获得者

王成慧

王成慧，1973年出生，管理学博士，教授，北京第二外国语学院国际商务院市场营销系企业管理学科带头人，硕士生导师，教学名师，北京市中青年骨干教师。1995年本科毕业于山东经济学院市场营销专业。1995—2003年于山东经济学院工商管理系任专业教师，主讲市场营销学和市场调查与预测。1998年于天津财经大学获得产业经济学硕士学位。2003年于中南财经政法大学获得管理学博士学位。2003年至今在北京第二外国语学院任教，主讲市场营销学（本科）、产业经济学（本科）、市场营销理论与实践（研究生）课程。2005年12月被聘为副教授，2010年12月被聘为教授。主要社会兼职有：中国市场学会理事、中国高校市场学会理事、北京现代企业研究会副理事长。

王成慧主要从事市场营销的教学与研究工作。近十年来承担本科生市场营销、产业经济学以及硕士生市场营销理论与实践的授课工作，年均授课 108 课时。他备课认真，授课生动活泼，深受学生喜爱，教学质量评估成绩均为 90 分以上。2010 年获得学校教学优秀奖，2013 年获得学校教学名师奖。

王成慧积极进行教学改革研究，主持完成了市场营销重点课程、市场营销精品教材、市场营销精品课程、市场营销重点专业、市场营销特色专业、优秀市场营销教学团队、市场营销示范专业、市场营销教学成果奖等各类教育教学项目和奖励，为营销专业建设做出了积极贡献。他首创并积极实施了基于国际化视野的市场营销专业实践型创新创业教育模式(PELM)，打造出一条“创业精神培育＋创业素质提升＋创业知识传授＋国际交流能力培养＋国际化视野拓展＋国际化知识丰富＋模拟公司运营活动＋商业经营实践＋企业家全程辅导＋创新创业项目参赛＋创新创业项目企业采用＋实际项目投入运营”的创业知识与转化的教育链，促进了学生团队式学习与交流，培养了学生的全球竞争意识与创业精神。截至 2014 年，他带领和组织营销专业学生获得各类创业竞赛奖励共 67 项，该培养方式获得学校教学成果奖一等奖。

王成慧积极进行学术研究，近几年来共主持完成(或进行)各类科研立项 15 项，其中国家社科基金项目 1 项、省部级科研项目 4 项，出版专著、教材和译著 10 部，发表学术论文 38 篇，其中 CSSCI 和核心期刊论文 18 篇。

作为专业和学科带头人，王成慧从科研与教学两个方面积极培养青年教师，成绩显著。5 年来整个教学团队共获得各种教学成果奖励 45 项，几乎囊括学校所有教学类奖项。他积极督促和帮助青年教师参加各种科研项目申报，5 年来商学院 19 名教师共获得省部级以上科研立项 29 项，其中国家级 9 项、省部级 20 项，人均省部级以上科研课题立项 1.5 项，为全校第一。

北京市高等学校教学名师奖获得者

李晋尧

李晋尧，1963 年出生，教授，硕士生导师。现为北京印刷学院教学指导委员会副主任委员、机电工程学院教学指导委员会主任委员。兼任中国机械工业教育协会自动化学科委员会委员、《西南师范大学学报》审稿专家。近年来，主持和参与 8 项北京市及学校教改项目，如北京市教委教育教学改革项目、校级重点教改项目、学校优秀教学团队建设项目；出版教材 2 部；获得校级教学成果奖 1 项；《传感器原理与应用》一书于 1998 年获河南省教委优秀著作一等奖。主持和参与国家级、省部级科研项目 12 项、横向课题多项；发表学术论文 40 余篇，其中 8 篇被 SCI、EI、ISTP 检索。

李晋尧热爱教师事业，关爱学生，对学生全力付出。有同学生病住院，他买上营养品去探望；有同学家庭经济困难，他给予资助；就业形势紧张，他动用自己的一切资源为学生们推荐工作，按照学生的原话：他待学生像对待自己的孩子一样。他被评为学校首届“我最尊敬的教师”；获得优秀德育工作者、师德先进个人、优秀班主任、就业先进个人等光荣称号。作为自动化专业负责人，他在各方面都起到了带头作用，在专业上倡导“关爱学生、因材施教”的理念。自动化专业教师队伍获得学校师德先进集体光荣称号，自动化教学团队被评为校级优秀教学团队。

他能够满腔热情地对待教学工作，秉承“教学是个良心活”的价值诉求，认真对待教学的每一个环节。他不断创新教学模式和教学方法，极大地调动了学生的积极性，受到历届学生的爱戴和好评，曾蝉联学生评教成绩全校第一名。

他不断探索创新性人才培养模式，积极推进教学改革，主持 2013 年北京市教委教育教学改革一般项目 1 项，主持和参加校级教改项目 7 项，以第一作者发表教改论文 3 篇，获得 2012 年校级教学成果奖二等奖，曾代表学校主持过程控制系统(双语)国家双语示范课的申报工作。

他对青年教师悉心指导，热情帮助，从讲课方法、教学研究和科研等各个方面帮助青年教师提高教学水平和学术能力。为自动化专业及传感器与检测技术精品课培养了一批青年教师，其中 2 人入选北京市青年拔尖人才名单。

北京市高等学校教学名师奖获得者

王海霞

王海霞，1971 年出生，管理学博士，北京城市学院公共管理学部教授，北京产业经济学会理事。先后从事金融学与管理学领域的一线教学与科研工作，主讲金融市场学、银行会计等专业课程。多次主持国家及省市级科研项目的设计、论证与申报工作。完成省级课题 1 项、校级教改项目 3 项、校级银行会计实验室建设；出版专著 3 部，主编教材 1 部，参编教材 1 部；发表学术论文 34 篇、国际会议论文 3 篇；参与省级课题 8 项、校级课题 6 项。曾两次获省哲学社会科学优秀成果奖三等奖、校青年教师课堂教学技能大赛优秀奖，指导学生获得校“挑战杯”创业计划大赛金奖，被评为校专业骨干教师、校年度考核优秀人员、校优秀共产党员。

一支粉笔，染两鬓飞霜，三尺讲台，度四季寒暑。王海霞教授就是凭着对教育事业的热忱与执着，多年来默默探索着教书之道、育人之业。

坚持德学双馨。王海霞教授秉承老师应该为人正派、学有建树的理念，向学生传递正确的人生观和世界观，为学生引领更广阔的知识视野。生活中低调做人的个性，造就了她温良恭俭、以身作则的作风，这份踏实、敦厚与自好深深感染着每一个学生。尽管教学任务繁重，王老师一直坚持科研与教学两不误，她认为做科研既是汲取前人优秀成果的过程，也是提升自身教学能力的途径，这是为学生提供前沿专业知识的必要条件。学生也在王老师的理念下受益，有多名学生在她的精心指导下，先后在专业期刊上(包括核心期刊)发表了学术论文。

追求教评创新。王海霞教授主张“快乐学习”，在课堂教学和考核评价环节上不断寻求创新。课堂上她尝试运用各种教学方法和手段，激发学生的学习兴趣；鼓励学生积极参与教学活动，为每一个学生提供展示自己的平台。同时，她率先探索了考核评价方式改革。学生对这样的改革创新给予了很高的评价，尤其喜欢老师让他们在课堂上表现自己。王老师在教学与评价方面的创新，极大地激发了学生在相关领域的创新性思维。王老师敏感地发现了其中的闪光点，经过无数次与学生沟通、论证，分别成就了 2011 级学生和 2012 级学生的国家级和市级大学生创新创业训练项目，另有一项则获得了学校第 13 届“挑战杯”创业计划大赛金奖。

秉承真情育人。王海霞教授提倡专业老师不仅要在学习上引领学生，还要在生活中主动关心学生，倾听学生心声。正是这份“育人必怀雨露心”的情怀，使王老师赢得了学生和班主任的深深信赖，多次受邀并利用休息时间欣然参加学生的主题班会，形成了积极的师生互动关系，对形成良好的班风、学风发挥了重要作用。授课班级多次获得市级、校级荣誉称号。

北京市高等学校教学名师奖获得者

王　芳

王芳，北京工业职业技术学院思政部教师，副教授，法学硕士。王芳老师自大学毕业后即登上三尺讲台，成为法律专业的一名教师，她兢兢业业、恪尽职守、苦练内功、身体力行，为了能够将法学理论与具体实践相结合，她考取了企业法律顾问执业证书，在教学之余深入企业一线，将最鲜活的社会现实带入自己的课堂。2008 年，王芳老师按照学校的要求，带领政治教研室创设思政部，从一名法学专业教师转型为思想政治理论课教师。7 年来，在她的带领下，学校思政教师锐意改革，深入研究，尤其是结合高职院校和高职学生自身特点创设了“课程引领、专业渗透、两线融通、六步嬗变”的职业基本素养培养体系，开拓了职业教育德育培养的新路径。

为了让学生在课上有收获，王芳老师总是拿出大量的时间备课，做好教学设计，力争将最鲜活的社会现实呈现给学生，将最深刻的剖析分享给学生，将最正向的能量传递给学生。在网络时代，她不断学习，利用 QQ、微信、微博和学生进行交流，将 45 分钟的课程延伸为 24 小时，将教室延伸到不同空间，学生们都觉得她就像一个大姐姐，课堂上是老师，课堂外是朋友，有心里话愿意和她说。几年前毕业的一个学生，高中时曾是班里的学霸，可临近高考时心理出了问题，甚至要跳楼，最终没有考上理想的大学。他入学后萎靡不振，但是在一些讨论和活动中又非常有思想、有见地，王老师发现了这一点，就和他的家长沟通。了解了他的经历以后，王老师在思想上开导他，在学业上指点他，在很多活动中委以重任，慢慢地帮助他又找回了自信。经过她的努力和家长的配合，他很快就适应了新的学习生活，如今他已经成为一名律师，敬业上进。

思政部成立 7 年来，她落实思想政治理论课的全部内容，并在教学质量上有所突破。但高职院校的思想政治教育和素养教育有其特殊性。自 2007 年以来，团队针对高职教育人才培养中普遍存在的“重技能、轻素养”及“素养培养碎片化、实效差”的问题，开发出专门的课程和教材，顶层设计高职学生培养全过程，系统培养和养成学生素养，使他们“内化于心、外化于行”，成为领域内的先行者，做敢吃螃蟹的人。

“课程引领、专业渗透、两线融通、六步嬗变”的“高职学生职业基本素养培养体系”填补了职业基本素养教育体系的空白，使职业基本素养伴随并成就千千万万高职学生的一生，成为他们的安身立命之本。2010 年，她的课程被评为国家精品课，她的团队被评为北京市优秀教学团队。2011 年她的教材被评为北京市精品教材，2013 年她获得北京市高等教育教学成果奖一等奖，2013 年她的课程被评为国家精品资源共享课程，2013 年她荣获全国职业院校信息化教学大赛一等奖，2014 年荣获国家教学成果奖一等奖。

北京市高等学校教学名师奖获得者

陈淑姣

个人简历

陈淑姣，1969年出生，毕业于武汉理工大学，硕士研究生，教授，现任教于北京电子科技职业学院。1988—1990年于湖北罗田师范学校任教，1990—1997年于湖北罗田义水学校任教，1997—2002年于湖北黄冈广播电视大学罗田分校任教，2005年至今于北京电子科技职业学院任教，2009—2010年在清华大学美术学院吴冠英工作室访学研修一年(访问学者)。兼任中国动画学会会员、北京市职业技术教育学会动漫专业委员会委员、动漫设计与制作能力测评项目考核大纲编审委员会委员(人力资源和社会保障部职业技能鉴定中心)。

陈淑姣在教育教学方面争做一名受学生欢迎的职教教师。她以高度的热情教书育人，积极进行人才培养模式改革研究与实践。根据学校部署，她带领团队探索制订了数码终端交互设计、动漫设计与制作、广告创意设计等专业的七年贯通培养高端技术技能人才方案。根据动画产业链上中下游等不同的职业岗位能力要求，创建了“工作室”运行机制下的教学实境，设计出了电脑艺术设计(动画)专业“能力递进、循环进阶”课程体系。运用先进职教理念建设精品课程，引领课程开发，主持开发了核心课程动画技法和动画基础。她进行民族文化传承与创新，创建文化育人项目，主持开发了全校公选课非物质文化遗产概论。她主编了《二维无纸动画制作》《动画基础与练习》《绘制故事角色》《非物质文化遗产概论》等工学结合教材，其中《动画基础与练习》被评为校级精品教材，《绘制故事角色》被评为教育部教指委精品教材。

在专业建设中她发挥专业带头人作用。作为电脑艺术设计(动画)专业教学团队带头人，她树立文化育人、产教融合的教育教学理念，建设了多个校内实训室和校外实训基地；2008年以来，她带领专业教师和学生协助金丁美奇动画有限公司制作经典名著少儿版启蒙动画系列《西游记的故事》，该动画片2013年被文化部、国家广电总局评为“国产优秀动画”。深化校企合作为企业发展提供了智力和人才支持，也促进了专业人才培养模式改革和学生就业。

在教育教学研究和专业学术研究方面她发挥引领作用。近五年来，她发表了学术论文20余篇。2011年，她主持北京市哲学社会科学规划项目课题“首都动画产业产业链构建研究”，2013年5月结题，获得“优秀”等级。其中研究成果《转移重心 搭建平台 促进动画产业发展》被《北京市哲学社会科学规划办成果要报》第15期刊出，研究成果《动画产业链构建研究》被《北京市哲学社会科学规划项目优秀成果选编》(第三辑)收录。2012年，她主持北京市教委面上课题“中国汉字在吉祥物设计中的应用研究”；2014年，她主持北京市哲学社会科学规划项目课题“首都动漫文化对外传播策略研究”。陈淑姣老师致力于首都经济的实践研究工作，服务于首都经济。

北京市高等学校教学名师奖获得者

蔡洪胜

蔡洪胜，46 岁，毕业于日本神田外语大学语言科学学院，硕士学位，北京师范大学“教育部中青年骨干教师国内访问学者”，历任北京财贸职业学院旅游系专职教师、教研室主任、副教授。主讲饭店行政管理、餐饮服务与管理实训、酒店案例实训等专业课程。北京餐饮酒吧裁判、考评员和督导员、劳动和社会保障部“调酒师”、国家职业标准鉴定专家、中国旅游饭店协会餐饮教育分会会员，获中国饭店业协会颁发的“酒店总经理资格证书”。获评教育部“十二五”规划教材 1 部、北京市级精品教材 2 部、北京市职业院校青年骨干教师。作为指导教师，他的学生获得国家级高职院校技能竞赛二等奖 1 次、三等奖 2 次，获北京市职业院校技能竞赛一等奖 5 次。

蔡洪胜坚持全面贯彻党的教育方针，具有良好的国外教育背景并具丰富的国内外酒店工作、培训和管理经验。在师德修养、素质教育、教学改革、教材建设、科学研究、社会服务等方面做出了突出成绩。

他潜心研究高职学生的职业发展规律和在校学习特点，深入研究高职教育教学规律，充分发挥双师教师的优势，在教学过程中，他以酒店管理专业的核心课程——餐饮酒吧和酒店服务技能实训等课程为突破口，进行大量的教学改革，大大提高了学生的就业能力，明显提高了教学效果。在大量教学研究成果的基础上，蔡洪胜及时将这些实践教学的成果升华为专业研究成果，形成了课程教学、技能大赛、实训室建设、专业论文、专业教材、社会服务等系列成果。他的研究成果具有一定的理论价值、较强的实践价值和较大的社会影响力。自2009 年 9 月至今他担任酒店管理专业教研室主任，主持了国家级重点专业群酒店专业示范校验收工作，在专业建设、实训室建设、核心课程建设、师资队伍建设、校企合作等方面发挥了专业带头人的作用，为酒店管理专业的发展做出了突出贡献。

在教学过程中，他坚持以学生为本，模范实施素质教育，促使学生全面协调可持续发展，真正做到了既教书又育人。他用自己的敬业精神和爱心，对学生因材施教，潜移默化施加影响，燃起他们学习的热情。他勤奋好学，乐于思考，在教学模式上，积极探索“工学交替、校企结合”的具体方法。在教学方法上，他采用案例研讨、策划、演讲、情景模拟等形式培养学生的思维能力和运用理论解决实际问题的能力。他坚持教学与科研相结合，二者相互促进，在国家级以上杂志发表学术论文 8 篇，其中 4 篇在核心期刊发表，参与过 3 项课题，其中北京市级课题 2 项。他积极参与社会服务工作，先后被聘为港中旅酒店集团全国酒店管理培训高级讲师、京沪高铁高级培训师，拥有中国饭店业协会颁发的酒店总经理资格证书。

北京市高等学校教学名师奖获得者

景晓娟

景晓娟，2004年入职北京青年政治学院青少年教育与管理系，在青少年工作与管理专业从教10年，承担发展心理学等12门课程，工作量饱满。她主讲的社会调查方法课程得到院级精品课程建设的支持，主讲的青少年心理评估与咨询课程是专业核心技能课程，主编的《青少年事务管理》教材被评为市级精品教材。她多次被评为优秀教师、北京市青年骨干教师。在青少年工作与管理岗位工作两年，挂职多次，参与并完成多项团市委等行业部门委托项目；与多家青少年儿童教育机构合作开发项目，研发成果成为行业标准，受益人群涉及数万青少年儿童及其家庭；担任 *Plos One* 和 *Psychological Reports* 的特邀审稿人。

被评为2010年度北京市高职院校系统骨干教师的景晓娟老师，于2014年晋升为副教授。她参与编写了《青少年事务管理》等21世纪高职高专系列规划教材；是2009年教育部全国教育规划办重点课题“增强学生社会责任感的公民教育模式研究”的核心成员；参与撰写了《重大公共事件中青年志愿者利他动机的研究——以2008年北京奥运会青年志愿者为例》等多篇科研论文。在专业领域，她始终持以严谨的科学态度，求深求精，不断刷新知识技能储备，夯实理论基础，提高教学效果。

景晓娟老师拥有淳朴的外表、真诚的微笑，始终给人一种亲切、舒服的感觉。在课上，她深谙学生的心理，综合运用多种不同的教学方法吸引学生的目光；尊重学生的思考权、发言权以及探究精神，不断给予鼓励和引导，善于根据不同情况给小组分配不同层次的任务，使全体学生达到分层次合作的目的，使不同层次的学生有不同层次的挑战高度。

在课下她是学生的好朋友，针对高职院校学生的培养目标，她积极与学生交流沟通，关心学生的情感世界，尊重理解每一个学生的需求，并给予帮助，真正成为学生心目中的“知心大姐姐”。

诚挚而朴实的景晓娟老师于2009年参与承接共青团北京市委“星星火炬，照耀成长”关爱打工子弟学校学生活动，调研走访65所民办打工子弟学校，撰写《北京市外来务工人员子女城市融入研究》报告，并作为团市委内参报送北京市政府、北京市教委。她于2007年任东方爱婴首席心理指导，与该公司合作研制中国城市儿童0～6岁身心发展指标。具有敏锐观察力的她总会在社会实践中积极进行市场调研，分析本专业与市场需求的匹配状况，为专业课程的设置不断提出创新和改革的思路，为学院学生的未来发展探索出更好的就业方向，为社会提供更多的高精专的技术人才。

这么多年来，北京青年政治学院的景晓娟老师始终对工作满腔热忱，对学生热情周到，对社会热切关注，是一位知识储备雄厚、教学灵活、深受学生欢迎的优秀教师。

北京市高等学校教学名师奖获得者

魏彩慧

魏彩慧，教授，毕业于中南大学管理科学与工程专业，毕业后一直从事物资管理、国际贸易理论与实务、国际经济合作等课程的教学工作。近10年来主持科研项目5项、教研项目4项，参与9项；在《对外经贸实务》《经济问题探索》等核心期刊上发表论文20余篇；独立编著《国际经济合作实务》《国际贸易实务》《国际贸易案例精选》《出口业务操作》等教材，参编教材20余部，其中北京大学出版社出版的“21世纪‘任务驱动型’高职高专国际商务专业规划教材”——《出口业务操作》于2013年被评为市级精品教材。有多篇论文、多部教材获得北京经济管理职业学院科研一等奖、突出科研奖。在从教的27年中，有15次被评为优秀党员、优秀教师、师德先进个人。2012年9月被中共北京市教工委、北京市教委、中国教育工会北京市委员会评为北京市师德先进个人。

先进事迹摘录

魏彩慧教授认真学习和贯彻党的路线、方针与政策，坚持将党的方针政策贯穿于教学过程中。她为人谦和、顾全大局，做人诚实、做事认真，爱岗敬业、教书育人，具有良好的师德师风。近 10 年中 3 次被评为院级优秀教师，2 次被评为院级优秀党员，2 次被评为院级师德先进个人。

魏彩慧教授先后在成人院校、普通高等院校及职业院校从事物资管理专业、贸易经济(内贸)专业及国际商务专业的教学及管理工作。作为人类灵魂的工程师，她能用自己的爱心、真心、诚心、耐心去对待学生；用先进的理念、渊博的专业知识、娴熟的专业技能、精益求精的敬业精神、开阔的教育视野、精湛的教学能力去完成“传道、授业、解惑”之重任。近年来，她克服爱人长年在外地工作、父母均已 70 多岁需要照顾等家庭困难，坚持忙碌在学校南北校区的课堂上，完成年均 400 余学时的授课任务，并积极指导学生实习、毕业论文撰写及论文答辩。

作为专业带头人，她积极带领团队进行专业建设，开发研究设计人才培养方案，探索并实施了“教、学、做、训集一体”的教学模式及“课证融合、证岗直通”的人才培养模式。2014 届国际商务专业毕业生取得重点职业岗位资格证书率达到 85%，2015 届学生专升本率为 90%。作为金融学院的副院长，她积极协助院长制定并实施金融学院师资队伍建设规划，引导并帮助金融学院每位教师确定研究方向及发展计划，组织并带领教师开展科学研究和教学研究工作，营造金融学院团结和谐、奋进向上的工作氛围。

北京市高等学校教学名师奖获得者

何福贵

何福贵，1966 年出生，博士后，现任北京劳动保障职业学院安全工程系计算机网络技术专业带头人，副教授。1998—2006 年任太原理工大学信息工程学院专业教师；2006—2008 年在北京工业大学计算机科学技术博士后流动站做研究，2008 年至今任北京劳动保障职业学院专业教师。何福贵是全国职业技能竞赛优秀指导教师，2010—2014 年每年负责组织学生参加全国职业技能竞赛，多次取得优异成绩。他是北京市 2012—2013 年优秀专业创新团队带头人、国家骨干校建设专业带头人。目前为北京市高等院校计算机基础教育研究会高职分会理事、中国计算机学会会员。

何福贵老师积极探索校企深度合作的人才培养模式，深入企业一线，构建“校企深度融合，全程职业化培养”的工学结合人才培养模式，探索层次项目递进的培养方式，以实现职业核心能力培养的递进性、增强性、扩展性和系统性。2012年12月，他作为第一完成人申报的“校企合作全程职业化高职软件人才培养”教改项目获得第7届北京市高等教育教学成果奖二等奖。

何福贵老师有很强的业务能力和科研能力。近10年来，他先后撰写发表了论文20多篇，其中EI检索论文3篇、国际会议论文3篇、核心期刊论文3篇；发表关于职业教育改革的论文10篇；出版教材9部；主持市级课题2项、院级科研课题8项。

何福贵老师作为北京市2012—2013年度职业院校教师素质提高工程——专业创新团队“楼宇智能化工程技术创新团队”的负责人，在两年的团队建设中，在专业建设、技能竞赛、教学能力、教学改革、科研能力、社会服务等方面取得了突出成绩，团队建设成果显著，特色鲜明。在2013年年末，项目通过验收，取得全市最好成绩，项目组被评为优秀创新团队。

何福贵老师2012年作为“楼宇自动化系统安装与调试”的负责人参加全国职业技能竞赛，获得一等奖2项；2013年作为“智能电梯装调与维护赛项”的负责人参加全国职业技能竞赛，获得一等奖1项；2014年作为“智能电子产品系统工程实施”和“移动互联技术应用”赛项的负责人参加全国职业技能竞赛，获得二等奖2项。

北京市高等学校教学名师奖获得者

张孝和

张孝和，1960 年出生，兽医硕士，教授，现任教于北京农业职业学院畜牧兽医系。担任中国畜牧兽医学会理事、国家职业技能鉴定质量考评员，先后被农业部评为动物疫病防治中级技师、家畜饲养高级技师和兽医化验高级技师。从教 30 多年来，主要承担家禽生产、养禽与禽病防治、动物病理等课程的教学工作。2003 年至今，连续 12 年被学院聘为教育教学质量督导员。1992 年、2009 年先后获得北京市政府授予的北京市优秀教师称号。2013 年，他主持的畜牧兽医专业岗位轮动人才培养模式的实践与创新项目，获得第 7 届北京市高等教育教学成果奖二等奖。

多年来张孝和注重将科技成果转化为生产力，坚持深入养殖生产第一线，通过专家热线、微信、短信等多种方式进行“一对一”式科技服务。他担任两个乡镇及多家养殖企业技术顾问或技术场长。在进行科技服务的同时，他培养了养殖经验丰富、技能高超的专业青年教师和大学生，同时也为养殖企业和个体养殖户培养了大量的实用型人才。在服务企业的同时，他注重将科研课题的研究、推广应用于养殖企业，多年来积累了丰富的专业实践经验和专业技术成果，主编了《肉鸭养殖技术》《鸡病防治一点通》等多部专业技术著作，制作专业技术光盘《蝎子的养殖技术》《鸡的养殖技术》《肉狗养殖技术》。

教育教学取得丰硕成果，他先后主持了畜牧兽医专业国家级示范性建设工作和北京市职业教育分级制改革试点工作。特别是他在国家级示范性建设过程中，带领专业团队创新形成了畜牧兽医专业岗位轮动人才培养模式，并于2013年获得第7届北京市高等教育教学成果奖二等奖。他主编出版了全国高职高专教材2部。他主讲的养禽与禽病防治专业课程以丰富的教改成果、一流的理念特色、优秀的团队、丰富的教学资源、先进的教学方法与手段和卓有成效的教学实践获评北京市精品课程。

作为专业负责人，在专业建设过程中，他发挥了重要的领导作用。系里的专业建设一直走在全院前列，先后多次被学院评为先进科室，他个人也多次被学院授予先进工作者、优秀共产党员、教学岗位共产党员示范岗等称号。

他注重加强校企合作，将科研与服务相结合。近年来他主持的佛子庄乡孔雀谷建设及孔雀养殖技术服务项目、家禽绿色养殖技术服务项目、北京市农委北京鸭网床饲养模式的技术改进与示范及北京鸭不同饲喂方式的试验与示范等项目，均是与著名企业合作的项目，既解决了企业的需求，又进一步加强了合作研发，也有力地促进了教学的展开和学生就业，扩大了学院及个人的影响力。

北京市高等学校教学名师奖获得者

王辅政

个人简历

王辅政，1961 年出生，副教授。1984—2000 年在内蒙古教育学院任教，其中，1994—1998 年任中文系副主任。2000—2002 年在内蒙古师范大学任教，其中 2000—2001 年兼任《内蒙古教育发展研究》杂志执行主编。2002 年至今在北京政法职业学院任教，其中 2007—2008 年任社会法律工作系副主任，2008—2010 年被聘为中国中文信息学会速记专业委员会专家组特邀专家，2014 年起兼任北京市朝阳区人民法院人民陪审员(任期 5 年)。

以育人为天职，以正人为首务。

王辅政老师在高校从教已 30 多年，始终把“育人”“正人”放在首位，把“身正为范”作为从教的立业之基。在教学中，他努力用大量正向、健康、积极、建设性的教育素材，从正面对学生进行教育和引导，培养和树立学生正确的世界观、人生观、价值观，培养学生良好的情感和审美倾向，引导学生避邪归正、远恶近善。因此学生评价说：“听王老师的课，总会让人感到内心充满阳光和正能量，对国家和未来充满信心和希望!”

从教以来，王老师一直学而不厌，并努力把所学应用到教学实践中。除自身所学的中文专业知识外，近 20 年来还把学习重点集中到国学领域，不仅通读了所有先秦原典，秦代以后的经史子集也有不少涉猎。他时刻关注当代政治、经济、军事、文化、科技等领域的新动态、新知识，并及时将其融入教学中，在学生中赢得了“知识渊博”“讲课生动、丰富、精彩”的赞誉。近十多年来，他主持或参与了法律文秘、文秘专业的专业建设和实习实训基地建设；主持或参与了高职语文、口才训练、庭审速录、方言听辨、经史读粹、经典释读等课程的开发或建设。他在学校、机关、企业、社区等开设了国学系列、时事系列、专业系列等讲座近 300 次，获得良好评价。

近十年来，王老师围绕专业和课程教学出版了 2 部著作，发表了 5 篇文学类学术论文；围绕高等职业教育问题发表了 6 篇学术论文；围绕教育理论方面的问题发表了 7 篇学术论文。这些研究对其理论的完善和教学水平的提升起到了重要的促进作用。

十多年来，王辅政老师恪尽职守、兢兢业业，从未因为个人原因出现过缺课、调课、迟到等现象，积极参加院系各种活动，鼎力支持学生演讲、辩论、汉字听写等活动。自 2004 年以来，他获省部级教育教学成果奖 2 项、院级 3 项；获评院级优秀教师 3 次、系级 1 次、优秀共产党员 2 次；获论文一等奖 8 项、二等奖 2 项、优秀奖 1 项。

北京市高等学校教学名师奖获得者

李　钢

个人简历

李钢，1983 年毕业于北京科技大学，2001 年获工程硕士学位，1983 年至今在首钢工学院任教，担任机电一体化技术专业负责人，1996 年晋升为副教授，2011 年获得首钢工学院教学名师称号。现任中德机电一体化教学委员会副主任委员、北京市职业技术教育学会机电技术应用专业委员会理事。1999 年开始致力于高等职业教育，长期承担数控加工与编程、CAD/CAM 软件应用、自动生产线安装与调试、电气液系统设计与安装等课程一体化教学和研究工作。近年来，主持了北京市中德 IHK 机电师职业证书项目研究与教学实践工作，项目实施在国内 200 多家同类培训中心中处于领先水平，得到了德国专家的高度评价。

李钢老师拥护中国共产党的领导，忠诚党的教育事业，从教 30 多年来，坚持以学生为本，以教书育人为己任，积累了丰富的教学经验，取得了突出的教学成果。

李钢老师与首钢炼铁厂合作，为解决高炉出铁口设备难以满足首钢大容量高炉、连续高强度生产的难题，带领项目组成员研制出液压高炉开铁口机，满足了生产需要，并获得专利。

他教学效果突出，借鉴德国职业教育先进理念，根据人才成长规律，结合学生认知能力，设计一体化课程学习任务，实现了教学内容职业化、教学过程职业化，教学效果明显提高，多次获得优秀教学效果奖。

他注重教学研究，将一体化教学改革理念应用到教学实践中，开发了 IHK 机电师中期备考综合实训、IHK 机电师结业备考综合实训项目，得到了德国专家的高度评价。

他的教学资源建设颇有特色。在实训基地建设中，他依据一体化课程改革的需要，主持建设 10 个专业实训室，凸显工作中学习、学习中工作的特色，带领团队自行规划设计、安装调试设备，实训室在一体化教学改革实践工作中发挥了重要的作用。

他的教学组织高效。他构建了校企合作人才培养方案和工作过程系统化的课程体系，实施了一体化的教学模式，激发了学生学习兴趣，提高了教学效率，指导学生获得德国 IHK 机电师职业证书率达到 96%、优良率 80%，成绩名列前茅。

他与北京数码大方科技有限公司、盟舟威控科技有限公司合作，完成了参数化图库图符开发、压力开关盒模具研发与加工等项目的开发工作，同时，为首钢企业开展职工培训工作，培训效果获得好评。

通过努力，他建设了一支结构合理、教学水平高、创新能力强的教学团队，成为职业教育领域中具有一定影响力的 IHK 机电师教学团队。

北京市高等学校教学名师奖获得者

王　雁

个人简历

王雁，1973 年出生，1993 年 7 月参加工作，2007 年华东师范大学学前教育专业博士毕业。曾先后在多所高校从事学前教育专业教学、科研及管理工作。现任北京汇佳职业学院教育系主任、汇佳幼儿园教研总监，先后担任过助教、讲师、副教授等专业技术职务。主持完成省部级课题 5 项，发表论文 10 余篇，出版专著 1 部，出版教材 2 部。2011 年被评为昌平区教育系统优秀共产党员，2012 年荣获北京市昌平区教育系统优秀党务工作者称号。2014 年任市职教育学会学学前专委会理事，2015 年任中国教育学会学前专委会常务理事。2013 年获得北京市优秀教学成果奖一等奖，2014 年荣获由教育部、财政部等六部委授予的全国职业教育先进个人荣誉称号。

王雁老师是华东师范大学学前教育专业博士毕业生，副教授，既有幼儿园工作实践，又有高校教科研的经验，更有爱岗敬业的奉献精神。她在专业教学上精益求精，在专业开发上开拓创新，在专业建设上呕心沥血，深受学生好评和欢迎。

潜心教书育人。她从教 15 年如一日，始终坚持在教学一线，治学严谨，潜心育人，知行统一，革新内容，活用方法，因材施教，针对性强，效率高，效果好，培养了一批又一批符合职业要求的优秀人才。

拓展专业领域。2011 年，她首开了社会急需的幼教英语和亲子教育专业方向，填补了国内亲子学历教育的空白。

开展模式创新。她创新实践了“系园一体，滚动实训”的人才培养模式，还组织进行了毕业设计改革。

建设实训基地。她在调研的基础上，精心绘制了“一系两园五中心”的学前教育综合实训基地建设蓝图，并在中央财政和市财政的支持下付诸实践。已建成了面积达 10000 平方米，有 5 个中心和 35 个实训室组成的集教学、培训、技术服务为一体的多功能实训基地，在国内学前教育专业实训基地中处于领先地位。

开发系列教材。她开发并主编了学前教育专业新教材一套 9 本，她亲自编写了其中的 2 本教材已公开出版发行，其中《学前教育简史》还被评为教育部“十二五”规划教材。

科研引领发展。近 4 年，她先后主持并完成北京市教委课题和横向课题工作达 5 项之多，有力地促进了学前专业体系建设研究的理论提升和实践指导。

拓展服务职能。她连续 4 年主持市教委的幼儿教师培训项目，先后培训了全市幼儿园业务园长、管理者、骨干教师、新任幼儿教师等共 7950 人，为缓解首都的“入园难”状况做出了突出贡献。

王雁同志以高度的事业心和责任感辛勤耕耘在高职教育战线，既教书又育人，做出了显著成绩，已经成为学前教育专业的领头雁。在她的带领下，学校学前教育专业发展迅猛，在校生人数已近 2000 人，教育质量显著提升，毕业生就业率 100%，受到了学生、家长、用人单位的广泛好评。她是 2013 年北京市教学成果奖一等奖获奖团队成员，2014 年被评为全国职业教育先进个人。

北京市高等学校教学名师奖获得者

王艳红

王艳红 1973 年出生，副教授，北京交通职业技术学院路桥系建筑教研室主任，2007 年度北京市优秀青年骨干教师。教学科研成果：主持院级重点课题 1 项，主编教材 5 部，参编教材 6 部，独立撰写并公开发表论文 8 篇，考取 AutoCAD 职业资格证书、建筑工程与市政公用工程一级建造师和监理工程师。长期承担教学、实训与毕业论文指导工作，主讲施工类与管理类等课程 10 余次。作为建筑类岗位培训教师，培训质量员、施工员、资料员共 640 人次；四次代表学院在北京市建筑类师资培训基地做汇报；在北京康迪建设监理咨询有限公司任总监代表；被北京出版集团有限责任公司聘为土建类教材编委会委员；被聘为北京市昌平区绩效考评专家；被人力资源和社会保障部聘为制图员考评员。

王艳红在思想上严于律己，热爱党的教育事业，全面贯彻党的教育方针，在各个方面起到表率作用。

教师责任重于泰山，从教19年来，王艳红兢兢业业，孜孜以求，钻研教材，课堂教学效果显著，深受学生欢迎，多次被评为学院优秀个人。

要想上好每一堂课，课下都需要做大量的准备工作。建筑类的专业课实践性很强，为了缩小理论与实践之间的差距，增加直观的教学效果，她自费购买了数码录像机，经常在课余时间去施工现场采集资料，回来后把它做成课件或录像，与书本上的构造图对比着讲解。大多数施工现场都比较偏僻，她不辞劳苦，四处奔波。采集图片时，需要近距离拍照，她常常冒着危险，站在距离地面四五十米的高空拍照，虽然心有余悸，她还是逐渐克服了恐惧；有时还冒严寒，顶酷暑；为了录像效果更好一点，需要手持录像机保持一个姿势不能乱动，一站就是十几分钟，等关机时，她发现胳膊及腿脚早已麻木了。

北京市高等学校教学名师奖获得者

赵淑英

个人简历

赵淑英，副教授，高级人力资源管理师，高级职业咨询师。现任北京社会管理职业学院社会组织管理系主任、公共事务管理专业带头人。1986年到民政部管理干部学院(北京社会管理职业学院前身)任教至今，教龄32年，曾获得全国民政系统优秀教师、北京市优秀教师荣誉称号。主讲劳动关系管理技能、社会组织人力资源管理与开发、人力资源管理专业认知、西方经济学、劳动经济学等课程。主要社会兼职：全国人力资源和社会保障职业教育教学指导委员会委员、全国民政职业教育教学指导委员会公共事务专业教学指导委员会委员、北京社会管理职业学院社会组织管理专业教学指导委员会副主任、河北省三河市燕郊高新开发区人才市场顾问、民政部培训中心培训专家。

先进事迹摘录

赵淑英老师从教 31 年来，始终坚守在教学工作第一线。从普通教师到教研室主任、系副主任、系主任，一步一个脚印成长为社会组织管理系主任、公共事务管理专业带头人，在教书育人工作中取得优异成绩。

作为教师，她爱岗敬业，主讲过劳动关系管理技能等 12 门课程，同时承担学生实训、顶岗实习和论文指导工作以及全国民政干部培训和社会服务工作。她热爱教学工作，坚持教书育人，精心备课，用心上好每一堂课，真心对待每一位授课对象，深受学生喜爱。

作为专业带头人，她勇于开拓创新，带领教学团队对课程内容进行改革，以职业能力培养为主导选择教学内容，设计学习情境，构建课程体系；把握高等职业教育特点，创建人才培养课程体系，在全国首创社会组织管理人才培养课程体系，开发出公益项目设计与管理等专业核心课程；设计分层递进的实训实习项目架构，利用校内资源开发实训项目，创建特色实训实习项目；多方争取资源，建成共投资 380 万元的校内实训室，与 40 家单位签订协议共建实习实训基地；组织研发特色课程教材和讲义，运用现代技术建设数字化教学资源等，教学资源建设取得丰硕成果，专业建设水平不断提升。

她针对高职学生特点因材施教。通过设置素质养成学分、学业导师制、丰富多彩的活动，发挥学生特长，挖掘学生潜能，使学生的综合素质有效提升；在课程教学组织设计上，她以项目为引导，以任务做驱动，提高课程教学效果；设计了循序渐进的专业技能大赛体系，促进学生职业能力提高；进行教学考核方法改革，实现了从单一学业考核向人才素质综合评价的转变。

在教学团队建设中她发挥重要作用，做青年教师的知心人和领路人，对青年教师传、帮、带，着力建设公共事务管理教学队伍，用 5 年时间打造出一支结构合理、数量充足、专业技能强、教学水平高的专兼职专业教学团队。

她能融入产业，服务社会，发挥影响力。作为全国人力资源和社会保障职业教育教学指导委员会委员、全国民政职业教育教学指导委员会公共事务专业教学指导委员会委员，积极发挥委员作用，指导和推动高职高专院校本专业课程、师资、教材、实验实训教学建设和教学改革，为燕郊开发区新人才市场提供专家建议，为学院人事制度改革做出突出贡献，社会服务成绩显著。

北京市高等学校教学名师奖获得者

蔡国盈

蔡国盈，1954 年出生，国家二级演奏员，曾任中国人民解放军四十二军文工团京胡演奏员。1976 年调入北京戏曲艺术职业学院，现为京剧音乐教研室主任，主讲京胡课程，并担任首都京胡艺术研究会理事会理事等职。他把丰富的舞台经验融入教学当中，成为优秀骨干教师，在课程建设、教学改革及人才培养方面发挥主导作用，他所教授的学生梁宇辰、祥满静等多次在全国大赛中获奖，由于教学业绩突出，2005 年他荣获文化部第 7 届区永熙优秀音乐教育奖。他长期与院里老艺术家合作，曾为于世文、关盛明等名家伴奏，获得一致好评。他关心残疾人慈善事业，多年来一直担任中国残疾人艺术团盲人器乐演员指导教师，精心教授演员王宾、孔铭，使之成为艺术团骨干演员，为残疾人事业做出贡献。

蔡国盈老师从教 40 年来，工作兢兢业业，多次被评为优秀园丁、优秀教师和优秀共产党员，在专业教学、课程建设等方面取得显著成绩。

蔡国盈老师在教学中不断创新和改进教学方法，重视学生长远发展，保质保量地完成教学任务，他培养的学生基础扎实，学生成才率高，深受学生及家长的爱戴。

蔡国盈老师作为学院京胡专业骨干教师，在课程建设教学改革等方面起到主导作用，在北京市级示范院校建设过程中负责校级精品课程——京胡课程的开发，他带领京胡教学课程组按期完成课程建设，并顺利通过专家评审。蔡老师还利用业余时间协助完成校本教材《京剧教学剧目精选》共计 12 册的曲谱整理。

北京市高等学校教学名师奖获得者

安海权

安海权，1957 年出生，北京信息职业技术学院教师，系主任，专业学术委员会委员。从事高职教育多年，主讲过 10 多门专业核心课程，多次出席行业国际学术会议并作专题报告，发表相关教育教学论文 20 多篇，编写相关教材和技术书籍 20 多部，获国家专利 2 项，获教育部科技成果奖。被评为北京市职业院校优秀中青年骨干教师、北京市电子工业系统首届教育学科带头人、北京市职业院校专业创新团队带头人、全国高职院校技能大赛优秀指导教师。主要社会兼职有：国家职业技能鉴定专家委员会委员、国家仪器仪表学会办公自动化学会理事、副秘书长、国家信息产业部高技能人才培训教师、国家职业分类大典修订工作专家委员会委员等。

作为多年工作在教学一线的老教师，安海权亲历中国职业教育发展的各个阶段，爱岗敬业，勇于创新。

2005 年，他主持创办了北京市首个应用电子技术(数字办公技术方向)专业，编写专业教学标准(大纲)，承担图文复制设备和图文处理设备专业核心课程的开发和授课工作。该专业被授予北京市骨干特色专业和“十一五”期间重点建设专业称号。2010 年，他又紧跟行业发展趋势，主持将其更名为图文信息技术专业，进行了教学内容与课程开发改革，承担专业核心课程开发和授课工作，培养了社会紧缺的数码印刷技术人才。

2006 年，他紧跟汽车产业技术发展和注重人才需求，在北京市高职院校中，主持创办了首批汽车电子技术专业，编写专业教学标准(大纲)，承担专业核心课程开发工作，为社会培养了紧缺的汽车电子技术人才。

2014 年，他紧跟新能源汽车产业发展，主持创办了北京市首个新能源汽车技术专业，编写专业教学标准(大纲)，承担专业核心课程开发工作。

从事高职教学工作以来，他一直注重高职教育理论的学习，率先进行基于工作过程系统化的课程开发和信息化资源共享课程建设，积极探索引入新的教学工具和方法，在本校率先将任务驱动法、项目教学法等引入教学，将企业真实的生产任务转化成课程中的教学任务。2011 年，他主持了国家人力资源和社会保障部改革立项项目——职业技能鉴定方法改革，在职业技能鉴定中实施了“教、学、做一体化”培训，实现了“在做中学、在学中做”的鉴定方法改革，并发表了多篇教学改革论文。

他受聘于国家职业技能鉴定中心，成功主持开发办公设备维修工国家职业技能鉴定标准、试题库和职业技能鉴定教材，这三个项目合起来成为国家职业技能鉴定办公设备维修职业的依据和方法。

多年来，他为行业企业提供技术支持，解决图文信息设备、汽车疑难故障数十次。

北京市高等学校教学名师奖
获奖教师简介
（2016 年度）

北京市高等学校教学名师奖获得者

乔 杰

乔杰，教授，从事妇产科及生殖医学教育教学工作近 30 年，始终满腔热忱地工作在临床教学一线，为人师表，医德高尚，医疗技术精湛。获第 4 届教育部高校青年教师奖，是科技部生殖与发育重大专项第一位生殖医学临床首席科学家、生殖医学界首位教育部长江学者特聘教授，曾任中华医学会生殖医学分会第 3 届委员会主任委员。她是学生们心中的楷模，对学生言传身教，学术上严格要求学生，生活中关心体贴学生。她在进行繁重的医院管理和学术组织工作的同时，她白天医疗工作不松懈，晚上组织学生学习文献、召开科研讨论会等。她积极参与教学改革，出版多部教材、著作和高水平学术论文，是我国生殖医学基础与临床相结合、转化研究领域的开拓者和妇产科教育教学领域突出人才。

乔杰教授作为一名临床医学工作者，始终践行全心全意为人民服务的宗旨，为患者着想，体现着医者的仁心大爱，先后荣获首都劳动奖章和北京市医德楷模、北京市先进工作者称号。

她热衷于教书育人工作，多年来承担北大、北大医学部、北医三院等多专业、多层面教学及全国继续教育的工作，授课对象包括医学本科生、研究生、全国各地的医学学科骨干和妇产科专业医生等。她主讲的多媒体课件在北京市及北大医学部的教学比赛中获得一致好评，全国精品课程“妇产科”学社会反响良好。她主编我国首部生殖医学专业高等教育国家级规划教材《生殖工程学》，共同主编撰写了教育部“十二五”普通高等教育本科国家级规划教材《妇产科学》(第三版)、全国高等学校医学研究生卫生部规划教材《妇产科学》(第二版)等 10 余部著作。她主编的国家“十二五”重点图书《生育力保护与生殖储备》系列著作有 4 部获 2015 中华优秀出版物奖。

作为国家自然科学基金创新研究群体生殖细胞发育首席专家、教育部辅助生殖重点实验室主任，她培养了大批优秀青年教师和一支基础与临床相结合的创新团队。自 2005 年至今，团队中多位青年教师获得北京高校青年教师教学基本功大赛一等奖和二等奖，并多次在北京大学医学部青年教师基本功比赛中获奖。她带领团队在 *Nature*，*Lancet*，*Cell* 等国际著名期刊上发表 SCI 论文 131 篇，已培养博士后 9 人、博士研究生 56 人、专科医生 312 名，其中 10 余人已成为中华生殖医学分会常委或地方医学会的主委、副主委，她为全国培养了大批专业人才，实现研究队伍持续发展。她是“十二五”国家科技支撑计划负责人、“863”项目首席科学家、“973”项目课题负责人、北京市科技新星和优秀人才等。

她热衷于临床教育教学工作，积极参与教学改革，为建立中国不孕症诊疗、预防体系，构建梯队式专业教育教学体系，为提高育龄人群生殖健康水平做出了重要贡献，是一位优秀的生殖医学临床教育教学专家和杰出的科学家。

北京市高等学校教学名师奖获得者

刘凯湘

个人简历

刘凯湘，1964 年出生，现为北京大学法学院教授，博士生导师。1980—1984 年在西南政法大学读本科，获法学学士学位；1984—1987 年在北京大学读研究生，获法学硕士学位；1998—2001 年在北京大学读博士，获法学博士学位。1987 年参加工作，在北京工商大学任教，先后任讲师、副教授、教授、法律系副主任。1999 年调任北京大学法学院任教至今，长期从事民商法的教学与科研工作，开设和讲授的课程包括民法总论、债权法、物权法、经济法、商法总论等。出版教材与专著《民法总论》《合同法》等 11 部，发表《论民法的性质与理念》等论文 80 余篇，主持中国经济合同运行状况等课题 8 项。入选中国当代法学名家、北京市新世纪社科理论百人工程，获全国优秀教师、北京市优秀青年骨干教师等荣誉称号，连续 5 届被评为北京大学法学院十佳教师。获中国法学会优秀科研论文一等奖、北京大学优秀博士论文二等奖、司法部优秀科研成果奖二等奖等。曾赴英国、日本、芬兰、南非、韩国、美国等访学与交流，担任中央电视台合同法与经济法专题系列讲座主讲人。

一是对教学岗位十分热爱，对教学工作十分负责，教学内容丰富，教学方法多样，深受学生欢迎与拥戴。他根据每一门课程的教学大纲和学科特征，精心设计每一堂课的讲授内容、重点和需要讨论的问题，结合立法和司法实践，搜集最新的典型案例，不仅使学生喜欢和热爱所学的课程，学到与该门课程相关的知识，而且能够更深入地理解立法背景与司法规律，增强学生对法学和法律工作理性认知与实际分析问题、解决问题的能力。

二是对学生关心、爱护，真正与学生交心、交朋友，帮助学生解决、克服学习中、生活中遇到的问题或困难。例如，课间休息时，他从未去教师休息室休息，而是一直在回答学生的问题，学生经常将他围得水泄不通，他总是乐于回答学生提出的各种问题。

三是十分关心学生与教学有关的课外活动，例如，法学院学生经常有各种模拟法庭活动、辩论比赛、挑战杯竞赛等，需要老师担任评议人、指导教师等，这需要花费老师很多的课外时间，对于学生提出的这些请求，他总是乐于接受，并且对学生的活动进行细心指导，使学生能够通过这些课外活动获得更多的知识和锻炼。

北京市高等学校教学名师奖获得者

苏彦捷

苏彦捷，1992年在北京大学博士毕业后留校任教，讲授发展心理学、神经解剖 、比较心理学和环境心理学等本科课程以及发展心理学专题和比较心理学专题等研究生课程。先后主持国家自然科学基金8项、北京市自然科学基金1项以及教育部人文社会科学和教育科学规划项目3项等。发表论文230余篇，主编(译)了多本发展心理学和生物心理学等教材和著作。先后在心理学系和元培学院承担教学管理工作近18年。曾获北京市优秀青年教师、宝钢教育基金优秀教师称号和北京大学教学成果奖等。主要社会兼职包括教育部高等学校心理学教学指导委员会秘书长、中国心理学会常务理事、北京心理学会副理事长兼秘书长等。

苏彦捷任教以来，每学年至少主讲两门课程，并认真指导本科生科研工作，指导本科生、硕士生、博士生完成学位论文。她的勤勉投入在学生和同行中享有很好的口碑，多次获得“我爱我师——最受学生爱戴的老师”称号。

她注意随时将最新专题文献教改成果以及科研工作实例引入教学，从板书、胶片、幻灯、录像、模型到与讲授配套的多媒体课件，丰富并及时更新教学方法与手段。

她强调教学实践环节，如在神经解剖课程中，适时增加教学实验。从剥离鼠脑、羊脑到观察人脑成像，没有现成的实验材料她就自力更生。在主持生理心理学实验课程后，她和参与授课指导实验的老师们一起根据学科的发展重新梳理更新实验内容。作为系列课程，这些建设为生理心理学课获批国家精品课程(2010)提供了有力支撑。

在“发展心理学”这门基础和应用并重的课程建设中，她的教学设计更加强调学思结合，她针对科研和社会实践中的问题进行讲授，并利用各方面的资源充实和补充课堂教学，如组织参观实习、小班讨论，培养学生学以致用。2008 年理论紧密联系实践的发展心理学系列课程获得学校教学成果奖一等奖。

她指导本科生科研和毕业论文，特别注重学术规范和基本功的训练。从立项、开题、数据分析到论文撰写，每一步都会和学生充分讨论，不断修正。她指导的学生中 1 名(王璐)获得本科生学术之星称号，4 项学生作品(于悦、伍珍、俞清怡和安淡名)在学校“挑战杯”竞赛中获得特等奖，她本人多次获评优秀指导教师。她指导的本科生论文，很多都发表在国内外专业学术期刊上，其中包括顶尖的 *Developmental Psychology* 杂志。

她从 1995 年开始承担教学管理工作。她长期的一线教学经验为教学计划修订、交叉学科的建立和运行等提供了基础，而教学管理工作带来的宏观视角和比较反思也促进了她的课程与时俱进。此外，她组织研究心理学科的规范、国标化发展，协调机构负责人联席会议，跟踪统计心理学专业数据，参与专业教师教学培训等，不仅为学科发展规划和决策提供咨询参考，也切实推动了教学和课程体系的改革。

北京市高等学校教学名师奖获得者

龚　群

龚群，1952年出生，教授，现任教于中国人民大学哲学院伦理学教研室，同时兼任哲学院政治哲学教研室教授、博士生导师。1982—1984年任江西省直机关党校哲学教员，讲授马克思主义哲学。1984—1986年在中国人民大学哲学系伦理学专业学习研究生课程，同时在中央民族大学哲学系兼任伦理学教师。1986—1994年在首都师范大学德育教研室任讲师、副教授，讲授思想品德课和伦理学。1994年至今，在中国人民大学哲学系(院)任副教授、教授，讲授哲学伦理学和政治哲学专业本科生和研究生等课程，主要讲授西方伦理学、当代西方伦理学以及西方伦理思想史等课程。

龚群教授从事高等教育30多年，坚持教书育人，将教学与科研相结合，力求创新，努力打造教学精品。荣获学校教学优秀成果奖一等奖、北京市教学优秀成果奖二等奖，以及北京市精品课程称号。

教学与科研如鸟之双翼，缺一不可。他从教30多年来辛勤耕耘，以自己的心血和汗水谱写教育新篇章。他在人民出版社、商务印书馆、中国人民大学出版社等出版学术著作18部，在国内外刊物发表学术论文170多篇，其中《西方道义论与功利主义研究》获2007年中国人民大学吴玉章人文社会科学奖优秀奖，《罗尔斯政治哲学》获北京市第10届(2010)哲学社会科学奖二等奖。

龚群从事的教学领域主要是伦理学，伦理学是具有知识性与人性教化培育双重特征的课程，对于形成学生的正确人生观、价值观和道德观具有重要意义。龚群在教学过程中，结合中外伦理思想史史料，将人性教化和品德养成教育渗透其中，使得学生通过对这一领域的学习，既掌握这一学科领域的基本概念、基本知识和基本理论观点，又提高了自我道德修养的能力。

他将课程学习与原典学习相结合，启发性教学与知识性讲授相结合，鼓励学生的参与和独立判断；将课堂学习与课下自学相结合，老师讲授与课堂讨论相结合。自2004年以来，为适应素质教育的要求，他注重将思想史与社会史相结合，并且史论结合，深挖观点的历史与逻辑的联系，将伦理思想的发展与演变置于宽广的历史视野之中。

他注重教学方法与手段的创新，教学形式多样化。他的理论课以讲授为主，同时也调动学生参与积极性。针对不同课程，他以灵活多样的形式开展课堂讨论以及课下交流，充分利用网络建立课程网站，并且使用教学邮箱与学生互动。通过布置课程作业，使学生加深了对所学知识的理解，也锻炼了写作能力。多年来他利用国际交流的机会，请国外学者进课堂讲专题，既拓宽了学生的视野，也极大地调动了学生的学习热情。

北京市高等学校教学名师奖获得者

彭　刚

彭刚，1969年出生。北京大学学士，清华大学硕士，中国社会科学院博士。曾任哈佛大学、法国国家社会科学高等研究院、剑桥大学访问学者。现为清华大学人文学院历史系教授、博士生导师、人文学院副院长、教育部高等学校历史学教学指导委员会委员、中国社会科学院史学理论研究中心兼职研究员、清华大学教学委员会委员暨通识教育委员会副主任委员、清华大学研究生招生委员会副主任委员、北京大学历史系学术委员会委员。曾获清华大学学术新人奖，入选教育部新世纪优秀人才支持计划、北京市社科理论优秀人才百人工程名单。著有《西方思想史导论》《叙事的转向：当代西方史学理论的考察》等，出版译著多部，发表论文多篇。

先进事迹摘录

彭刚教授自1993年登上清华讲台以来，从事本科一线教学已逾20年。在专业教学和通识教育方面都取得了突出的成绩。近10年来，他所主讲的西方经典研读(2)课程，是清华大学人文科学实验班低年级学生的基础系列课程之一。在该课程的讲授过程中，他不断创新教学内容和教学方法，善于调动学生的热情和主动性，鼓励和指导学生深入阅读经典著作，并将自己在相关领域学术前沿的最新成果不断融入课程教学中，持续更新教学内容。该课程以要求高、挑战性强、训练量大的特点，赢得了良好的口碑。经过多年的持续建设，西方经典研读系列课程[另外两位教师分别主讲(1)和(3)]在2014年度清华大学优秀教学成果评选中被评为一等奖。据清华大学教务处对2015届全校应届本科毕业生的调查，彭刚教授和他主讲的西方经典研读(2)，在“我最喜爱的教师和课程”评比中名列前茅。

在通识教育方面，彭刚教授的工作成绩斐然。他多年来为全校学生讲授清华大学人文素质核心课程“西方文化名著导读”，在学生中产生了较为广泛而持久的影响。例如，他曾经收到过一张寄自美国风景名胜区优山美地的明信片，是几位在美求学的清华毕业生相约一起旅游时，提及他们都选修过彭刚教授的课程并留下深刻印象，因此一起签名寄出卡片，向当年的老师致意。清华大学经济管理学院在进行前所未有的教学改革，将专业教育奠基于扎实的通识教育之时，彭刚教授连续四年在超出自身教学工作量的情形下，为经管学院一年级本科学生开设了“西方文明”课程，取得了良好效果，不少毕业生和上过此课的学生至今仍与他保持联系。

作为人文学院主管教学的副院长，他在清华大学设置综合改革试点并大力推进教育教学改革，他主持的学院本科教改工作成为全校两家试点单位之一，并率先完成了培养方案重构工作。这一工作建立在深入师生和调研世界知名学府相关教学模式的基础上，得到了师生的普遍认可。清华大学校长邱勇院士明确评价人文学院的教学改革工作走在了全校的前列，彭刚教授在教学管理和自身教学实践上都取得了显著的成绩。

北京市高等学校教学名师奖获得者

于歆杰

个人简历

于歆杰，清华大学电机系学士、硕士和博士，毕业后在清华大学电机系工作至今。他是国家级精品资源共享课和清华大学首门慕课电路原理的负责人，任中国电机工程学会理论电工专业委员会副主任委员、《电工技术学报》编委、全国电工术语标准化技术委员会委员、中国电源学会无线电能传输技术及装置专业委员会委员、中国电工技术学会无线电能传输技术专业委员会委员和高等学校电路和信号系统教学与教材研究会秘书长。在从事教学和科研过程中，于歆杰老师共获国家级教学成果奖二等奖 1 项、北京市教学成果奖一等奖和二等奖各 1 项、北京市科技进步一等奖 1 项，获宝钢教育基金优秀教师奖，入选教育部新世纪优秀人才支持计划名单，获评北京市科技新星。

于歆杰老师授课富有激情和感染力，深受学生和同行专家好评。他是清华大学国家级精品资源共享课电路原理负责人，先后5次进入清华学生评教全校前5%的名单，获得学生独立评选的“清韵烛光”杯“我最喜爱的教师”称号，获清华大学青年教师教学基本功比赛一等奖、清华大学青年教师教学优秀奖、北京市青年教师教学基本功比赛二等奖等。

于歆杰老师勤于总结教学经验，及时编写教材并发表教学改革论文。他以第一作者身份编著的教材《电路原理》为普通高等教育“十一五”和“十二五”国家级规划教材，被教育部高教司评为普通高等教育精品教材，被北京市教委评为北京高等教育精品教材，获首届中国大学出版社图书奖一等奖、清华大学优秀教材一等奖。他以第一作者身份发表20篇教学改革论文，其中《专业基础课教学内容的选材与创新——清华大学电路原理课程案例研究》获清华大学高等教育学会优秀论文一等奖。

于歆杰老师善于利用教育技术进步，促进教育公平，改善课程教学质量。他牵头制作的电路原理是清华大学首门慕课和首门全英文慕课，每学期在edX和学堂在线两个平台同时运行，并在edX平台与美国麻省理工学院(MIT)的电路与电子学慕课同场竞技。该慕课自2013年10月上线以来，已有来自全世界近160个国家和地区的13万余名学生选修，有效地向世界传递了来自中国清华大学的声音。于歆杰老师还提出并实践了以慕课资源作为教学内容、以SPOC平台或雨课堂工具作为在线教学环境、以翻转课堂作为教学方法的“以学生为中心的教与学”模式，实现了高校间优质教育资源共享。迄今为止，已有包括清华大学、南京大学、青海大学、华北电力大学、合肥工业大学、中国石油大学、扬州大学、厦门理工学院、内蒙古师范大学、江苏大学、江苏理工学院、广西师范大学、贵州理工学院、重庆科技学院、温州大学、三亚学院等近20所院校成功应用了该模式，有效提升了这些高校电路原理课程的教学质量。

北京市高等学校教学名师奖获得者

张晓冬

张晓冬，1956 年出生，毕业于天津大学和北京交通大学，分获工学硕士和工学博士学位，现为北京交通大学电气工程学院教授、博士生导师、电工理论与新技术学科负责人。高校教龄 23 年，主讲电气工程专业基础课模拟电子技术和数字电子技术。主要社会兼职包括北京电工学研究会顾问(原理事长)，全国电气工程学科教指委委员，中国电机工程学会电磁干扰专业委员会委员，教育部、科技部、北京市、江苏省科技评审专家，多家学报审稿专家。多次获得国家级和北京市级教学成果奖，是国家级教学团队主要成员，被评为北京市优秀教师。主持多项国家级和省部级科研与教改项目，发表论文 100 余篇。

先进事迹摘录

张晓冬老师治学严谨，师德高尚，爱岗敬业，教书育人，常年为学生解决各类问题，获得多种荣誉与奖励。

一名学生因心理问题一度出现厌学情况，张老师做了大量细致入微的工作，使他从退学边缘重新鼓起完成学业的勇气，又帮他选择了酒泉卫星发射中心的工作，经常与他保持沟通。该生后来工作出色，获得两项全军科技成果奖一等奖，为国家航天事业做出了贡献。其家长来信说："感谢您对孩子的耐心教育和关心，您是我们家的恩人，我要让我家子孙后代记住您。"

张晓冬老师持续承担本科生和研究生的教学任务，教学效果良好，深受学生和校内外同行的好评。张老师在国家级实验教学示范中心建设中发挥了重要作用，多次获得国家级和北京市教学成果奖。他坚持撰写教改论文，出版多部教材，主编的教材被确定为国家规划教材。张老师领导的课程组对课程进行了立体化建设，实现教学与国际接轨，取得的经验已在部分高校被推广。以人为本是张晓冬老师一贯的教学原则。他特别注重因材施教，取得显著成效。他指导的学生在科研、竞赛、创新实践和社会服务中取得突出成绩，获得国家级和省部级多项奖励。张老师应用新的教育理念，借鉴国内外同行的成功经验，将课堂讲授、课堂翻转、实践教学、网络教学等有机结合起来，提高了教学效率和效果。张老师的教学总是能在大知识体系下融会贯通。注重培养学生的自主学习能力，鼓励学生撰写并发表高水平论文。

张晓冬老师在承担繁重教学任务的同时，积极开展科学研究，承担多项国家、地方和企业研究课题，学术成果丰硕，发表 SCI、EI 等检索论文数十篇。他将学科前沿知识和最新成果融入教学，产生了良好的效果。

张老师将进一步学习贯彻党中央、国务院、教育部和学校的各项改革精神，将全部热情投入到工作中去，为国家的高等教育事业贡献全部力量。

北京市高等学校教学名师奖获得者

胡　健

胡健，副教授，国家级电工电子基础课程教学团队骨干教师，从教近30年，长期承担电子信息类专业本科生的主干基础课程教学与课程建设任务，在国家级精品课程与教材建设中取得了突出成绩。作为执行负责人，她承担了国家级精品视频公开课走近数字技术、国家级精品资源共享课信号与系统、国家级网络教育精品课程信号与系统的建设；作为骨干教师，她承担了国家级电工电子实验教学平台和国家级教学团队的建设；作为主要作者，她编著出版了《信号与系统》《数字信号处理》等系列信号处理高水平教材，其中国家级精品教材1部、国家级规划教材5部、北京市精品教材1部。获得詹天佑铁道科学技术奖——北京交通大学詹天佑教学专项奖和多项校级教学成果奖。

胡健老师热爱教育事业，具有较强的事业心和责任感，师德高尚，教风严谨，教学效果好，深受学生爱戴。胡健老师根据新时期人才培养的目标，刻苦钻研业务，锐意改革，勇于创新，在教学方法上因材施教，发挥学生在教学活动中的主体作用和教师的主导作用，注重启发与互动；积极探索和推行“基于问题驱动”的研究性教学，将理论教学与实验教学紧密结合，通过问题的提出、问题的分析、问题的解决、问题的延伸等环节将基本概念、基本理论和基本方法等融合起来；积极探索和推行案例教学，注重原理、方法和应用的有机结合，理论联系实际以激发学生的学习兴趣，培养学生自主学习能力和探索精神，实现教学过程中的知识传授、能力培养和素质教育。

胡健老师认为“教书育人就是教师自我价值的最好体现”。在教学中，她努力把传授知识与思想教育有机结合，注重言传身教，为人师表。作为班主任、学业导师和任课老师，她关爱学生，经常找学生谈心，尤其是学习有困难的学生，了解他们的学习、思想、生活及心理状况，根据需要对学生进行个别辅导和集中辅导。胡健老师还关心青年教师成长。作为基层党支部书记，她常与青年教师谈心，了解他们思想、工作、生活中出现的问题与困难；作为老教师，她通过与青年教师合上一门课、召开教学研讨会等活动，从教学、教研等方面对青年教师全面指导，充分发挥老教师的“传帮带”作用。

北京市高等学校教学名师奖获得者

夏德宏

个人简历

夏德宏，教授，1985 年任教至今，一直辛勤耕耘在教学一线，先后承担液压流体力学、冶金过程热物理、传热学、工程流体力学、热工过程及设备、能源与人类文明、热能工程进展等课程的本科教学任务。其中，他作为课程负责人主持建设的工程流体力学课被评为北京市精品课程，他的热工过程及设备被评为校级精品课程，他的授课风格深受学生喜爱，教学效果显著。夏德宏教授在担任热能工程系副主任和机械工程学院教学副院长期间，主持了三次本科生培养方案修订工作，逐步优化热能与动力工程专业的培养计划，为提高本专业的人才培养质量提供了基本保障。夏德宏教授目前兼任教育部高等学校能源动力类教学指导委员会副秘书长、北京热物理与能源工程学会常务理事等职务。

先进事迹摘录

夏德宏教授从担任热能工程系副主任到机械工程学院副院长期间，一直主管本科教学与改革，主持了1999年、2005年和2010年三次本科生培养方案的修订工作，按照“厚基础、宽口径”的人才培养理念和“国际化、科学化、现代化、特色化”的标准，逐步对热能与动力工程专业的培养计划和培养环节进行优化，为提高本专业的人才培养质量提供了基本保障。夏德宏教授作为主要起草人之一参与了全国能源动力类专业国家标准的制定，在能动类专业建设方面起到了一定的引领作用。夏德宏教授还主持完成了北京科技大学机械工程及自动化专业的工程教育专业认证(学校首个通过认证的专业)，并获得了最长的有效期，为学校其他专业进行工程教育专业认证树立了标杆。

执教以来，夏德宏教授承担了多项教育部、北京市和校级教改项目，发表多篇教育教学研究论文，在专业建设、课程建设、创新性人才培养、教育教学方法改革等方面取得了优异成果。他作为主要完成人之一获得高等教育国家级教学成果奖二等奖1项、北京市高等教育教育教学成果奖一等奖2项、北京科技大学教育教学成果奖多项。在本科教学奖励方面，他获评宝钢教育基金优秀教师、北京科技大学本科教学优秀标兵、师德先进个人、科技竞赛优秀指导教师、“我爱我师——我心目中最优秀的老师”等多项荣誉。

作为主要组织者之一，夏德宏教授连续指导学生参加了第1届至第8届全国大学生节能减排社会实践与科技竞赛，近三年共获奖22项，其中特等奖1项、一等奖9项、二等奖3项、三等奖9项。在指导参赛过程中，夏德宏教授与学生建立了深厚的感情，真正成为学生的良师益友，学生受益颇深。

夏德宏教授在科研促进教学方面也取得了较好的效果，主持完成了多项国际合作项目、国家重点科技攻关项目和国家级重点新技术推广项目；发表论文200余篇，其中50余篇被SCI、EI收录；出版和翻译出版科技专著3部；先后获得国家科学技术奖2项、北京市科学技术奖2项、中国冶金科学技术奖3项，获得了国家发明和实用新型专利22项。

北京市高等学校教学名师奖获得者

申亚男

申亚男，1985 年至今一直在北京科技大学从事教学与科研工作。1987 年任讲师，1992 年任副教授，2002 年开始任教授。多次主讲本科生的线性代数、高等数学、高等代数、离散数学、复变函数与研究生的数论及其应用、近世代数等课程。已培养研究生近 20 名，目前参加两项国家自然科学基金项目的研究工作，发表科研论文 20 余篇。1999—2005 年任教学院长，2005 年至今任教务处副处长。担任行政管理工作之后，她一直从事教学科研工作，近三年授课 384 学时。社会兼职：第 5 届中国高教学会理科教育专业委员会常务理事、北京市青年教师教学基本功大赛评委。

先进事迹摘录

申亚男从事教学工作30年来一直以教学效果突出、深受学生欢迎为特点，早年曾获得学校第一届青年教师课堂教学评比一等奖。近年来，她6次被学生评为“我爱我师——我心目中最优秀老师”，这是每年全校毕业生投票评出的奖项。她讲授的课程多次获得学校免检课堂。

多年来她一直从事教学改革研究，近几年主持国家级项目1项、北京市级项目3项，获得北京市教育教学成果奖4项，其中排名第一的1项、排名第二的2项、排名第四的1项。她主编的《线性代数》为国家“十一五”规划教材、北京市精品教材。1994年获宝钢教育基金优秀教师奖，1993年获北京市优秀青年骨干教师称号。

作为线性代数的课程负责人，她十几年来组织课程组的老师坚持定期开展教学小组活动，研讨教学内容、教学方法，编写教学课件与网络教学资源。课程组形成了研究教学的良好氛围，组内青年教师的教学水平不断提高，在学校与北京市教学基本功比赛中多次获奖。

她参加自然科学基金项目3项，发表论文20余篇，其中SCI论文10余篇，作为第一作者发表在 *J. Math. Anal. Appl.* (2003)的论文 *The General Method to Solve the Inverse Lattice Problems in Physics*，完全解决了被Nature主编称为挑战的高维反演问题。她培养的硕士研究生孙一娜获得北京市优秀毕业生称号，其论文被评为北京科技大学优秀硕士学位论文。

在管理工作岗位上，她不断探索与创新，组织实施了学校新生研讨课的建设工作，具体规划并组织实施学校夏季学期改革方案：聘请50名外教为低年级学生开设英语夏令营，聘请50位国外专家为高年级学生讲授专业课程，聘请校内外专家开设创业训练营，上述夏季学期方案已经实施两年，取得了良好效果。

北京市高等学校教学名师奖获得者

王淑慧

王淑慧，教授，致力于会计学精品课程的教学研究与改革，形成“精品课程、精品教材、教学成果、教学名师”的良性循环。主持市级、校级教改项目 6 项，主编教材 3 部。王淑慧教授主编的《会计学》(第二版)获北京市精品教材立项，在《中国大学教学》等期刊发表教改论文 6 篇，获得北京市精品教材、校级教学成果奖励 6 项。王淑慧主讲的会计学课程 2011 年获北京化工大学免检课程殊荣。王淑慧教授长期从事公司治理结构、绩效评价、信托理财研究，主持并参与教育部人文社科基金项目、国家自然科学基金等课题 10 余项；在《预测》《改革》《财政研究》《中央财经大学学报》《探索》等期刊发表论文近 40 篇。王淑慧教授作为注册会计师、注册资产评估师、注册税务师，多年来被人事部、财政部聘为全国会计专业技术资格考试试题终审专家、北京市财政局绩效考评特聘专家、北京市海淀区智慧教育工程特聘专家、重庆国际信托有限公司独立董事。

三尺讲台、一支粉笔承载着她广博的知识和教学的热忱；道道皱纹、丝丝白发是岁月沉淀出的非凡风韵。她曾在左腿受伤打着石膏的日子里，强忍疼痛坚持上课，为避免学生担心，让家人开车送到学校，在车里简单吃过饭便一瘸一拐地走上讲台。课堂上她抛却疼痛，焕发热情，在黑板上写下知识，写下执着，写下信仰；课后不辞辛苦地为学生答疑解惑，循循善诱，让每一位同学透彻掌握知识，化疑问为感恩。她对教学工作的敬业和奉献换来了会计学教学团队的多项教改成果。

作为财务管理系主任和教学科研骨干，她在肩负着繁重的本科生教学管理、研究生论文指导工作的同时，主持并参与教育部人文社科基金项目、国家自然科学基金等课题 10 余项；在《预测》《改革》等期刊发表论文近 40 篇。工作上她没有一丝一毫的懈怠，甚至崴脚受伤也无法让她放下手中的工作，坚持以轮椅代步登上往返于云南和北京的飞机参加教育部教指委组织的专业建设会议。常年辛勤的工作使她无暇顾及自己的身体，她终于抵挡不住病痛的折磨，躺在了手术台上。她拖着虚弱的身体，在病床上仍然斟酌着学生的论文，像往常一样，每一篇论文都在学生与老师之间进行多次沟通，直到达到预期效果。

她既是学生眼中的严师，也是一位慈母，时刻关心着学生的思想、行动，毫无保留地交流着人生阅历与经验，帮助学生走好每一步。她与学生分享欢乐的瞬间，也是替学生承担痛苦的时刻，她似人梯助学生攀登每一个高峰。

北京市高等学校教学名师奖获得者

张丽丹

张丽丹，1957年出生，民盟盟员，博士，教授。现就职于北京化工大学，曾任物理化学课程负责人、化学系主任，现任基础化学实验教学中心主任。从教34年来她坚持工作在基础课程教学的一线，主讲物理化学、大学化学实验等多门基础课程，编写系列立体化物理化学教材，该系列教材荣获第3届中国化工教育科学研究成果奖三等奖。在教学中她能站在学术前沿指导课程建设，使得这两门课程成为国家级精品课程及国家级精品资源共享课程。作为学科带头人，她所带大学化学实验教学团队荣获全国石油和化工行业优秀教学团队称号。主要社会兼职：科技部专项基金评审专家、教育部博士基金评审专家、教育部全国高校网络培训中心特聘主讲教授。

张丽丹老师作为多年工作在教学一线的基础课程教师、教学团队的带头人，信守高校教师要把教好学生作为第一要务，做好科研是提升教学水平的支柱的准则，坚持把教书育人融入全部的教育教学过程中。

在多年的教学中，张老师是教书育人的典范，在传授专业知识的同时积极培养学生的创新思维和创新能力，教学水平得到同行及学生们的好评。关爱后进学生是张老师多年来用一颗仁爱之心坚持做的事情。她利用业余时间对后进学生进行心理疏导，用优秀师哥、师姐的成长经历和父母般的关爱感化他们，培养他们对父母和社会的责任感，建立自信，让他们看到自己有成功的希望，很多后进同学在张老师的特殊帮助下取得了进步。

多年来，张老师还利用教学、科研及管理工作的业余时间，积极参加社会教育服务，为本校学生义务做非专业的心理咨询老师，给低年级学生做学业规划讲座，把各种学生成长的成功案例讲给他们。学生吸取了优秀学生的经验和后进学生的教训，能够取得优秀的学业成绩。

拥有 34 年教龄的张老师，踏踏实实做好每一件事，教会学生知识，教会学生做人，用心去温暖每个学生。用张老师自己的话说：提高科研和教学水平，带好教学团队，帮助学生进步，这些就是教师的职责，就是教师的人生价值。

北京市高等学校教学名师奖获得者

刘培植

刘培植，1982 年北京邮电大学毕业并留校工作，长期从事电路类课程理论教学、信息与通信方面技术研究和产品研发工作。现任电子学会电磁兼容分会主任委员、北京市高教学会电子线路研究会及北京电子学会电子线路分会理事、北京通信信息协会监事。自 1985 年起从事电子电路基础课程讲授工作，主讲数字电路与逻辑设计课程 25 年，完成 10 多项教改项目并编写教材 4 部，两项教改项目获北京市教学改革成果奖二等奖，一部教材被评为教育部精品教材。1998—1999 年在美国德克萨斯大学进修，在北京邮电大学工作期间完成数十项国家级、省部级及横向科研项目，两项科研成果获省部级奖励。

先进事迹摘录

刘培植热爱信息与通信专业，对电路基础理论进行了长期深入研究，有较丰富的硬件系统和电路设计经验。所授课程理论结合实际，有良好的师生互动，受到学生的普遍好评。

他主持和参加北京市、北京邮电大学的教学改革项目10多项，主要在教学内容与技术发展的跟踪和实际应用、电路类课程的综合改革与共享信息化辅助教学平台、理论与实践结合教学、分级教学、MOOCs与SPOCs的实践等方面进行了教改实践。他主持的创建实时互动信息平台实现电路系列课程辅助教学及创新人才培养项目获得北京市高校教改成果奖二等奖，电子电路基础课程被评为北京市精品课程。

他主编和参编教材4部，主编的《数字电路与逻辑设计》被列为高等教育“十一五”规划教材，并被评为教育部普通高等教育精品教材。

在科研方面，他主持、参加国家“863”项目(支持P2P和组播等综合业务的动态异构融合接入网络结构与关键技术等)、国家自然科学基金(MIMO系统中的无线资源预测、分配与管理等)、国家重大专项(超高速无线局域网的国际标准与技术验证研究等)、工信部物联网发展专项项目(广域环境中超大规模自同步无线网络系统研究及示范推广)等近20项。他主持和参加的横向科研项目数十项，涉及大中型程控交换机、数字综合业务调度、数字交叉网络、V5接入网设备、无源光网络、数字用户环路、无线宽带城域网、国家干线光缆监测、电信网络资源管理、边境围栏智能定位、WiMAX系统网络规划、地面电视系统规划、数字音频AM/FM广播系统计算法等内容。

他研制的两项产品获原邮电部科技进步三等奖，一项产品被评为国家火炬计划项目和国家级新产品，撰写和指导学生撰写科技论文数十篇。

北京市高等学校教学名师奖获得者

郭　莉

郭莉，1995年在北京邮电大学任教至今，先后担任教研室主任、党支部书记、创新实践基地主任、基础实验教学中心主任、国际学院常务副院长。现为该校信息与通信工程学院信息理论与技术教研中心教授、北京邮电大学国家级工程实践教育中心负责人、国家级优秀教学团队电子信息实验教学中心教学团队重要成员、教育部质量工程信息工程专业教学团队重要成员，曾任北京邮电大学国家级大学生创新性实验计划负责人、北京邮电大学市级大学生创新创业行动计划负责人、市级校外人才培养基地建设——电子信息类实习基地负责人。荣获国家级教学成果奖二等奖(排名第一)、北京市教学成果奖一等奖，获评北京市优秀教师、市优秀青年骨干教师称号。

郭莉长期工作在教育教学第一线，脚踏实地，开拓创新。模范实施素质教育，为人师表，具有良好的职业道德，是本单位教学、科研、管理的骨干。在国际、国内会议和国内核心期刊上发表了几十篇论文，在国家级、省部级科研项目中担任重要的开发和研究工作，具有较高的英语听、说、读、写能力。该同志多年来主持或参加各类教育教学改革，为国家级优秀教学团队、北京市级优秀教学团队重要成员，获得两次国家级优秀教学成果奖、四次北京市高校优秀教学成果奖。

她认真备课，教学效果良好，先后承担了数字信号处理、宽带通信网、数据采集技术等课程的主讲工作，其中两门课程为双语授课，并能坚持理论与实践相结合的教学方法，勇于探索，积极创新。

她在担任我校原信息工程学院创新实践基地主任期间，加强系统管理，培养优良传统，建设人才梯队，带领学生取得国际、国内各类竞赛好成绩，为学校的创新教育做出突出贡献。在 2007 年 ImageCup 全球嵌入式比赛中，她指导的队伍获得全球第三名，为当年亚洲最好成绩；在 2008 年 ImageCup 全球嵌入式比赛中，她指导的队伍获得全球第二名。2002 年她获得北京市大学生电子设计竞赛优秀辅导教师奖，为 2006 年全国 Intel 嵌入式设计竞赛一等奖指导教师。

她在担任基础实验教学中心主任以来，在全校本科实践教学工作中倾注大量心血。她领导大学生创新创业教育实践大踏步前进，在全国、北京市树立了标杆，受到教育部和北京市的多次表彰和肯定。她带领团队连续七年举办北京邮电大学大学生创新成果展示交流会暨创新论坛活动，形成独特品牌效应，为学校创新文化建设做出突出贡献。她建立“1＋13”创新实践基地新格局，建立和完善各项管理制度，积极开拓与企业合作新局面，获得 2012—2014 年全国大学生创新创业训练计划先进实施单位称号，获得北京市优秀教学成果奖一等奖和国家级教学成果奖二等奖。

她主持我校国际学院工作以来，努力从教学质量提高、教学内容和水平提升、学生创新意识和实践能力的培养等方面入手，提高学校国际合作办学质量和水平。

北京市高等学校教学名师奖获得者

张　宾

张宾，博士，中国农业大学教授，博士生导师，研究领域：农业机器人技术。先后获得北京市优秀教师、宝钢教育基金优秀教师、中国农业大学教学名师、中国农业大学杰出教师等荣誉称号。分别获得北京市教学成果奖一等奖 2 项(排名第三、第四)，主讲国家级精品课机械制造工程学，是国家级优秀教学团队机械设计制造系列专业基础课程的核心成员。指导的大学生获得北京市科技创新竞赛二等奖 1 项，主持和参加省部级教育教学改革项目 7 项，主持和参加国家级科研项目 7 项，作为第一完成人取得国家发明专利 5 项，发表学术论文 40 余篇。指导已毕业硕士研究生 30 余名、已毕业博士生 6 名。

在32年的教学中，张宾兢兢业业，把主要精力贡献到本科教学中，做学生的知心朋友。在日常学习和生活中，他注重“师范”作用；在教学中，多问为什么，力图使学生养成善于思考的习惯；在传授专业知识的同时，他能通过一些相关小事例，让同学懂得做人、做事的道理，用积极向上的心态引导学生。在教学中他能做到诙谐、幽默，课堂互动性好，讲课吸引人，取得很好的教学效果，深受学生的喜爱。学生评价：“老师讲课很有激情，上课和实际结合很紧密，在授课的过程中，涵盖了人生的启发。”

他主讲机械制造工程学、机械电气控制技术、机械工程训练A、机械工程训练B、机械制造工程学生产实习、机械制造工程学课程设计、机械工程导论等课程，本科生教学工作量每年600余学时。

1999年以来，机械制造工程学作为中国农业大学机械类专业的本科重点课程多次从课程内容、课程体系、实践环节等方面立项建设，取得了一系列成果。该课程已先后获得校精品课、北京市精品课和国家级精品课程荣誉称号。

2001年以来，作为机械工程训练中心主任，张宾付出了艰辛的努力，2007年，他主持的机械工程实训课程获得校级精品课程称号。经过多年建设，中国农业大学机械工程训练中心已成为大学生工程素质与创新能力培养的重要实习基地，2013年成为国家级实验教学示范中心，是中国农业大学机械与农业工程实验教学中心的重要核心组成部分。

2001年“农业院校机械工程专业制造类课程改革与实践”获北京市教学成果奖一等奖；2008年“农业院校工科实践教学体系与创新能力培养模式的改革与实践”获北京市教学成果奖一等奖；2005年，机械制造工程学“重素质、强实践”课程体系设计研究与实践，获得学校教学成果奖一等奖。张宾于2004年、2005年、2006年、2007年连续获得中国农业大学本科“百篇优秀论文”指导教师称号；2015年获中国农业大学教学名师奖，2014年获得宝钢教育基金优秀教师奖，2013年获得北京市优秀教师奖，2007年获得中国农业大学杰出教师奖。张宾所在教学团队于2008年获得“国家级优秀教学团队”称号。

北京市高等学校教学名师奖获得者

王建华

王建华，中国农业大学教授，博士生导师，中国农业大学教学名师，中国作物学会常务理事，作物种子专业委员会主任，教育部全国种业领域研究生培养协助网组长，主讲种子生产学。以排名第五的成绩获国家级教学成果奖二等奖1项，以排名第一和第五的成绩获得北京市教学成果奖一等奖、二等奖，获宝钢教育基金优秀教师奖、“挑战杯”首都大学生课外学术科技作品竞赛优秀指导教师奖。指导大学生进行国家科研创新3项、北京市科研创新2项；主编、副主编“十一五”国家级规划教材5部，发表教学论文6篇。主持教改5项，参加教改1项，完成教育部种子科学与工程专业发展战略研究报告，完成本科专业、研究生培养方案制订、修订工作等。以项目首席的身份主持农业部行业公益专项1项，先后主持完成“863”“973”国家自然科学基金等科研项目38项，参与全国人大《种子法》制定和修订。获授权发明专利11项，发表学术论文80余篇，在*Nature Genetics*，PMB等发表高水平SCI论文36篇，近五年获得省部级科技奖4项。

先进事迹摘录

王建华勇于创新，坚持高等教育为国家经济发展培养人才的宗旨，创立了种子科学与工程本科专业，搭建了学士、硕士、博士完整的种业人才培养体系，人才培养成绩突出。在2000年我国第一次颁布《种子法》后，她勇于探索创新人才培养体系，对植物学、遗传学、作物育种学、种子学、农业经济学、农业工程等与种业密切相关的学科进行研究和有机融合，创设了我国种子科学与工程学科，填补了我国在该领域的空白。同时，她创建了符合国家种业发展需求的种子科学与工程本—硕—博人才培养体系，制定了整套的人才培养方案，构建了涵盖新品种培育、种子生产、种子加工贮藏、市场营销与种业管理等种业五大要素的课程体系，并主持编写了骨干课程系列教材。与此相关的教学工作分别获得国家教学成果奖二等奖、北京市教学成果奖一等奖、二等奖，为我国种业现代化发展人才培养做出了突出贡献。

她勤勤恳恳坚守教学工作第一线，积极探索教学模式，成绩显著。自1998年她承担种子生产学课程以来，长期坚守教学第一线，在主讲种子生产学的同时，先后主讲过种子加工贮藏学、种子检验学。近5年完成本科与研究生教学工作量2000学时以上(400学时/年)，教学效果得到学生和同行的好评，2013年获评中国农业大学教学名师，2015年获评宝钢教育基金优秀教师。

在课堂教学中，她倡导以人为本的互动式教学，注重培养学生的能力：通过课堂讨论与课下作业，培养学生主动思考的学习能力；因材施教，及时了解每个学生的个体状况与学习兴趣，培养学生全面发展的能力；引导学生积极申报和参与国家科研创新等活动，培养学生的科学研究兴趣与创新能力；培养学生德智体全面发展。近10年指导本科毕业设计52个，指导的大学生毕业论文有6篇获校级百篇优秀论文，她本人获校级百篇优秀论文指导教师称号。

她积极开展教学内容与教学方法的改革，搭建产学研相结合的人才培养平台，提高教学质量。1998年至今作为种子系副主任、系主任、学科负责人，她组织召开全国农业院校种业人才培养教学研讨会4次、教材编写研讨会6次、国际种业人才培养产学研研讨会1次，并先后主持了4次培养计划的制定与修订，组织相关教师就教学内容、教学方法和手段进行研讨，修订教学大纲。她组织了农业部农作物种子全程技术创新中心建设工作，为学生实践和创新能力的培养提供了基础条件。“种子生产学课程”于2006年获中国农业大学精品课程称号。作为学科负责人，她参编的《种子加工与贮藏》被评为北京市精品教材。

北京市高等学校教学名师奖获得者

翁　强

翁强，1964 年出生，教授，硕士生导师，北京林业大学生物科学与技术学院动物学科负责人，基础动物学教研室主任，国际生物科学联合会中国全国委员会委员。1987 年毕业于东北师范大学生物系，2000 年就读于日本岐阜大学应用生物学部，2004 年获博士学位，2006—2008 年为日本学术振兴会特别研究员。主持和完成了国家自然科学基金、北京市自然科学基金、教育部和国家林业局科研等项目，先后在 SCI 源杂志发表论文 60 多篇。创建了北京林业大学第一个大学生自主创新实验室，是国家大学生小平科技创新团队的指导教师，指导大学生发表了多篇高水平的科研论文，获得国家、北京市大学生科技创新竞赛众多奖项，2015 年获得北京林业大学教学名师奖。

翁强老师任教以来，一直工作在教学和科研第一线，始终担任着班主任工作，多次荣获校、院优秀班主任称号，获得北京林业大学教学名师奖。他十分喜欢和学生在一起，喜欢在实验室里工作，第一时间为学生解决问题，指导他们的学习、科研和生活。2008 年，翁强老师在学院的支持下，创办了学校第一个大学生自主创新实验室。在创办初期，他用自己的工资购买了必需的实验用品。他利用寒暑假为大学生开展创新实验培训班，亲自指导学生进行科研训练，从文献的检索、阅读、立项到标书的制作，再到具体实验的开展，他事必躬亲，几载寒暑，2008 年他指导了第一个本科生发表 SCI 论文；指导了第一个本科生在 *Science* 杂志发表通讯文章；指导的本科生获得了第 3 届全国梁希优秀学子奖。正是在翁强老师和这些大学生的不断坚持和共同努力下，他们获得了国际、国家、北京市等大学生创新成果奖 18 项，他指导本科生以第一作者身份发表了 SCI 论文 6 篇。2014 年翁强老师指导的大学生创新实验室荣获团中央、全国学联、全国青联和全国少工委颁发的由邓小平稿费资助的国家大学生“小平科技创新团队”光荣称号。

多年来，翁强老师始终坚持担任班主任，用爱心与学生交流，指导他们思考、学习，做好发展规划，做他们学习上的导师、生活上的朋友。在他当第二任班主任时，班上一名女学生突发精神病，经诊断为精神妄想症，他多方协商，安排学生由其母亲陪同在校外租房，边治疗边学习。如今，这位女学生已康复并顺利毕业。正是翁强老师的责任心与仁爱之心帮助这位学生顺利成长，完成学业，成全了一个家庭的幸福。

翁强老师教书育人的 11 年，是他与学生共同成长的 11 年，教书育人的荣誉感和责任感让翁强老师更加钟情于教育，执着于创新。

北京市高等学校教学名师奖获得者

贺　娟

贺娟，北京中医药大学教授，博士生导师，国家中医药管理局内经重点学科后备学科带头人。从教 24 年，主讲内经选读、内经专题讲座等课程，先后获学生评选的全校十大我最喜爱的教师、北京中医药大学首届教学名师、北京中医药大学优秀教师、大学优秀主讲教师等荣誉称号。主编人民卫生出版社国家“十二五”规划教材《内经讲义》(获第二批国家级规划教材)，副主编《中医运气学》(获第一批国家级规划教材)，出版《黄帝内经素问白话解》《黄帝内经灵枢白话解》等著作。主持国家自然科学基金项目 3 项，发表学术论文 116 余篇。担任中华中医药学会内经学分会副主任委员兼秘书长、福建中医药大学客座教授、《中华中医药杂志》《北京中医药大学学报》《中医基础理论杂志》等编委、审稿专家、国家自然科学基金评审专家、国家食品药品监督局评审专家等。

贺娟作为一线教师严于律己，精研专业，把个人的主要精力用于本科生、研究生的教学上。20 余年来，她年均授课 200 学时。

贺娟在专业方面不断提高个人业务水平，使内经成为广受学生欢迎和重视的课程，在她的课上，学生从无迟到、旷课等现象，无论是她的本科生课程，还是她的研究生课程均吸引众多的旁听生听讲。

贺娟具有良好的职业操守。她为人师表、诲人不倦，在本科生学时紧张的情况下，每学期均不计工作量为学生补课；利用业余时间，无报酬为学生讲解国学经典等以培养学生的良好素养。她培养的博士生，数人次获得国家精品期刊平台领跑者 5000、国家奖学金、北京市优秀毕业生、北京市优秀学生干部等荣誉。

作为大学教师，贺娟也致力于学术研究，迄今为止，她主持国家自然科学基金面上项目 3 项，参与国家“973”专项 2 项，以第一或通讯作者在核心期刊发表学术论文 80 余篇，其中 SCI 论文 6 篇，获得部级以上科研奖励 6 项，是多家核心期刊的编委和审稿人，兼有中华中医药学会内经分会副主委兼秘书长等职务。

贺娟老师还致力于弘扬中医药文化知识，她作为中央电视台、北京电视台等特邀专家，多次到中央台健康之路、北京卫视养生堂等栏目做健康讲座，迄今为止，她录制的电视节目在电视台数次重播，影响很大。她还利用业余时间为北京大学中医学社、清华大学中医学社、国家图书馆、中山市图书馆等单位免费做公益讲座，为传播中医药文化、普及中医药健康知识做出巨大贡献。

北京市高等学校教学名师奖获得者

张润枝

张润枝，1972 年出生，现为北京师范大学马克思主义学院教授、博士生导师、院党委书记。1993 年毕业于北京师范大学历史系，后留校任教，先后在校团委、德育教学部工作，1999 年调入政治学与国际关系学院，主要讲授本科生的思想道德修养与法律基础、中国近现代史纲要课程。期间获得马克思主义理论与思想政治教育专业硕士、博士学位。2005 年被评为副教授，2010 年被评为教授，同年起任院党委书记。研究方向为思想政治教育、党的建设。近年来主持省部级及中央部委委托课题 10 项，出版专著、教材 4 部，发表学术论文 30 余篇。兼任北京高教学会形势与政策研究会学术委员、中央纪委中国纪检监察学院师资库成员。

张润枝曾获评北京师范大学十佳教师、北京师范大学教学名师、北京市师德先进个人，入选教育部全国高校优秀中青年思想政治理论课教师择优资助计划名单，成为全国思想政治教育中青年杰出人才支持计划培育对象，主持北京高校思想政治理论课名师工作室工作，获评全国高校思想政治理论课教师 2015 年度影响力人物。

她潜心教学工作，教改成效显著。张老师创造分众教学模式，对学生深入研究，通过调查问卷、个别访谈、设置课堂学习档案等方式了解学生思想困惑，根据学生不同情况组织差异性小组，设计不同的教学内容和教学方式，构建起包括面向所有学生的课堂教学体系、面向小众群体的课下交流体系和面向优秀学生的引领团队培养体系的三级教学体系，实现因材施教。2014 年该项目入选教育部首批高校思政课教学方法改革项目择优推广计划名单。学生们反映，“张老师把理论与实际结合得非常自然，是最能把思修课讲得打动人心的老师”。2015 年学生评教给她打出了 4.97 的高分(满分为 5 分)。

张老师重视师生交流，解答学生疑问。她认为，思政课关乎学生观念的确立问题，单纯依靠课堂讲授远不能达到教学目的。因此，她非常重视与学生的课下交流，组织团队开发课程微信平台“木铎思享”，在线回应学生疑问；自筹经费定期举办师生午餐会，邀请相关教师与学生面对面交流思想。她还通过邮件、微信等及时回答学生学习、生活等方面的问题，很多学生即使在毕业多年后依然与她保持联系，沟通思想。他们说，张老师是他们大学四年的一个温暖回忆。

张老师致力于理论研究，学术成果突出。她主要从事思想政治教育、党的建设领域的研究。她主持省部级课题及中央部委课题 10 项，出版著作、教材 4 部，发表学术论文 30 余篇。她主编的《故事我党好作风》被列入“十二五”国家重点出版规划项目。她曾获得北京高校优秀德育研究成果奖一等奖、全国高等学校思想政治教育优秀论文二等奖、全国高校思想政治教育学科 30 年成果奖优秀奖。

北京市高等学校教学名师奖获得者

张雁云

张雁云，1993 年在北京师范大学生物系获学士学位，同年留校任教，2001 年在北京师范大学生命科学学院获理学博士学位，2004—2005 年在德国 Mainz 大学生物系访学。2010 年任教授，主要从事普通动物学本科教学和鸟类学研究。他主讲的普通动物学课程被列为国家精品资源共享课，近 5 年参编中学、大学、研究生教材 4 部，主持多项教改项目，获评本科生最喜爱的十佳教师和北京市优秀教师称号。主要从事濒危雉类保护、鸟类鸣声功能及分化等研究，主持在研国家自然科学基金项目等多项，近 5 年发表 SCI 论文 15 篇，参编专著 4 部。兼任中国鸟类学会秘书长、中国生态学会动物生态专业委员会副秘书长、全国中学生生物竞赛委员会副主任、《动物学研究》《生物学通报》编委。

先进事迹摘录

张雁云自 1993 年参加工作以来，一直工作在具有深厚积淀和代表北京师范大学优良教学传统的动物学团队中。多年来，他努力践行“学为人师，行为世范”的校训精神，以满腔的热情投入教学和研究工作中，勤于钻研，勇于创新，关爱学生，并能用良好的道德行为影响学生，在教书育人中取得了成绩。

他在教学过程中不断更新知识结构，完善教学理念，充分实现经典知识与学科前沿知识的有机结合。他努力在动物学的“动”字上做文章，充分应用现代教育技术和手段，提升教学效果；激发学生学习的兴趣和求知欲；让学生感受学科发展的脉搏。他授课幽默生动，深受学生喜爱，教学评估成绩一直保持在 4.85 分以上。两次被评为北京师范大学本科生喜爱的十佳教师，他主讲的普通动物学课被评为 2013 年国家精品资源共享课。

为实现个性化和互动式教学，他充分利用网络资源，与高等教育出版社合作建成了“4A”动物学数字课程。2013 年，经过进一步的升级和完善，该课程被纳入教育部精品资源共享建设课程平台，发挥了更好的示范和辐射作用。

他参与了由北京师范大学牵头打造的首都高校生物学野外实习资源共享平台工作，在北京小龙门和山东烟台建立了条件基本完备的首都高校生物学野外实习基地(配有标本室、教室和简单的实验室)，实现了跨校联盟教学培养的新型野外实习教学模式。跨校的生物学野外实习教学资源共享平台建设与实践成果获 2012 年北京市教学成果奖一等奖和 2014 年国家级教学成果奖二等奖。

他坚守认认真真做事、踏踏实实做人的准则，在各个方面严格要求自己，力争通过自己的言行去感染学生。在教学中，他能寓道德教育于专业知识的传授中，课程中穿插介绍如何做人、做学问和科研团队合作的重要性，在课堂上他对学生的要求也非常严格，树立了良好的课堂风气。他热心公共事业，关心学生，尊重和团结同志，在师生中有良好的口碑。2004 年获首届北京高等学校青年教师师德标兵称号，2009 年被评为首届北京师范大学教工十佳党员，2014 年被评为北京高校优秀共产党员。

目前他主要从事鸟类行为学、谱系地理学、濒危鸟类生态学和人工繁育研究，主持完成 4 项国家自然科学基金以及 10 余项国家部委项目，近 5 年在该领域著名期刊上发表研究论文 15 篇，并获得国家自然科学基金二等奖(第三完成人)。

北京市高等学校教学名师奖获得者

保继光

保继光，理学博士，教授，博士生导师。1988 年起在北京师范大学从事教学工作。30 年来，讲授过大学数学、数学分析、常微分方程、复变函数等本科生课程，以及研究生学位基础课和公共课。近 15 年来，他一直从事本科生偏微分方程课程的教学工作，出版的《偏微分方程》被评为“十二五”普通高等教育本科国家级规划教材、北京市精品教材。曾获宝钢教育基金优秀教师特等奖、国家级高等教育教学成果奖二等奖等。曾两次任北京师范大学数学系党总支书记，两次任北京师范大学数学科学学院院长。现任教育部高等学校数学类专业教学指导委员会委员、教育部高中数学课程标准修订组成员、北京数学会监事长、《数学通报》主编、《数学进展》副主编、谢宇教育基金会总裁等职，享受国务院政府特殊津贴。

保继光研究方向为偏微分方程，主要涉及几何、材料和生物等领域。近 5 年主持国家级和省部级科研项目 4 项，在 *Transactions of the American Mathematical Society*，*Archive for Rational Mechanics and Analysis*，*Calculus of Variations and PDE's*，*Journal of Functional Analysis* 和 *Scientific Reports* 等国际高水平刊物上发表科研论文 37 篇；主持国家级和省部级教学项目 3 项，在核心期刊上发表教学论文 7 篇；讲授 16 门本科生和研究生课程，出版《偏微分方程》(被评为北京市精品教材和“十二五”国家级规划教材)。指导高中生科技创新活动，3 次获评北京市翱翔计划优秀指导教师称号；指导 16 名本科生的学士学位论文，2 人的学士学位论文分别发表在美国数学会的 SCI 杂志 *Proceedings of The American Mathematical Society* 和香港杂志《数学文化》上；指导研究生 31 人次，1 人的博士学位论文被评为北京市优秀博士论文，1 人被评为北京市优秀毕业研究生，4 人获国家奖学金。

北京师范大学谢宇老师在教书育人方面成绩突出，获全国优秀教育工作者称号和全国五一劳动奖章，成为 20 世纪 80 年代北京师范大学，乃至全国教书育人的一面旗帜。谢宇老师 1999 年去世后，保继光和部分校友一起创建了谢宇教育基金会，由他出任总裁。基金会颁发助学金给 125 名大学生，资助了 33 个社会实践小组(331 人)到 15 个省和自治区的贫困地区支援教育。基金会密切关注社会信息，不断扩大服务范围，实现了从学院内到学院外，再到学校外的资助规划。例如，向四川广元震后重建的白虎沟小学捐赠图书；资助包括香港中文大学和 10 所内地大学志愿者组成的青海少数民族地区支教行活动；接受定向捐款发放到湖南省怀化市辰溪一中和武汉大学学生手中；向内蒙古太仆寺旗宝昌二中捐赠 10 万元图书。事实证明，基金会赞助的支教社会实践活动为在校大学生提供了很好的机会，帮助他们了解国情，锻炼了社会交往能力，提高了综合素质。

保继光曾获宝钢教育基金优秀教师特等奖、明德教师奖、国家级高等教育教学成果奖二等奖、北京市优秀教学成果奖一等奖等多项奖励。

北京市高等学校教学名师奖获得者

李英桃

个人简历

李英桃，1967 年出生，1985—1992 年就读于北京师范大学历史系，获历史学硕士学位，毕业后被分配到北京外国语大学从事教学工作，1996—2001 年就读于北京大学国际关系学院，获法学博士学位。现为北京外国语大学国际关系学院教授、博士生导师、北京外国语大学社会性别与全球问题研究中心常务副主任，长期工作在本科教学第一线。讲授谈判学、国际关系史、女性主义与国际关系等课程，著有《社会性别视角下的国际政治》《女性主义和平学》《女性主义国际关系学》《社会性别视角下的全球环境问题》等。《女性主义和平学》荣获 2015 年第 7 届高等学校科学研究优秀成果奖(人文社会科学)三等奖。获评北京市优秀教师，北京市三八红旗奖章获得者，教育部精品视频公开课谈判学主讲教师。

先进事迹摘录

李英桃教授热爱党的教育事业，长期工作在教学第一线，在培养学生专业兴趣、奠定专业基础和保证毕业生质量等方面做出重要贡献。

她以身作则，为人师表，教学工作成绩斐然：曾先后荣获北京外国语大学园丁奖(2009)、北京市优秀教师(2013)、北京市三八红旗奖章(2014)、北京外国语大学园丁奖二等奖(2009)等各类荣誉。她主讲的视频公开课谈判学于 2013 年在教育部爱课程网站上线，并获评 2014 年教育部精品视频公开课。

李英桃教授具有很强的学术创新能力，主持完成多项省部级科研项目，出版多部专著和数十篇中英文论文，多数发表在 CSSCI 或核心学术刊物上。近年来，她主持和参与撰写的三本著作分别获得第 7 届高等学校科学研究优秀成果奖、第 3 届中国妇女优秀成果奖一等奖和三等奖。

李英桃教授的科研成果为其提高谈判学课程的教学水平奠定了坚实的基础。她注重调查研究，注重科学研究与课堂教学的互补。她的谈判学课程具有较强的实践性，提升了学生对谈判的认识和理解，增强了交流沟通的能力，不但受到国际关系学院学生的普遍欢迎，也获得其他院系学生的认可与好评。她授课生动、活泼，注重对学生跨文化沟通能力的塑造，注重不同学科知识的沟通与融合，从而使学生的跨文化谈判沟通能力得到普遍提高。她的研究丰富了课程，课程又促进了研究，真正做到教学相长。

李英桃教授非常重视对青年教师的培养和学术团队的建设，由她创立的“北京外国语大学社会性别与全球问题研究中心”聚集了课程建设和学术研究的后备力量。在她的指导下，年轻教师已经陆续成长起来，能在专业领域独当一面。

李英桃教授在学生身上倾注了大量的时间和精力，为本科新生提供学习生活指导，帮助他们融入大学的环境和氛围；为硕士生和博士生廓清发展方向，帮他们铺就未来的学术道路。李教授所做的一切树立了学为人师、行为世范的榜样。

北京市高等学校教学名师奖获得者

周　涌

周涌，1968年出生，1992年毕业于北京电影学院电影学专业，获文学硕士学位，2008年毕业于中国传媒大学电影学专业，获文学博士学位。现任教于中国传媒大学艺术学部，担任艺术学部副学部长。自1992年在中国传媒大学任教以来，先后主讲本科生的影片分析、影视剧作、剧本创作、硕士研究生的电影剧本创作、影视剧作研究及博士研究生的电影学前沿等核心专业课程。2001年开始指导硕士研究生，2011年开始指导博士研究生及博士后，近3年共指导硕士研究生17人（包含学术硕士及专业硕士）、博士研究生3人、博士后1人。现任《当代电影》杂志主编、第7届夏衍电影文学奖终身评委、中国电影家协会高等教育与产业发展委员会副主任、国家广电总局电影局审查委员会委员，入选北京市"四个一批"人才工程以及北京市跨世纪文艺人才百人工程名单。

周涌教授系中国传媒大学电影学学科带头人，他主讲的电影剧本创作课程在本科生、研究生中有极好的反响。周涌教授在日常教学中充分展现了一名优秀教师“俯首甘为孺子牛”的精神，培养了大批的优秀学生以及青年教师。作为国内一线的影视剧编剧，周涌教授创作了大量耳熟能详、反响强烈的影视作品，如热播的电视剧《裸婚时代》《第 22 条婚规》《最美的你》等，为剧作的教学积累了大量创作素材和创作心得。

自 1992 年硕士研究生毕业从教以来，周涌教授常年承担大量的教学任务。在教学过程中，他不断总结得与失，逐步建立了中国传媒大学的剧作课程教学体系和教学方法，每次上课都尽可能地给学生带来新的案例、新的创作思路和创作方法。在大量的片例片源中，他拓宽学生的眼界，激发学生的创作热情，与时俱进地调整教学方法和学生的学习形式。毕业多年的学生想起周涌教授都会说：周老师的课是我大学四年收获最多的课程。

在教育学生的过程中，周涌教授不是靠一味地说教，而是靠课上课下的人格魅力去感染学生。他严于律己，率先垂范，他深知自己的一言一行既处于学生最严格的监督之下，又处于时刻被学生效仿的状态之中，所以当他要求学生努力学习的时候，自己首先拥有忘我的工作状态和刻苦的钻研精神。他从学生身上看到了自己的影子，真所谓“言传身教，身行一例，胜似千言”。

周涌教授从教 20 多年来培养了一大批活跃在影视剧创作一线的剧作人才，如代表中国参加奥斯卡最佳外语片角逐的影片《滚蛋吧肿瘤君》的编剧袁媛，电影《心花路放》《老炮儿》《厨子、戏子、痞子》的编剧董润年，电影《谁的青春不迷茫》、网剧《匆匆那年》的导演姚婷婷等，都是周涌教授培养出来的创作精英。

“桃李不言，下自成蹊”。周涌教授为人正直，诚恳务实，满怀热诚地努力工作，默默无闻地奉献，心如明镜止水，没有任何私心杂念。因此，他赢得了广大师生的爱戴，也得到了社会的尊重。

北京市高等学校教学名师奖获得者

曾志华

个人简历

曾志华，中国传媒大学播音主持艺术学院博士，教授，博士生导师，普通话水平测试国家级测试员，国家社科基金项目评审专家，教育部人文社科类项目评审专家，教育部学位与研究生教育评审专家。主要研究领域：播音主持业务、电视节目策划、广告配音艺术等。主要论著：《中国电视节目主持人文化影响力研究》《影响历史进程的新闻发布会》《电视节目主持人策划》《主持人语言中“留白”的机理探微》《从受众的审美期待看电视节目主持人的形象定位》《电视节目主持人形象的建立对受众文化品位的先导与提升》《传统意蕴中的现代追求——从凤凰“台声”看海外华语播音的风格定位》《中国故事广播频率有声语言艺术创作现状与思考》《普通话语音教程》《广告配音教程》等。参与撰写了《中国播音学》《广播节目播音主持》《全国播音员主持人持证上岗资格考试大纲及训练教材》《电视节目策划学》《播音主持专业人才培养研究》《语言和谐艺术论》《华语广播电视媒体语言研究》等著作；主持和参与国家级、部级、校级课题多项，并多次获奖。教学之余，她长期参与广播电视的一线实践，担任主持人、策划及顾问，多次获得国家级奖项。

先进事迹摘录

2015 年授课 514 课时，2014 年授课 443 课时，2013 年授课 374 课时，教学层次：本科生低年级到高年级，硕士研究生、博士研究生、双学位、短训班等。曾志华教授看到这些数字和文字，再回首三十三年的从教历程，满是感慨，也满是幸福。她曾不止一次地对朋友、学生说：我这辈子最喜欢两样东西，一个是讲台，另一个是话筒。在电台、电视台兼职十年，在学校的讲台站了三十三年(还将继续站下去)，这一切于我而言，实在是一种极大的满足与快乐!

初做老师时，她信奉园丁这个词，以为只要辛勤耕耘，就是尽职尽责，就会有收获。渐渐地她开始明白，其实老师和园丁不一样：园丁的工作大多是将那些旁逸斜出的、高低不一的枝叶修剪平整；而老师不同，子曰：有教无类。老师最重要的就是责任心和爱心。这些年，年岁逐增，曾志华教授也越来越把这两份“心”记在心里，压在肩上。

曾志华教授用这样一首诗来表达自己的心声：

白头发唱给黑头发的歌——/多么好啊 多么美好的晚上/在北京 在中国 在这个星球上/在这个星球上 在中国的北京 在这所校园里/我想把这块算不上辽阔的地方/这立体的夜/比作一棵树/同学们 你们像鸟儿一样飞回母校/每个人都唱出了自己的华彩乐段/刚才一位同学对我说/老师 您的头发全白了/……/是的 我的头发　白了/可我多么爱听黑头发的歌声/我们奋斗了一生，值得/我的职责在这儿，我的事业在这儿/我的希望年年在这儿起步/除了这儿/难道我还能祈求什么别的人生/……

穿行在夜幕中的校园，回想起导师的声音，曾志华教授深切地感受到自己对讲台的依恋、对学生的情感。如今，她也开始有白头发了，“我也爱听黑头发的播读声、朗诵声、笑声、歌声!”“衣带渐宽终不悔，为伊消得人憔悴”，她心怀感恩，甘愿奋斗一生。

歌德说，过去永远不变，未来生生不息。于曾志华教授而言，坚守有声语言艺术教学与理论研究的阵地，拥有更宽更广的学术视野，当是她生生不息的追求所在。

三十三年了，曾志华教授还在路上。

北京市高等学校教学名师奖获得者

许飞琼

许飞琼，中央财经大学保险学院教授。1985 年毕业于中南财经政法大学，先后在武汉大学、中国人民大学、中央财经大学从事保险教学与研究工作，长期担任本科生班主任或导师。主讲过保险学、财产与责任保险、保险法与案例分析等 9 门专业课程，教学效果优秀，获评武汉大学优秀导师，获青年教师优秀教学成果奖与中国人民大学十大教学标兵提名等。出版《灾害统计学》《财产保险》《责任保险》等 10 多部著作与教材；在《政治学研究》《中国软科学》《马克思主义研究》《教学与研究》等重要期刊发表论文 60 多篇；主持过国家社科基金、教育部人文社科项目及其他省部级项目 10 多项；获全国统计科技进步二等奖、中国图书奖等。

先进事迹摘录

许飞琼教授 30 年来长期奋斗在高校教学第一线。曾担任本科保险 1992 级、注会 1996 级、保险 2001 级、保险 2005 级班主任及历年本科生的指导教师。专著《灾害统计学》被誉为我国灾害统计领域的开拓之作，获第 4 届全国统计科技进步二等奖；她主编的《财产保险》(第四版)被评为教育部国家级精品教材；其项目成果“低碳之路：我国环境污染责任保险制度的构建”获中国保险学会第 7 届保险优秀研究成果奖一等奖；独立完成的 2 篇政策研究成果获中央重要领导批示。

在教学工作中，许飞琼教授针对平均每学年 200 多课时的本科教学任务，把每一堂课均当作新授课来对待，从教学内容到教学方法，无不多方收集最新资讯与前沿理论认真备课，并将甄别后的知识与信息通过启发式、互动式教学手段，为学生耐心讲解，确保学生从课堂上获得大量的专业知识与前沿信息，学习效果事半功倍。

案例教学是许飞琼教授 30 年来一直推崇的教学方式，也是深受学生欢迎的教学方式。她长年搜集国内外上千个保险案例并进行科学剖析，充分运用到课堂教学中并与学生互动，使学生分析、解决问题的能力明显得到提升。

乐于指导、帮助学生是许飞琼教授的工作常态。她为学习有困难的学生加班指导，为精神有困惑的学生提供多方安慰，为有出国留学、夏令营、保研愿望的学生提供咨询并积极推荐，为生活困难的学生提供相应帮助。特别是每年指导本科生开展调研活动，她指导李岚峰、崔阳、孙梦园、蔡敏、范舒敏等主持完成的 3 个国家大创项目和 2 个北京市大创项目均取得了优秀成果。近三年来，本科生经她指导发表的论文达 17 篇。

北京市高等学校教学名师奖获得者

吴　革

个人简历

吴革，1967 年出生，数学理学学士，会计学硕士，金融学博士。1989 年在江苏镇江高等教育学院从教，1994 年在中国金融学院从教，2000 年至今在对外经济贸易大学国际商学院从教。现任会计系教授、博士生导师、会计系主任，曾任中国金融会计学会第 4 届理事会常务理事，中国会计学会财务成本分会第 6 届、第 7 届理事会理事，《财务研究》2015—2018 年度学术委员会委员、首批特约匿名审稿人。2015 年被聘为北京市第一届管理会计咨询专家，多年从事本科生的成本与管理会计等课程的研究和教学，形成了会计与管理和战略贯通的教学风格。出版教材《现代管理会计》《管理会计》《企业成本理论与方法研究》等。

吴革多年来从事会计本科成本与管理会计课程的讲授，教学效果良好。他围绕会计本科生学术创新能力培育、专业应用能力发展、职业素质养成三个发展目标，形成以下教学特点：第一，理论性与应用性并重。第二，课堂讲授与案例研讨并重。他在讲解理论的同时，融入大量案例，试图通过案例分析，提高学生对理论的掌握以及分析问题、解决问题的能力。第三，课程教学本土化与国际化相结合。这样更有助于学生对教学内容的理解和吸收，加深对中国现实经济现象的理解，也使学生更多地了解成本与管理会计的前沿，加强创新思维训练，全面提升学生的科研创新能力。

在教学方面，他重视对青年教师的培养，吴革作为指导教师指导青年教师陈德球参加2015年北京高校第9届青年教师基本功比赛，陈德球荣获本届比赛文科组一等奖第一名、最佳教案奖、最佳演示奖、最受学生欢迎奖，吴革也获得2015年北京高校第9届青年教师基本功比赛优秀指导教师奖。被评为北京市1997年度优秀教师、1998年北京市总工会系统爱国立功标兵、2005年北京市教育创新标兵，获2007年北京高校第5届青年教师基本功比赛二等奖。

目前他承担国家级科研项目2项、省部级科研项目1项。作为课题主持人在研2015年北京社科基金研究基地项目“北京上市公司会计国际趋同效果研究”(项目编号：14JDJGB021)；作为分课题负责人在研2014年国家自然科学基金面上项目“董事投票行为研究：影响因素与经济后果”(项目编号：71472042)；作为分课题负责人在研2013年国家社会科学基金重点项目“国家治理、国家审计制度与预防惩治腐败体系创新研究”(项目编号：13AZD002)。他的代表性论文《中国会计制度国际化变迁：路径、特征、困境与创新》获中国会计学会2004年度会计学优秀论文三等奖，《企业财务报表的三层次分析框架》获《财务与会计》杂志2011年度优秀文章评选二等奖，《中国会计准则国际趋同水平研究》被人大报刊复印资料《财务与会计导刊》2014年第1期全文转载。

北京市高等学校教学名师奖获得者

江　春

个人简历

江春，1985 年毕业于对外经济贸易大学英语系，毕业留校任教至今，教龄 32 年。出版专著两部，发表论文 16 篇，主持国家级、省部级、校级项目共 17 项，编写商务英语教材 8 部，翻译著作 4 部。获评 2004 年和 2006 年对外经济贸易大学优秀十佳教师，并获得 2013 年校级教学标兵、2014 年校级师德标兵称号。2007 年她的高级商务英语听说课程获评国家级精品课程，2008 年她的高级商务英语听说课程建设获得北京市优秀教学成果奖二等奖，2009 年《高级商务英语听说》获评北京市精品教材，2014 年高级商务英语听说课程获得国家级精品资源共享课称号，2014 年《高级商务英语教程》获评对外经济贸易大学“十二五”研究生精品教材。江春老师 2015 年获得校级微课创新大赛二等奖。

先进事迹摘录

江春老师 1985 年毕业时，正值改革开放大潮，英语人才奇缺，然而她放弃名企的工作主动要求留校，立下献身教育事业的誓言，在一线从事基础英语教学 32 年。作为商务英语创始人之一，她以四方讲台为支点，以教书育人为快乐，放弃了无数次下海经商或定居海外的机会，始终牢记“不忘初衷，方得始终”的格言，为大学英语教育的创新发展付出了巨大努力。

作为一名军嫂，江老师全力支持爱人在国防军工方面的科研事业。爱人在法国留学六年，她独自一人带着孩子，始终坚守教学岗位，兢兢业业，没有请过一天假。她从大量毕业学生反馈中发现，学生不满足于被动的“聋子哑巴式”英语学习，便一手创建了个性化、主题化、学思结合、以听促说、反转课堂的高级商务英语听说课程，将这门课从校级精品课发展到北京市和国家级精品课程，再到国家级精品资源共享课，可谓十年磨一课。目前该课程在全国 100 多所英语专业院校开设，受到学生的广泛好评，她不仅打造了国家级精品课程，还带出了一个优秀的团队。

她常年坚守基础教学，大量超课时工作。她常感慨人生苦短，人生在世，能专注做好一件事就很好了。为此，江老师心里始终恪守毕业留校时立下的誓言——教书育人，以达到母爱关怀、甘为人梯的境界。她每学期都给学生留下自己的所有联络方式，每星期都为学生留出答疑解惑时间，告诉学生可以随时联络自己，交流心得，诉说苦闷。她是严师，更是慈母，她以母亲的胸怀包容和关心学生。每年她都为学生写推荐信，修改英文简历，利用校友关系为学生提供各种实习和工作机会。她每年还为学校创业大赛、英语风采大赛和国际商务英语谈判精英大赛做评委和辅导教师。她精心辅导本科生和研究生参加科研立项，鼓励他们勇于尝试。到目前为止，江老师教过近万名学生，有不少学生在大型国企和世界五百强走上领导岗位。真可谓，在平凡中见伟大，在母爱中现真情。32 年来江春老师正是以这样的理念坚守着自己平凡的岗位，从事着自己深爱的教育事业，春风化雨，润物无声。

北京市高等学校教学名师奖获得者

李居迁

个人简历

李居迁，1971 年出生，法学博士，中国政法大学教授，国际法学院副院长，国际法研究中心执行主任。兼任中国空间法学会常务理事、北京市国际法学会常务理事、中国国际法学会理事。曾任世界经济论坛空间安全理事会理事(唯一中国专家)。1987—1991 年在西南政法学院学习，取得法学学士学位。1993—1999 年在中国政法大学研究生院学习，先后取得法学硕士学位、法学博士学位。1999 年至今在中国政法大学任教。曾到韩国高丽大学、国立汉城大学访学各一年，讲授中国法律课程(英文)。多次受到联合国邀请，以专家身份参加全球空间安全会议并做大会发言，曾在十多个国家出席国际学术会议并做大会发言。曾获得北京市模拟法庭教学成果奖一等奖、高校青年教师大赛二等奖。

先进事迹摘录

李居迁老师专注于教书育人，潜心教学科研。他开设国际法模拟法庭课程，悉心指导学生参加竞赛，学生多次获得优异成绩。他培养青年教师，推动团队建设。他从教以来即指导本校学生参加各种英文类模拟法庭竞赛，均取得优异成绩；在此基础上，逐步协调、培养青年教师形成梯队，成效显著。他指导校队参加的空间法模拟法庭竞赛，自2010年以来连续六年蝉联全国冠军；2010年指导校队参加杰赛普模拟法庭竞赛，获得全球决赛第13名的好成绩，为2003年中国赛区设置以来中国队的最高名次。

他积极探索，推动多媒体教学手段的应用。他讲授的课程均有内容丰富的多媒体课件，教学效果良好。初任教师时，他敏锐地发现多媒体教学手段的独特作用，于是多次在全校会议上建言，并积极推广多媒体教学手段的应用。在他的推动下，他所在的国际法学院成为学校最早、最多采用多媒体教学手段的学院。

他积极探索新的教学方法，推广纯粹讨论式教学方法。考虑到新一代学生获取信息能力强于辨别信息能力的现状，2013年以来他多次与清华大学、北京师范大学、西南政法大学等高校的教授一起探索纯粹讨论式教学方法，并在本校开设的国际法研讨课、WTO案例课程上应用，效果良好。为进一步推广经验，他于2015年承担了校级教学改革课题“纯粹讨论式教学法的传播应用”。

他适应法学教育新需求，设置、讲授新课程，包括双语课程。考虑到法学本身应用性的特点和今后有效开展国际合作的需要，他在2006年新开发了中英双语WTO案例课程，陆续开设了国际法研讨课、国际法案例研习等课程，并开设全英文讲授的国际法、国际法经典著作、国际贸易法、国际空间法、中国法导论等课程。

他应对国际、国内挑战，及时完成高质量科研成果，潜心科研，出版多部学术著作和教材，在国内外刊物发表多篇中、英文论文。针对中国设置防空识别区后某些国家的指责，2014年他撰写中、英文论文发表在权威期刊《中国法学》上，澄清了其中的关键性理论问题，并为《新华文摘》转载，在国内外均有较大影响。

北京市高等学校教学名师奖获得者

郜丽华

郜丽华，1967 年出生，先后毕业于黑龙江大学经济系、中国政法大学研究生院、中国人民大学经济学院，经济学博士，理论经济学博士后。现为中国政法大学教授、马克思主义学院副院长(主持工作)。主要研究领域为《资本论》与社会主义经济理论、马克思主义经济思想史、西方马克思主义经济学等。主讲马克思主义政治经济学原理、马克思主义基本原理概论、《资本论》与当代。主持和参与多项省部级课题，公开发表核心期刊论文 20 多篇，《新华文摘》、人大报刊复印资料等转载多篇。主要学术兼职包括全国马克思列宁主义经济学说史学会常务理事、北京高教学会马克思主义原理研究会常务理事、首都经济学家论坛秘书长等。

郜丽华在中国政法大学任教以来，一直面向低年级大学生讲授经济学专业基础课和思想政治理论课，同时为硕士研究生讲授马克思主义经典著作选读课，为博士研究生讲授中国马克思主义与当代课。教学效果显著，深受学生喜爱。曾荣获霍英东教育基金会青年教师奖、首都教育先锋教学创新先进个人等奖项。

郜丽华全身心地投入学校发展和建设事业。2000年年初，她作为骨干教师参与经济学本科专业筹建，负责课程设置、教学安排、论文写作等工作。2006年至今，她作为马克思主义学院主管教学副院长和主持全面工作的副院长，在推动思想政治理论课教学内容创新、教学方法和教学手段改革方面，在加强马克思主义理论学科建设、教学科研团队培育以及马克思主义理论学科的学生培养方面付出大量时间和精力。她亲笔起草《中国政法大学思想政治理论课程质量标准》，全面规范中国政法大学的思想政治理论课教学，凸显法科高校思想政治理论课教学的特色与亮点。该标准在全国高校尚属首创，在同行单位引起较大反响和一致好评。

2015年，郜丽华领导的工作团队经过10个多月的艰苦奋战，最终成功获批创办北京高校中国特色社会主义理论研究协同创新中心，她在建设主题的确定、工作思路的凝练、成员单位的构成、论证文本的写作、支撑材料的整理等各项事务上均亲力亲为。该中心以中国政法大学为牵头单位，协同中国社会科学院马克思主义研究院、南开大学、河北大学、北京工商大学等著名高校和科研院所，立足于马克思主义与全面依法治国这一建设领域，利用未来五年的时间，在马克思主义理论教学、科研、学科、人才培养、社会服务等方面进行协同创新。中心获得的经费资助和政策支持是学校工作的重大突破，其未来的发展也将在全校发挥示范和引领作用。

北京市高等学校教学名师奖获得者

梁晓晖

个人简历

梁晓晖，1970 年出生，1995 年到国际关系学院任教至今。清华大学英语语言文学方向博士，现任国际关系学院外语学院英语系教授。中国修辞学会文体学研究会理事，中国英汉语比较研究会认知诗学分会常务理事，全国创新英语大赛总决赛评委，知网期刊《外语学界》编委、2015—2016 年执行主编，北京市教改项目负责人。主要研究方向：认知文体学、英语阅读与写作策略。主讲英语阅读与写作、文体学等课程。从 2000 年起开始研究英语阅读与写作教学方法，提出读写结合的结构式切入点，利用功能语言学理论编写《全新英语读写一体化教程——阅读与写作》获校级教学成果奖一等奖、优秀教学奖。从 2008 年开始以认知语言学改革英语阅读与写作课，利用人类身体经验与头脑概念化方式传授英语读写方法，撰写的《学术英语读写教程》2014 年出版后有近 10 所高校在使用，并得到校内外师生以及国际知名学者的高度赞誉。历年来获得校级优秀教师、科研优秀人才、师德先锋、教学名师等称号，获得主管部门的考核嘉奖以及特级人才奖，她的课程被全校学生推举为“最受全校学生欢迎十门课之一”。

梁晓晖教授任教 20 多年来，勤勤恳恳，锐意进取，以高度的责任感和使命感工作在教学一线，其专业功底扎实，知识渊博，有丰富的教学经验，形成了独特的教学风格，在历年教学评估考核中均获优秀，深受历届学生好评。她巧妙应用新型语言学理论指导课堂教学，采用依据多年科研成果设计的认知型英语阅读与写作教学方法，使学生在有趣的课堂活动中阅读，写作水平迅速提升；且注重启发学生在逻辑思维能力之上建立评判能力，并鼓励学生从大一起就用英语进行实证考察，增强其知识应用能力及社会责任感。

梁晓晖教授具有很高的理论水平和科研工作能力。她公开出版了认知文体学、认知诗学领域的前沿专著，发表学术论文 26 篇、CSSCI 及核心期刊 8 篇，还在国际 SSCI 期刊以及国外大学学报发表了论文。她不仅为研究生，还积极为本科生创造科研机会，指导他们参与各类科研活动，其中有 5 位学生作为第二作者发表了论文。

梁晓晖教授对教育事业有着强烈的事业心和责任感，且有着知识分子强烈的民族使命感。她与时俱进，勇于创新，承担了北京市教改项目“基于认知理论、以‘创新能力’培养为导向的公外英语课程教学模式改革”。新出版的认知型教改教材《学术英语读写教程》更是为英语基础教学的新型教学方法尝试了一条新路，受到校内外师生的热烈欢迎。

梁晓晖教授始终坚持刻苦治学、勤勉育人、淡泊名利的人生理念，深得同事尊重。她将自己 10 余年的教学课件、素材全部无私与其他教师共同分享，促进青年教师成长，而且关心学生的身心健康，担任本科生的生活导师和科研立项指导教师。2016 年英语系教师高票推举她为校“师德先锋”，2013 年她获得国家教育部“特殊人才”奖励。

梁晓晖教授长期以来忘我地工作，在任学校主办的知网期刊《外语学界》第四卷执行主编期间，积极组织向校外专家约稿，还利用休息时间细致修改稿件，并逐一约谈作者，探讨修改方案。

梁晓晖教授始终牢记教师的神圣使命，全身心融入教学、科研，以实际行动诠释教师的责任与奉献。

北京市高等学校教学名师奖获得者

郭伟国

个人简历

郭伟国，中央音乐学院作曲系教授，博士生导师，配器教研室主任，国家新闻出版总署进口音像审查委员会审查专家，国家艺术基金专家委员会评委，AFRAS声响亚洲文化节音乐录音作品评委。先后就读于中央音乐学院，师从我国著名作曲家、音乐教育家杜鸣心先生；就读于西班牙皇家马德里高等音乐学院，师从安东·戈尔西亚·阿布利尔教授。1990年毕业后留校任教从事本科配器教学工作，2001年起担任配器教研室主任至今，负责配器教材编写、翻译、科研及举办学术活动。2009年被评为教授、博士生导师，并担任配器硕博生的主科教学工作。教学之余，他长期应邀与中国交响乐团、爱乐交响乐团、中央电视台、中国唱片社及国内著名的演奏(唱)家合作，创作了大量音乐作品，风格涉猎交响乐、管弦乐、室内乐、轻音乐。

郭伟国教授任教以来多次获得中央音乐学院教书三育人先进个人的称号。

郭伟国教授在配器教学上具有强烈的事业心和责任感。在他执教的班级中，他严谨的治学态度与一丝不苟的工作方式，给学生留下了深刻的印象。他在作曲系年轻一代的教师中始终起着模范带头作用，受到作曲系、指挥系等师生的广泛称赞。

他在教学的同时，持续编写配器课所用的《谱例集》《习题集》，按照弦乐组、木管组、铜管组、打击乐组、小型乐队及大型乐队进行分类。《谱例集》《习题集》按难易程度循序渐进地编排，内容翔实，有效地与他所教授的配器理论课程结合在一起，使历届学生受益匪浅。

郭伟国教授也是作曲系配器教学中率先使用多媒体教学课件的老师。课堂上，他运用先进的作曲软件现场模拟教学内容里需要分解的乐队效果，使配器教学朝着写作与音响效果相统一的方向迈了一大步。为使学生们在配器课上获得更多的感性认识，十几年来他坚持倡导并实施"乐器法"直观教学，这是在学院教学安排之外加课完成的，需要耗费大量的时间与精力。

2007 年他带领配器教研室举办了第一届全国管弦乐配器法研讨会与全国音乐学院学生的配器比赛。在这次比赛中，全国 10 位获奖学生中有 6 位是他的配器专业学生。

2009 年郭伟国教授带领配器教研室将已故戴宏威教授编著的《管弦乐配器法》修订为正式出版物，2013 年《管弦乐配器法》被评为北京市高等教育精品教材。2009 年他参与翻译美国教育理论家、作曲家阿德勒著名的《配器法教程》，2011—2012 年翻译《怎样写打击乐》，2014 年翻译《配器法教程》的《习题集》。

郭伟国教授还被聘为《马思聪全集》的总编辑评委，为《马思聪全集》的协奏曲卷进行校订整理，这套巨著已由中央音乐学院出版社出版。

2004—2009 年他作为国家文化部援助西部专家组的成员，先后赴西藏、新疆、贵州、云南、兰州、青海、内蒙古等地教学近 100 小时。

北京市高等学校教学名师奖获得者

乔晓光

个人简历

乔晓光，1990年中央美术学院民间美术系研究生毕业，获硕士学位，留校任教至今。现任中央美术学院非物质文化遗产研究中心主任、人文学院文化遗产学系副系主任、教授，硕士生导师。兼任教育部艺术教育委员会委员、文化部国家非物质文化遗产评委、中国民间文艺家协会副主席、中国文联全国委员会委员、芬兰《卡莱瓦拉》协会外籍会员。他坚持实践以树立本土文化精神为主旨的教学与研究，探索以人类文化遗产为主题的剪纸艺术创作与国际艺术交流。二十多年来他持续考察黄河流域、长江流域民族民间艺术，关注民间习俗文化和中国乡村社区非物质文化传承现状。在教育领域致力于非物质文化遗产新学科的创建以及民间美术课的普及，主持多项非物质文化遗产相关社会实践项目。

20 世纪 90 年代，中央美术学院的学生毕业后很多都选择出国，而乔晓光选择了留校任教，搞民间文化田野调查。90 年代初，他主动承担带学生下乡调查采风的任务，也开始了他的黄河流域民间艺术考察之旅。连续 11 个春节下乡，让他真切地目睹了黄河沿岸农村的变化。乔晓光坚持向民间艺术学习的教育之路。2002 年 5 月，他在国内率先成立中央美术学院非物质文化遗产研究中心，前身是中央美术民间美术系，其渊源可追溯至 1938 年成立的延安鲁艺，当时的青年木刻艺术家强调文化的人民性，主张向民间学习。

20 世纪末，民间美术事业走向低谷，中央美术学院民间美术系收缩为民间美术研究室，面临着生死的抉择，陷入发展的困境。乔晓光敏锐地捕捉到了时代和社会发展的新机遇，即新世纪初教科文所启动的非物质文化遗产项目，开启了中国民间美术专业的改革与转型之举。“当‘非物质文化遗产’风潮刚刚刮进中国的时候，民俗学界并没有在第一时间做出反应。最早从学术研究的视角切入非物质文化遗产保护运动的，是美术界学者。”乔晓光已经率先发表了《非物质文化遗产与大学教育和民族文化资源整合》《关于农耕文化资源与非物质文化遗产》《关注现实，以无形遗产申报推动本土文化的传承发展》等系列文章。

基于 20 多年的教学、研究与实践的底蕴，同时顺应新的社会发展形势，更好地发挥大学教育在传统文化方面的重要作用，乔晓光在国内高校率先创建并完善以“非物质文化遗产——中国民间文化艺术”研究为主旨的新专业领域，将民间美术作为人类文化遗产正式系统地列入大学艺术教育，主要从事非物质文化遗产方面的普查、抢救、保护、研究、发展规划、人才培养等科研教学及社会实践工作。关注人类文化遗产，关注本民族优秀文化传统的可持续发展价值，关注民间文化遗产保护传承，关注民间社区文化发展创造，关注大学教育在社会转型期对文化与遗产方面的重要作用，探索以“产、官、学、民”的科研理念实现科研社会参与和新型专业人才培养。

北京市高等学校教学名师奖获得者

郝　戎

郝戎，1971 年出生，中央戏剧学院院长助理，教授，博士生导师，中国话剧艺术研究会表演艺术委员会秘书长，中国电视艺术家协会演员工作委员会荣誉理事长，教育部高等学校戏剧与影视学类教学指导委员会委员，北京市戏剧家协会理事，北京市电影家协会理事，北京高校艺术研究会理事，亚洲戏剧教育中心副理事长。郝戎 1995 年毕业于中央戏剧学院表演系，同年留校任教，2003 年获戏剧戏曲学硕士学位，2007 年获得教授职称。曾荣获中国话剧金狮奖、霍英东教育基金青年教师奖、北京市委宣传部“四个一批”人才称号，他导演的电影《太阳的颜色》荣获第 6 届中美电影节最佳公益影片。

教育是一项伟大的事业，它不仅关系到一个国家的繁荣，还关系到整个民族的希望，用自己默默的坚守和付出换得学生的成长和进步是教师最大的快乐，也是郝戎教授二十多年教学生涯最深的体会。“要无愧我心。”这是他常常对自己说的话，他总是拿这句话来鞭策自己，也正因如此，教学中的任何一个细节，他都会一丝不苟地对待。例如每次上课之前，他总会早早来到教室，看看已经熟得不能再熟的讲义。他说，这本看上去破旧的讲义就是他的宝贝。因此，不管是在担任班主任、主讲教师还是担任系主任、院长助理的时候，郝戎教授总是深得学生的喜爱。

“作为一名教师，就是要把让学生进步看得高于一切，这个目标永远不能动摇。”这是郝戎教授在一次会议上对青年教师提出的忠告，他还特意强调：“这句话看起来简单，做起来却实在不易。”与学生一起排练到深夜是经常的事情，对于排练中出现的问题，他总会耐心地给学生讲解，在他的影响下，学生们渐渐明白了作为一个演员究竟应当追求什么。在他培养的学生中，有一批基本功扎实、富有想象力的优秀演员，如章子怡、刘烨、秦海璐、袁泉、陈好、孙红雷、靳东等。

他积极参与社会艺术活动，在社会中普及戏剧教育也一直是他的愿望，目前他承担了一些非戏剧专业领域的指导工作，在他的带动下，系里越来越多的青年教师也开始投身到戏剧普及的社会活动中。

作为一名教师，他能够在自己的讲台上将经验和知识传授给学生，这是一件看似普通但无比神圣的事情。坚持上好每一节课，完成每一次排练，已经成为他的一种习惯。

北京市高等学校教学名师奖获得者

李彦斌

李彦斌，管理学博士，华北电力大学经济与管理学院副院长，教授，博士生导师，电力企业发展研究所所长，主要研究方向为电力企业管理、企业社会责任等。1989—1994 年在吕梁学院物理系任教，主讲电工学、光学等课程。1994—1997 年他在华北电力大学攻读硕士学位。毕业后在华北电力大学任教，主讲管理学、技术经济学、企业管理概论等本科课程，以及现代管理理论、公司治理、电力企业管理等研究生课程。2003 年被评为副教授，2008 年被评为教授，2014 年被聘为博士生导师，指导毕业研究生 70 余人。近三年，他相继获得校教学优秀奖、教学优秀特等奖、校教学名师奖、2 篇全国百篇优秀管理案例等荣誉。2015 年成为第一届中国管理现代化研究会管理案例研究专业委员会委员。

先进事迹摘录

李彦斌教授怀揣“没有什么事业比教书更快乐，没有什么责任比育人更光荣”的工作信念，长期奋战在本科生教学第一线，具有强烈的事业心、责任感，忠诚党的教育事业，更新教育理念，探索育人艺术，致力于学生全面健康成长。他近五年完成的教学工作量是额定工作量的6.87倍。

他积极思考，大胆实践，形成了启发式、讨论式、探究式的管理学教学模式。在管理学教学过程中，他强调人才培养中知识与能力的同步提高，逐步形成了在情境中讨论，在讨论中创新，在创新中提升的课堂教学模式，大大提高了学生的思维能力和创新能力，教学效果得到了学生的充分肯定。

他深入企业，不断创新，开发了原创性、本土化、决策型的管理学教学案例。他遵循管理学教学规律，深入企业实践，致力于开发原创性、本土化的管理案例，所开发案例遵循真实性、启迪性的原则，结合电力特色，凝练出具有我国特色的管理思想和方法，为电力企业管理提供借鉴，得到了专家的高度评价，2013年、2014年连续被评为全国百篇优秀管理案例。

他积极思考，努力探索，撰写了具有创新性、趣味性、实用性的《管理学》本土教材。专著《管理原来如此》一书是他多年教学生涯中一些观点和思想的沉淀，以漫画形式来表达管理学的基本知识与抽象理念，以夸张幽默的情节以及生动可爱的漫画形象营造了一种清新曼妙的氛围，极大地激发了学生的学习兴趣。该书三次再版，深受学生欢迎，于2009年5月获中国电机工程学会优秀科普作品二等奖。

他依托行业，认真思考，完成了多层次、多领域、多专业的教改项目。他立足于创新的培养，积极进行教学研究与改革，完成了北京市教育教学改革立项项目和全国工程硕士教指委教改项目各1项，完成了学校教改项目5项。2013年获得北京市教学成果奖二等奖1项，排名第三。

他立德树人，精益求精，取得了显著的、突出的、满意的教学效果。他注重对学生人格的培养，以自己的表率作用去感染学生、教育学生，培育社会主义核心价值观。同时严格要求自己，精益求精，不断提升教学水平，教学效果突出，近三年学生评价平均优秀率86.14%。2014年获校教学优秀奖，2015年获校教学优秀特等奖、校第3届教学名师奖。

李彦斌教授始终把教学放在首位，责任举过头，学生装在心，求实创新，为人师表，受到师生的广泛好评。

北京市高等学校教学名师奖获得者

童　磊

个人简历

童磊，教授，博士生导师。1986年毕业于中国矿业大学，同年留校任教，1999年调入中国矿业大学(北京)管理学院工作。自2000年先后主讲本科生微观经济学、统计学、西方经济学、企业管理概论等课程，以及研究生风险投资、宏观经济学等课程。兼任中国自然资源学会政策研究专业委员会委员、民建海淀区参政议政委员会委员等。承担北京市优秀人才项目、国家自然科学基金项目、民建中央专题调研课题等研究工作，发表论文30余篇，出版专著1部。曾获煤炭行业教育教学成果奖一等奖、煤炭科学技术奖二等奖、优秀教学质量奖、优秀课程奖、优秀调研成果奖等，2004年被学生评为中国矿业大学(北京)首届“我最喜爱的老师”之一。

先进事迹摘录

童磊教授从教30多年，爱岗敬业，深受学生爱戴。童老师出生于教师家庭，受家庭的影响，热爱教育事业，教学上追求精益求精，无论讲过多少遍的课程，她都要精心准备，力争出彩出新。童老师教书育人，耐心细致，经常利用休息时间为学生答疑解惑。她全身心地投入工作，始终把教学放在第一位，在父亲癌症手术期间，晚上在医院陪护父亲，白天一上讲台就忘了烦恼和疲劳，同事和学生丝毫没有察觉。童老师常说："教师这个职业给了我精神上最大的快乐。"童老师被学生评为首届中国矿业大学(北京)"我最喜爱的老师"之一，三次获得优秀教学质量奖。

童老师一直担任专业基础课微观经济学的主讲老师与课程负责人。经济学通常被称作沉闷的科学、最难学的课程，童老师努力探索先进的教学方式，结合工商管理专业本科生培养要求与特点，精心编制案例，注重启发引导，使学生从传统的被动学习转向主动参与，不仅加深了学生对知识的理解，而且有效地提高了学生分析与解决问题的能力，2009年微观经济学获得优秀课程奖。

在科研方面，童老师主要从事经济学在矿业、安全、技术领域的应用研究，先后完成了北京市优秀人才项目、国家自然科学基金等多项科研课题，多次出席国际学术会议，参加学术交流，发表论文30余篇，出版专著1部，2008年获得中国煤炭工业科技进步二等奖。

作为民主党派成员，童老师工作之余还热心参加民建中央和海淀区社会调研活动，并用自己所学为政府建言献策，服务社会。童老师撰写的报告《高新企业技术创新制约因素的调查与分析》获海淀区优秀调研成果奖一等奖，她在这个报告基础上提炼的政协提案，被评为海淀区政协八届三次会议优秀提案。

科研与社会活动是教学的"源头活水"，童老师将科研成果和社会调研成果不断充实进课堂，知行统一，极大地吸引学生的学习热情和对科研的兴趣，童老师指导大学生进行创新训练，注重学生创新思维与综合素质的培养，团队成员在专业学习、学术研究、学科竞赛、社会实践、深造就业等方面取得了较好的成绩，每届均有她指导的学生在学术期刊上公开发表论文，多人在学科竞赛和创业大赛中获奖，考研与保研比率超过50%。

北京市高等学校教学名师奖获得者

杨胜来

个人简历

杨胜来，1961年出生，博士，教授，博士生导师，国家科学技术奖评审专家，教育部学位评审专家。中国石油大学(北京)油气田开发工程博士后流动站出站留校任教。自1997年以来主讲本科生的油层物理、采气工程等主干课程，出版教材3部(均获北京市高等教育精品教材)，主持并建成北京市高等教育精品课程、国家级精品课程立项、教育部国家级精品资源共享课立项，他所在团队获评北京市优秀教学团队。长期致力于油气渗流理论与应用方向的研究，主持国家自然科学基金、国家“973”项目、国家重大科技专项等课题多项，发表学术论文184篇，三大检索系统收录论文61篇，获授权专利15项(发明5项)，获省部级科技进步奖励4项，获校级教学名师、校优秀教师等称号。

投身教学一线，全面开展教学改革。杨胜来教授已在教学岗位辛勤耕耘 30 余载，自 1997 年起主讲本科生课程油层物理、采气工程，以及研究生课程高等采气工程、高等油层物理，远程教育课程油层物理等。他勤恳敬业，在教学方法、课程建设、教材建设、团队建设、实验室建设等方面进行全方位的改革实践，开发了动画片、网络教学资源，编写出版教材 3 部(均获北京市高等教育精品教材，2 部为国家级规划教材，英文版教材被 Springer 出版社出版，走向世界)，在编的“十二五”国家级规划教材也即将出版。

潜心教学研究，打造精品课程。杨胜来教授在教学上精益求精，不断探索教育教学方法，撰写发表教改论文 4 篇，主持省部级教改及课程建设项目 9 项。他在教学过程中贯彻理论联系实际的理念，注重所教知识的工程应用，积极参与教学实验室建设(通过北京市教委组织的北京高等学校基础课实验室评估)、大庆油田的校外实习基地建设，主持课程建设并获北京市高等教育精品课程、国家级精品课程立项、国家级精品资源共享课立项。

注重团队建设，培养青年教师。作为教学团队负责人，杨胜来教授注重教学团队建设和青年教师的培养，他的团队被北京市教育委员会授予北京高校继续教育优秀教学团队称号，他本人获国际石油工程师学会(SPE)创新教师奖。

尽心教书育人，甘于培养学生。他指导学生 2 次获得全国石油工程设计大赛一等奖，他本人 2 次获评教育部学位与研究生教育发展中心授予的全国石油工程设计大赛优秀指导教师、校级优秀教师、校级教学名师。

杨胜来教授传道解惑，履行了一名教师的职责，将全部的心血奉献给了祖国的石油教育事业。

北京市高等学校教学名师奖获得者

赵秀凤

赵秀凤，1967年出生，博士，教授，中国石油大学(北京)外国语学院院长，教育部学位中心学位论文通讯评议专家，国际文学语言学研究会(PALA)中国区联络人，中国认知诗学研究会副会长，中国文体学研究会常务理事，中国外语界面研究会常务理事，全国创新英语大赛专家委员会副主任。1993年起在中国石油大学(北京)工作至今，主要为英语专业本科生主讲英国文学，为非英语专业本科生主讲大学英语，为硕士研究生主讲认知语言学、语篇分析等课程。出版教材、教参14部，主持省部级项目1项，作为骨干成员参与省部级以上项目2项，主持校级教学改革项目5项，发表教学改革论文10余篇。获省部级教学成果奖1项，获北京市青年骨干教师、校级教学名师称号。科研方面，主要从事文体学、认知诗学和认知语言学等方面的研究工作，主持教育部哲学社会科学基金，参与国家社科基金项目。出版学术专著、编著和译著各1部，发表论文40余篇，其中在外语类核心期刊发表20余篇。

先进事迹摘录

激情投身教学，培养人文情怀。赵秀凤老师自 1993 年任教以来，先后为本科生主讲过综合英语、英国文学史及选读、英国文学(I)(II)、英语文体学等课程，其中综合英语、英国文学等课程被评为校级重点课，语言艺术与审美为新生研讨课。赵秀凤老师多次被学生评为最喜爱和最难忘的教师，近年来，教学效果一直位于全校教师前 15%的优秀行列。

潜心教学研究，教改成果突出。她注重教育教学改革，在教学方法、课程建设、教材建设、团队建设、专业建设等方面进行全方位的改革实践，主持校级教学改革项目 5 项，发表教学改革论文 10 余篇，获省部级教学成果奖 1 项、校级教学成果奖 4 项，其中"依托能源舆情平台、培养特色翻译硕士人才"获第 9 届校级教学成果奖一等奖。

奉献教育管理，打造优秀教学团队。作为以基础课教学为主的外国语学院的院长，她始终把打造教学团队、提高教学质量视为管理工作的重心。她带领教学团队开展教学研讨，不断开拓创新，积极参加各种教学比赛，提升教学水平。近 5 年来，学院有 8 名青年教师被评为青年骨干教师，2 个教学团队获批校级优秀教学团队，先后 10 人次在市级及以上教学比赛中获奖。

注重学术研究，力推学术服务教学。在投身教学和推动教学改革的同时，赵秀凤老师长期致力于认知诗学和文体学方面的研究工作，并将自己的学术研究成果融入日常的教学活动中，赵秀凤老师是认知诗学研究领域的知名学者，担任中国认知诗学研究会副会长。她主持教育部哲学社会科学基金 1 项，参与国家社科基金项目 2 项，出版学术专著、编著和译著各 1 部，发表论文 40 余篇。她通过学术研究以及成果总结，丰富了课堂教学内容，深受学生的欢迎。

教书育人履天职，甘于奉献为学生。赵秀凤老师执教二十余载，以扎实的教学功底、认真的教学态度、充满激情的授课方式赢得了学生的尊敬和喜爱。她在全院推动实施了"宝贝计划"，亲自担任本科生指导教师。"师者，所以传道，授业，解惑也"，赵秀凤老师履行了一名教师的职责，将全部的心血奉献给了外语教育事业。

北京市高等学校教学名师奖获得者

褚宝增

褚宝增，字应去，号燕南幽士，教授，诗人。1965 年出生。曾任中国地质大学(北京)数学教研室主任，现兼任中国诗词创作院常务副院长。1982 年考入南京大学数学系计算数学专业，毕业即被分配到中国地质大学(北京)从事数学与文学的教学及科研工作至今。

褚宝增勇于承担教学任务，践行教书育人职责。由于师资紧缺等原因，数学教研室教师数量基本没有变化，教学任务在全校是最繁重的，近 10 年来褚老师平均承担本科生、研究生课堂教学工作量不低于 400 学时，30 年间他共指导研究生 90 名、已毕业研究生 82 名。褚宝增将加强学生的爱国主义思想、提高学生的认知社会能力、培养学生的逻辑思维习惯与树立学生的健康人格心理有机地融合在教学过程中，践行教师教书育人的职责。

2006—2015 年，他教授的高等数学、数学物理方程、数值分析等课程，评价结果共 20 个学期，参与评价的学生 72596 人次，参与评价的专家 754 人次，40 项评估结果全部优秀，学生评价平均分为 97.00，专家评价平均分为 92.61。在学校共举办的 13 届“我爱我师”十佳优秀教师评选中共荣获了 11 届荣誉，是全校获此荣誉最多的老师(中间主动让出候选人资格 2 次)。

他积极投身教学研究与改革，主持和参与的教改项目 8 项，发表教学法论文 23 篇，出版教材 6 部，出版教学辅导材料 1 部。他积极为新上岗的青年教师上培训课 5 次，曾获校教学成果奖特等奖 1 次、教学成果奖一等奖 1 次、教学一等奖 2 次等。

他努力承担科研项目，主持和参与的科研项目有卫星图像三维处理技术、国内外煤层气勘探开发现状调研、孔店南部地区孔店组沉积体系研究等 10 余项，发表科研论文 18 篇。

他多年来担任校学生辩论、演讲、朗诵、足球比赛的评委和校队的教练，2012 年担任校庆 60 周年晚会主撰稿人，也是 50 周年和 60 周年校庆碑诗文的作者，每年都为新生准备新生寄语。

北京市高等学校教学名师奖获得者

程　捷

程捷，博士，教授，1963 年出生，1987 年开始从事高等教育工作，1997 年被破格晋升为教授，从事第四纪地质学的教学和研究工作。现任中国地质大学(北京)第四纪教研室主任、教育部地理科学类专业教学指导委员会委员、中国第四纪科学研究会理事、中国古脊椎动物学会理事、北京地质学会理事。主讲第四纪地质学与地貌学等 7 门本科生课程、4 门研究生课程，教学评价均为优秀，课程被评为国家级精品视频公开课、国家级精品课程。先后获得北京市教育教学成果奖二等奖、北京市科技进步奖二等奖、国土资源部国土资源科学技术奖二等奖、中国地质大学教育教学成果奖特等奖、“我爱我师”十佳优秀教师称号等。主编了《第四纪地质学与地貌学》，参编了《地球科学概论》等 7 部教材。主持过国家自然科学基金、科技部等部委项目 20 余项，以第一作者出版专著 3 部，发表中、英文学术论文 70 余篇，指导了 15 名本科生、81 名研究生的毕业论文。

他从事高等教育 29 年，工作勤恳认真，开拓进取，圆满完成了各项任务。教学中他始终遵循“传道、授业、解惑”的原则，以自己的经历教育学生明白做人、做事的道理，而不是讲空话、套话、大话。在课上除教授科学知识外，他还不失时机地引导学生树立正确的人生观。在指导本科生的课外科技项目时，他为学生尽可能提供有利条件，激励研究生开拓进取，及时发表科研成果，关心他们的学业、生活，他指导的学生先后获得国家奖学金、优秀毕业论文。学生对他的评价是爱岗敬业、工作认真负责、知识面广、和蔼可亲、幽默风趣、耐心细致。

他亲历教学，改革创新。第一是教学内容，他建立了环境地质学的新教学体系，完善了第四纪地质学与地貌学教学内容；第二是教材建设，他以自己的教学经历和对学科的理解，提出以地质作用一沉积物一地貌为主线的第四纪地质学与地貌学教学体系，在实习教学中新增第四纪地质和地貌的野外工作方法；第三是实验室建设，他提出实验室规划和建设内容，从无到有建起了第四纪地质与环境、光释光年代实验室；第四是多媒体课件的开发，他制作了第四纪地质学与地貌学等 4 门课的多媒体课件，将动画技术引入课件中；第五是学科与专业建设，他新建旅游地学本科专业，拓宽第四纪地质学向地质公园延伸。

他主持国家自然科学基金、科技部、国土资源部等部委项目 20 余项，先后获得北京市科技进步二等奖、国土资源部国土资源科学技术二等奖，以第一作者出版了《周口店新发现的第四纪哺乳动物群及其环境变迁研究》《黄河源区第四纪地质与生态环境》等专著 3 部，将科研成果引入课堂，为本科生、研究生创造更多的科研和学术交流机会。

北京市高等学校教学名师奖获得者

孙宝云

孙宝云，北京电子科技学院教授，北京大学政治学博士。1991 年在内蒙古民族大学任助教，1997 年任讲师，2004 年任副教授。2008 年到北京电子科技学院工作至今，承担 5 门本科课程的教学任务，近三年年均教学达 361 学时，2015 年晋升为教授。曾担任保密管理专业两个班级的班主任 4 年，2011 年，她带的 1043 班被评为北京市“五四红旗团支部”，她本人也被学院评为优秀班主任。孙宝云教授是学院保密管理专业的学科带头人，先后 2 次带领保密管理专业教学团队赴西藏、新疆支教。近年发表保密管理研究论文 27 篇，其中核心期刊 8 篇，有 2 篇被人大复印资料全文转载。兼任中国保密协会专家委员会委员，2013 年被中央保密委员会办公室、国家保密局授予全国保密专业教育优秀教师荣誉称号。

先进事迹摘录

孙宝云教授从教 21 年来，政治立场坚定，以教书育人为己任，全身心投入教学工作。入职学院管理系后，面对师资力量严重不足的现状，她毫无怨言地服从学校安排，先后承担了 5 门本科课程的教学任务。孙宝云教授能够根据学生的个体特点因材施教，积极探索适合学生的人才培养模式，包括小视频案例分析法、学生小组课堂宣讲、鼓励学生开展与教学内容相关的科研活动等，有效激发了学生的学习兴趣，深受学生喜爱。近三年，学生评分平均为 93.8 分(满分 95 分)，在学院名列前茅，她先后两次参加学院组织的教学竞赛活动，均获一等奖。

孙宝云教授教学研究能力很强，尤其是对特色专业的核心课程保密管理概论的研究与拓展，为学科建设和专业发展做出了卓越贡献，她是国家保密局统一规划教材《保密管理概论》的副主编。8 年来，她共发表与教学内容密切相关的论文 27 篇，其中包括核心期刊 8 篇，2 篇被人大复印资料全文转载，在保密管理领域内产生较大影响。2013 年她作为专家参加了国家保密局《国家秘密定密管理暂行规定》《涉密工程审查管理办法》的集中起草修订工作。2012 年，她主持的保密管理研究项目获得国家社科基金立项，是学院获得的首个国家级人文社科项目，她还主持 2 项国家保密局的保密科研课题。

孙宝云教授是学院保密管理专业的学术带头人，带领 3 位年轻教师组成了保密管理教学团队，并在 2013 年、2014 年先后到新疆石河子大学和西藏大学支教，为两所学校定向培养的机要班学生授课。西藏大学还派青年教师裴春宝到学院进修一个学期，专门旁听她的保密管理概论课程。

孙宝云教授是保密管理专业 1043 班班主任，4 年中她始终坚持带领学生开展读书及科研活动，有 6 名学生在毕业前发表研究论文 3 篇，《保密工作》杂志对 1043 班的读书活动做过专门报道。2011 年，1043 班获得北京市“五四红旗团支部”称号，孙宝云老师也被学院评为优秀班主任。

北京市高等学校教学名师奖获得者

曹庆华

个人简历

曹庆华，教授，1969 年出生，1994 年毕业于北京航空航天大学自动控制系，获硕士学位，同年留校任教，1998—2013 年任计算机学院教学实验中心主任，2010 年起兼任沙河信息平台主任，2013 年至今任教务处副处长兼沙河教务部部长，获国家级教学成果奖一等奖 1 项、二等奖 2 项。先后讲授计算机控制、数字系统自动化设计、计算机操作基础、计算机网络实验等课程，现为北京航空航天大学精品课大学计算机基础的课程负责人。兼任教育部国家级实验教学示范中心联席会计算机学科组副组长、北京市卓越工程师培养计划高校联盟秘书长、H3C 网络学院北京市理事会理事长、北京市教育学会实验教学研究会委员。

先进事迹摘录

在教学过程中，他注重研究教学规律，总结教学经验，实施教学改革，提升教学效果。2004 年以来，他先后获得国家级教学成果奖一等奖 1 项、二等奖 2 项，北京市教学成果奖一等奖 3 项、二等奖 2 项，获批首个计算机学科国家级实验教学示范中心、首批国家级虚拟仿真实验教学中心，入选国家级教学团队，出版教材 6 部。其中“研究型学院人才培养模式与体系的研究和实践”获得 2005 年国家教学成果奖一等奖，“先进计算机网络技术实验基地建设”获得 2005 年国家教学成果奖二等奖，“计算机系统核心课程群及其实验体系的研究与实践”获得 2014 年国家教学成果奖二等奖。

在主持计算机学院实验教学中心工作期间，他着力加强以计算机组成、操作系统、编译和程序设计为核心的计算机系统能力培养体系建设，构建计算机系统实践体系与环境，并在全国高校推广；将行业先进技术、标准、规范与人才培养目标结合，建立先进计算机网络实验室，出版该方向教材 3 部，为全国 30 多所高校采用，培训教师 400 多人，形成校企共建可持续发展教学实验室全国性范例。

在主持本科实验教学工作期间，他提出课程全生命周期管理理念，覆盖课程设计、申报与评审、选排课、上课、质量评价以及下课全流程，主持研发课程全生命周期管理信息化支撑环境，以过程管理和优胜劣汰机制持续推进课程质量提升。他加强实验环境和资源共享建设，构建云实验中心，推进虚实结合实验建设，航空科学与技术虚拟仿真实验教学中心入选首批国家虚拟仿真实验教学中心。

在大学计算机基础课程改革中，他构建以计算思维为核心的教学内容，深入探索研究型教学模式的开展，逐步形成趣味案例牵引、层次递进深化、理论实验结合、过程成绩评估的教学模式，他的团队出版教材 5 部，获批教育部 2015 年教改项目，大学计算机基础成为校研究型教学示范课。2015 年他先后应邀在全国大学计算机基础课程论坛、广西计算机教学指导委员会会议上做“计算思维思想在课程教学中的思考与实践”主题报告，得到同行的好评。

北京市高等学校教学名师奖获得者

杨　超

杨超，教授，1966 年出生，入选教育部新世纪优秀人才支持计划，1996 年留校后长期负责和主讲航空航天概论本科课程，该课已成为国家级精品课、视频公开课、资源共享课、中国大学 MOOC，课堂和网上教学资源被大量推广应用，他连续 4 年被北京航空航天大学本科生评为“我爱我师十佳教师”，并获得终身成就奖。兼任教育部航空航天教指委委员、北京市学科评议组成员、中国力学学会理事/流固耦合委员会主任、中国空气动力学会空气弹性委员会副主任、中国航空学会浮空器分会委员会副主任/飞机总体分委员会委员、《航空学报》《空气动力学学报》《气体物理》编委。承担 100 多项科研课题，发表 SCI 收录论文 37 篇(Q1 区 8 篇)，获得省部级科技成果奖二等奖 3 项。

先进事迹摘录

1996年流行出国和下海，但杨超怀着对航空航天的热爱留校工作。他从老一辈教师身上感受到教育事业的神圣与光荣，一直从事本科生和研究生的课堂教学。他忠诚教育事业，做学生的朋友，锐意进行教学改革和科研创新。

航空航天概论(简称"航概")是北京航空航天大学3500多名一年级本科生的公共基础课(必修课)，也是北京航空航天大学"爱航空、爱航天、爱北航、爱祖国"正面教育的课堂。传统的"粉笔＋黑板"的教学模式效率低，信息量少，学生容易失去兴趣。杨超作为"航概"负责人和主讲教师，调动跨学院、跨系的教学资源以及课程组10多位主讲教师和30多位现场课老师的积极性，及时更新教学内容，采取了大信息量的多媒体形象化教学、注重时效的课上、课下相结合的双渠道网络教学、大比例现场教学、多方位立体化教学保障体系等多项改革，指导和帮助中青年教师不断提高教学水平，形成了结构合理的教学梯队，取得了突出的教学效果。"航概"先后被评为校精品课、北京市精品课和国家精品课，并升级改造成国家级精品视频公开课、国家级精品资源共享课、中国大学MOOC。

杨超教授2012年获得北京市师德先进个人称号和北京市优秀教育教学成果奖二等奖(排名第一)，连续4年被本科生评为北京航空航天大学"我爱我师十佳教师"，并获得终身成就奖。在网易公开课和教育部爱课程网"2013我最喜爱的中国大学视频公开课评选"中，"航概"被网民评为工程技术类最具人气的课程(第一名)，目前有29546人次观看。2015年上线的"航概"中国大学MOOC共进行了3次授课，人数达16000多人。他编写的本科教材被评为普通高等教育"十一五"国家级规划教材、北京高等教育精品教材。

他主持"863"项目、预研、自然科学基金和型号课题100多项，研究成果已成功用于近40个飞机和导弹型号，发表学术论文120余篇，其中SCI收录37篇，包括国际著名的航空航天学术期刊等，获得国家授权发明专利15项，获得部级科技成果奖二等奖3项、三等奖3项，其中他本人主持3项。

北京市高等学校教学名师奖获得者

王之栎

个人简历

王之栎，1983 年毕业于北京航空航天大学留校任教至今，历任机械设计教研室主任助理、主任、机械设计系教学主任等职，2002 年晋升为教授。现任北京高等教育学会机械设计分会副理事长、中国航空航天工业集团动力传动重点实验室学术委员、特聘教授、中国机械工程教育协会机械设计制造分会委员等职。长期负责机械设计系列课程建设和教改研究，工作踏实敬业，积极进取，富有创新精神。在机械设计(系列)课程建设、教材建设和教师队伍建设中成绩突出，为建设高质量的机械设计课程体系做出贡献。在科学研究方面，专长于特殊环境下机械系统设计及高速动密封技术研究，多次解决相关产品中的关键技术问题，成绩突出。

先进事迹摘录

王之栎工作敬业，踏实进取，取得的教改成果为国内同行认可，尤其是在机械设计课程质量建设上成绩突出。

他主持机械设计课程建设，以“一条主线，两个突出”为主旨，即以“设计”理论与实践教学环节的融合为主线，突出“工程设计理念与思维方式”和“发现—分析—解决问题能力”两个培养重点。围绕“设计”主线，加强基础和综合创新能力培养，以设计方法主导重组内容，突出工程思维，强化能力与素质培养。引领课程建设，取得教改成果。机械设计课程获北京航空航天大学优质课程、精品课程、北京市精品课程称号。

他提出“以设计为主线”的机械设计系列课程建设思路，以国家教委教改项目为依托，围绕综合设计能力培养建设课程。完成了课程设计任务选题多样化、设计方法手段多样化、自主完成设计方案和综合评价的教改实践，建立了课程运行及成绩评定体系，为提高机械设计(系列)课程教学质量打下基础，教改成果获北京市和国家级教学成果奖。主编北京市精品教材和国家“十一五”规划教材《机械设计综合课程设计》，印数达到 2 万册以上，出版北京市精品教材《机械设计基础》，近年主编的《机械设计》获评北京市精品教材，使教改成果获得推广。

北京航空航天大学机械设计课程教学具有理论与实践过程结合明显、授课面广、受益专业多的特点，受益 10 个学院，每年受益学生 2000 人以上。多年来，他始终把建设一支相对稳定的教学队伍放在工作突出位置，学习继承优良教学经验和传统，秉承言传身教、平等交流、共同提高的理念，带领团队建设优质精品课程。针对新的社会需求、科技发展、教学环境组织改革创新，与年轻教师共同学习研究提高教学水平，逐步形成一支教学骨干带动、相对稳定、多学科人才聚集的教师队伍，为高质量教学提供了保证。

北京市高等学校教学名师奖获得者

郝　群

郝群，1968年出生，1993年进入清华大学攻读博士学位，同时受聘助教岗位，1997年毕业到北京理工大学工作至今。1999年晋升为副教授，2003年晋升为教授，同年入选教育部跨世纪优秀人才培养计划，2004年被聘为博士生导师，2014年被聘为特聘教授。历任信息学院副书记、副院长，光电学院副院长、书记、院长。1999—2001年在日本东京大学先端科技研究中心兼任客座研究员，2010—2011年在美国凯斯西储大学兼任讲座教授。兼任工程光学国家级虚拟仿真实验教学中心常务副主任、仿生机器人及系统教育部重点实验室副主任、精密光电测试仪器及技术北京市重点实验室副主任、中国仪器仪表学会理事、中国计量测试学会理事、北京光学学会理事、中国兵工学会光学专委会主任、光电子专委会副主任、*Defence Technology* 杂志副主编。

郝群一直工作在教学科研一线，主讲本科生、硕士生和博士生课程，学生评价均为优良。她着力从事教育教学改革和研究，主持多项教研教改项目，重视高层次创新型人才的培养，提高了光电及仪器类专业人才培养模式的广度和深度，发表教学教研论文 14 篇，参编北京市精品教材 1 部，主编教材 1 部。她注重总结归纳青年学生成长的规律，注重与学生的全面沟通交流，鼓励实践创新，指导学生获得了 2 项国家大学生创新性实验计划项目，以及全国大学生机械创新设计大赛一等奖和北京市二等奖。近年来她在本科教研领域连续获得北京市教育教学成果奖一等奖和二等奖各 1 项、国家教学成果奖二等奖 1 项，在研究生教研领域获得了首届中国学位与研究生教育学会研究生教育成果奖二等奖 1 项，她带领的光学精密仪器课群研究型教学团队被评为北京市三八红旗集体。

近年来她连续主持国防重点重大基础科研项目、国家自然科学基金仪器专项/面上项目、教育部博士点基金项目、总装探索预研项目等。她获授权发明专利 27 项，申请发明专利 12 项，发表 SCI 检索论文 35 篇、EI 检索论文 100 余篇，在国际会议上做特邀报告 10 余次，相关成果获得国防科技奖 2 项、军队科技奖 1 项。在科学研究的过程中她注重挖掘学科专业的深度，并将科研的最新成果及时融入教学中，坚持在科学研究中培养学生的理论分析能力、实践能力及创新性思维，同时利用科研中取得的最新成果更新教学内容，使学生及时了解当今世界最新的科技动态，开拓学术视野。在她作为导师和副导师指导的研究生中，程雪岷的毕业论文获得全国优秀博士学位论文，王祎获得中国优秀理工科学生奖学金。

郝群本人先后获得了北京市优秀教师、北京市教育创新标兵、北京高校优秀共产党员、北京市优秀教学团队、中国兵工学会青年科技奖、全国巾帼建功标兵、全国巾帼文明岗等荣誉称号和奖励。

北京市高等学校教学名师奖获得者

彭熙伟

彭熙伟，博士，自动化北京市实验教学示范中心主任，北京理工大学自动化全英文教学专业、电气工程及其自动化专业责任教授。主讲过流体传动与控制基础、专业导论等 7 门课程，指导学生毕业设计 100 项，培养研究生 37 名。主持流体传动与控制基础北京市精品课程，主编北京市精品教材《流体传动与控制基础》。主持或参加国家级教研教改项目 2 项(其中主持 1 项)、北京市教研教改项目 8 项(其中主持 5 项)、学校教改项目 7 项，以第一作者发表教研教改论文 32 篇。主持或参加国家级、省部级等科研项目 20 余项，申请发明专利 3 项，发表科研学术论文 63 篇。曾获校优秀共产党员、“三育人”先进个人、优秀教职工和 T-more 优秀教师称号，现为中国自动化学会教育工作委员会委员。

锤炼精品教材，打造精品课程。针对流体传动与控制基础课程教学，彭熙伟老师提出专业知识、工程实践、教学适用相融合的教材建设理念，创新编写思路、方法和内容，主编出版了《流体传动与控制基础》北京市精品教材，共印刷 7 次。他与 Parker Hannifin、北京华德液压公司共建国际一流的联合实验室，将科研成果向实验教学内容转化，自制实验教学装置。他通过教材、教学内容、教学方法和手段、实践平台、教学团队等方面的建设，全面提高流体传动与控制基础北京市精品课程建设水平。

全面协同创新，建设名牌专业。彭熙伟老师是自动化学院专业建设的主要成员，他团结专业教学团队，锐意进取，协同创新，全面参与专业培养计划、本科教学质量工程项目申报、实验中心和实习基地建设、本科国际交流项目、青年教师培养等工作，并做出突出贡献。他带领的自动化专业获批教育部、北京市特色专业，他创办了自动化全英文教学专业，电气工程及其自动化专业实施教育部卓越工程师教育培养计划，自动化专业 2014 年通过中国工程教育专业认证(有效期 6 年)，自动化实验教学中心 2016 年获批北京市实验教学示范中心，这些都凝聚了彭熙伟老师的辛勤汗水。

潜心教研教改，推进教学改革。彭熙伟老师瞄准高等教育改革和发展的方向，潜心教研教改，把教研教改项目与专业和实验室建设、教学改革相结合，开展基于项目的设计性、综合性、研究性教学，发挥教改项目在推进教学改革、加强教学建设、提高教学质量上的引领、示范和辐射作用。

坚持一线教学，注重教书育人。彭熙伟老师注重把知识传授、能力培养和素质教育融合在教学过程中，教育学生会做人，同时会做事。他担任本科新生专业导论课程的主讲教师，通过言传身教、正面典型先进事迹摘录，激励学生有抱负、有毅力、有创新精神，教育学生诚实、正直、敬业、有社会责任感和团队精神；他把联系方式向学生公开，以情育人、关爱学生，以言导行、诲人不倦，让每一位学生都得到发展、都能为社会做贡献是他教书育人的指导思想。他所培养的研究生王洪自主创业，为学校捐款 1100 万元。

北京市高等学校教学名师奖获得者

刘　莉

刘莉，教授，博士生导师，飞行器设计与工程专业责任教授。1991 年于北京航空航天大学获得博士学位后进入北京理工大学工作至今，主讲本科生结构力学、绿色能源飞行器总体设计、飞行器结构分析与设计等课程，主编《导弹结构分析与设计》教材，主持承担飞行器设计与工程教育部特色专业、卓越工程师计划、专业综合改革试点等教改项目。2013 年获得第 7 届北京市高等教育教学成果奖一等奖(排名第二)。目前担任全国高等学校航空航天类专业教学指导委员会副主任委员、国家级武器系统虚拟仿真实验教学中心主任、航空航天工程北京实验教学示范中心主任、飞行器动力学与控制等教育部重点实验室学术委员会委员、《航空学报》等期刊编委。

刘莉负责飞行器设计与工程专业建设，主持承担教育部、北京市等多项教学改革项目，修订专业教学计划，形成以五大课群为支撑，强理论、重实践、宽视野、突出特色的专业培养体系。她结合国防特色优势，优化教学内容，开辟实践教学基地，2010 年获批教育部特色专业，2012 年获批教育部首批卓越工程师培养计划实施专业，根据国家“卓越工程师计划”总体部署，探索、建立了卓越工程师教育模式，整合校企、国际合作资源，形成了由企业、海外专家和校内具有工程实践经验的教师组成的培养队伍与国家大学生校外实践教育基地。

她主持飞行器结构设计课群建设，强化科研与教学的有机融合，形成了从基础课到专业课、前后支撑、有机联系的课程体系和教师队伍，取得显著成果：主编兵器“九五”系列教材《导弹结构分析与设计》(获得校级优秀教材)，主编《飞行器结构力学》内部教材；结构力学获批校级精品课程；依托主持建设的国家级虚拟仿真实验中心，她开发了卷弧翼虚拟实验环境，教学效果突出；她培养年轻教师，课群主讲教师贺媛媛、周思达分获教学基本功校级一等奖、三等奖。

她主持申报和建设北京高等学校实验教学示范中心、国家级虚拟仿真实验中心等，搭建了学生创新实践教育平台。平台以“中心”为实体，秉承开放、创新的建设理念，培养了众多强实践、善创新的高水平拔尖人才；面向国家发展需求，她依托科研成果，主持建设了绿色能源飞行器总体设计等创新型课程；指导学生参加创新活动，获得科研类全国航空航天模型锦标赛一等奖等各种奖励 130 余项。

她在多年的教师职业生涯中，践行为人师表、教书育人的核心价值观，以学生收获为最大收获，以学生的成功为最大成功，对学生负责、严格、宽容、关怀，始终致力于为学生提供优秀的课程，培养学生广阔的视野、开放的胸怀，二十多年来，深受学生的爱戴和好评，一批学生已成为航空航天领域的骨干人才。

北京市高等学校教学名师奖获得者

周宜君

个人简历

周宜君，1964 年出生，教授，博士，博士生导师，中央民族大学生命与环境科学学院副院长，教育部生物学科评审专家，国家外专局高端外国专家项目评审专家。自 1988 年到中央民族大学任教以来，一直在教学第一线工作，承担遗传学及实验、微生物学及实验等课程的教学任务。她热爱教学，将学科研究寓于日常教学中，主持和参加省部级教改项目 9 项，发表教改论文近 40 篇，获北京市教学成果奖 1 项、国家民委优秀教学项目 1 项、优秀论文奖 10 项。从事植物抗逆生理与分子生物学研究，主持和参加国家及省部级项目 9 项，发表科研论文 60 余篇。荣获中央民族大学本科教学质量首届“十佳教师”、首都劳动奖章、北京市师德标兵、宝钢教育基金优秀教师等荣誉。

先进事迹摘录

周宜君教授从教 29 年来，怀着对民族高等教育事业的无限热爱，在教书育人的平凡岗位上精心耕耘，以高度的责任感和一丝不苟的工作态度，用一颗爱心演绎着教书育人、为人师表的真谛。

源于立志做一名教师的理想，研究生毕业时，她选择了高校——中央民族大学，从此履行着一名教师的责任——传道、授业、解惑。

周老师热爱教学，在投入中享受，在给予中收获。她积极探索教学改革，不断更新教学内容，将学科发展前沿和最新研究进展融入教学，以激发兴趣、启发思维、培养能力作为自己教学改革的主题，采用启发式、案例式、问题导入式等多种教学方法，注重使学生的“学”和老师的“教”形成共鸣，建立了综合设计性实验教学模式，引导、鼓励和指导学生参与科研训练，充分利用现代教育技术手段。她对教学工作的辛勤付出，换来了学生的尊重和喜爱，学生们说：“周老师经验丰富，将复杂的问题化解为简单的问题，让同学们找到了学习的方法和学习的乐趣。”她指导的学生曾在北京市高校生物学竞赛中获奖。

周老师将培养青年教师作为自己应尽的责任和义务，在课程建设、教学项目和教学比赛等多个层面培养青年教师，鼓励他们积极参加教学研究和教学改革。她培训指导的青年教师在北京市高校青年教师教学比赛中获奖。

1997 年，周老师担任学院副院长，主管本科教学工作。工作中她一直信守并履行着“以身作则，尽职尽责”的准则，为学院发展尽心尽力。学院现有的北京市、国家级实验教学示范中心、北京市校外人才培养基地无不与她的教学管理思路和辛勤付出密切相关。

从事科研不仅可以提高自己，也可以把握科学前沿动态，科研工作中的创新使课程有了新的活力和魅力。近年来，周老师主持和参与国家级和省部级等科研项目 9 项，发表科研论文 60 余篇。

凭借一腔热爱，周老师仍在民族高等教育的漫漫长路上继续前行，在未来的征程中，将继续用爱演绎师者的真谛！

北京市高等学校教学名师奖获得者

毛欣娟

个人简历

毛欣娟，中国人民公安大学侦查学院教授，博士生导师，北京市人民警察学院客座教授，公安部国内安全保卫局特聘教官。任教 30 年来，她一直致力于国内安全保卫学专业领域的教学科研工作，坚持为本科生讲授专业基础和专业课程。先后为国内安全保卫学、侦查学和公安情报学专业学生讲授国内安全保卫学、国内安全保卫专案侦察、国内安全保卫实训和新生研讨课等课程。2003 年获评全国公安系统优秀教师，2012 年被评为校级名师，2014 年被评为学科带头人。2009 年作为专业负责人向教育部成功申报国内安全保卫学本科专业，2015 年作为负责人又成功申报公安部第一批重点专业建设点。

毛欣娟同志自 1989 年毕业留校任教至今，始终致力于国内安全保卫学专业领域的教学科研工作，作风踏实严谨，每年为本科生授课百余学时。由于教学内容涉及维护国家安全与社会政治稳定领域的相关知识与理论，她坚持用正确的观点与方法阐释教学内容，培养学生的忠诚意识和专业能力。工作中她师德高尚，爱岗敬业。2002 年公安部第一批对口支援西藏任务下达后，她克服自身困难，积极主动报名，以援藏期间的出色表现获得了西藏公安厅优秀公务员称号，2003 年获全国公安系统优秀教师称号。

她热爱公安教育事业，关爱学生成长。2003 年 10 月她不幸被查出癌症，为了不影响正常的教学工作，她坚持到年底教学任务完成后才接受治疗，手术后她至今都没有因病请假休息，一直坚持在教学科研一线，为了鼓励学生积极进取，她还会用自身与病魔抗争的过程教育和影响学生。一直以来，她遵循公安高等教育规律和人才成长规律，引导学生养成良好的分析问题和解决问题能力。近年来经她指导，有 3 名学生的科研成果获部级奖项，有 5 名学生获得校级奖项。

由于国内安全保卫学专业的教学内容涉及政治学、民族学、宗教学、法学等多个学科知识，加之现实性又强，为了深入浅出地讲解教学内容，她合理整合多学科知识，利用带学生实习、赴基层调研等机会获取教学素材，不断更新教学内容，并借助案例研讨、参与式教学等形式授课。学生普遍反映她的授课内容新，信息量大，脉络清晰完整。2012 年她负责的国内安全保卫学校级精品课程通过学校验收。

多年来她还承担硕士生、博士生的教学任务。2015 年学术硕士课程国家安全理论专题研究获评学校研究生院精品课建设项目，现已通过验收，课程讲义获得教材出版资助。2016 年，专业硕士国内安全理论研究获评研究生院精品课建设项目。

她主持完成国家级课题 1 项、省部级课题 6 项，现主持在研省部级课题 1 项，发表论文 20 余篇，主编部级教材 1 部。

北京市高等学校教学名师奖获得者

李汉忠

李汉忠，毕业于上海第一医学院，曾赴美国哥伦比亚大学长老会医学中心及康奈尔大学泌尿外科进修(访问学者)。现为北京协和医学院临床学院主任医师、博士生导师、泌尿外科学术带头人、外科学系主任，兼任中华医学会泌尿外科分会常务委员和肿瘤学组副组长、中华医学会北京泌尿外科分会主任委员、北京医师协会泌尿外科分会会长、专家委员会主任委员等，担任《中华泌尿外科杂志》《协和医学杂志》《北京医学》等杂志副主编、编委。在国内外发表专业论文300多篇，其中SCI收录数十篇。曾获得中华医学科技奖、华夏医学奖、全国卫生系统先进工作者、首都十大健康卫士、首都卫生系统先进工作者、中国医师奖和北京协和医学院教学名师奖等奖励和称号，并获得两项国家发明专利。

李汉忠教授在北京协和医学院临床学院长期从事外科临床工作，造诣深厚，被《人民日报》人才版盛赞“手术台上的艺术家”。

李汉忠教授一直奋斗在临床教学的第一线，为人师表、德艺双馨，言传身教、教书育人。在临床教学中，他延续并发展了协和式的医学人才培养模式——临床医生导师制、住院医师带实习医师、见习医师，带组医师培养住院医师，每周一次全科教学大查房，科室教学秘书负责制，鼓励年轻医师走上讲台。他引入“全人教育”的理念，学生不仅要有临床知识和技能，还要有人文素养、沟通能力等多方面知识，采用启发式教学，激发学生的内在潜能和学习热情，培养了大批博士生、医学生和临床医生，很多学生已成长为国内知名的医学栋梁。

作为北京协和医学院外科学系主任，他重建协和外科住院医师培训基地，按照协和的传统和文化，严格要求、精英培训，除本院住院医生外，还接纳部分北京市及深圳市的住院医师，培养和结业了一批又一批的合格住院医师。他们举办每年一届的协和外科学系青年医师论坛、每年一届的协和医学夏令营，通过协和文化展示、青年医师现身说法，鼓励年轻人投身到协和医学事业中来。

作为北京医学会泌尿外科分会主任委员，他率先成立北京医学会泌尿外科分会青年医师委员会，举办每年一届的青年医师论坛，极大地促进了青年医师的成长和发展，为国家医学的未来储备人才。

作为中组部西部之光计划培训导师，三年期间他先后为我国西部地区培养中组部遴选的高级青年学者多批，为祖国西部地区医学发展做出了较大的贡献。

北京市高等学校教学名师奖获得者

武　冬

武冬，博士，博士生导师，教授，日本体育大学访问学者，校创先争优标兵，体育总局“百人计划”培养对象。留校任教 24 年，先后讲授专项训练与理论、武术文化、民族传统体育概论、武术史、太极拳等 17 门课程，新开设了武术学概论、武术健身等 5 门课程，涵盖本科及研究生课程。先后赴美国、日本、意大利、法国、贝宁、挪威等 10 多个国家讲学，曾在中央电视台、北京卫视等讲授武术。被教育部体卫艺司和国家武管中心聘为《全国中小学武术健身操》创编组长、国培教学组长。2006 年获北京市教学基本功二等奖，2012 年获教学成果奖二等奖，获国内外论文一等奖等各种奖项 36 项，完成部委级课题 12 项，在核心期刊发表论文 13 篇，编著教材 24 部。

勤学苦练，不断精进。武冬六岁起随父习武，至今坚持研修武术。自费回太谷，去永年，到天津，拜访传统武术大师，深入学习传统拳种。为了深入研究武术健身机制，他在北京中医药大学进修中医基础等课程。为了探求每个动作的机理，他常常凌晨四五点就开始练功，被同行戏称为“武痴”。为了更好地传承武术，他努力学习教育学、训练学等专业知识，并如饥似渴地利用网课学习，收集传统武术文献资料。

言传身教，教书育人。在照顾瘫痪的父亲时，他克服了种种困难，努力做到忠孝两全。二十多年如一日，不管是严寒酷暑，还是刮风下雨，他早上义务带领学生出早操，手把手教学生，学生们进步明显。他课前多方收集资料，认真研究教法；课中，亲身示范，陪学生摸爬滚打，从攻防、文化等多视角讲解，注意观察每个学生的动作，及时指导；课后反思，总结经验。他要求学生“和我一样认真”，教书与育人并重。教学督导组评价他：“工作十分敬业，教书育人，深受学生们欢迎和喜爱……”

勇于创新，教改有效。在教学课上，他采用“功法＋套路＋技击”三位一体的教学模式，突出核心技术，注重各种技能和武术精神的培养。在训练课上，他以功法代操，突出核心训练理念，采用系列训练方法，探索有效训练手段，注重激发学习热情，实现训练先进性和科学化。在跨专业理论课上，他提出从学生自己专业方向审视武术的学习方法，突破单纯记忆的被动学习。

他获得校教学成果奖一等奖、二等奖 10 项、北京市教学成果奖二等奖 1 项、校教学基本功大赛第一名、北京市教师基本功大赛二等奖。2008 年他主讲的武术获校精品课荣誉称号，2014 年主讲的武术历史与文化被评为国家级精品视频公开课。

勤思善研，笔耕不辍。他完成部委课题 12 项；发表了 28 篇学术论文，其中核心期刊论文 13 篇，多篇获全国及校论文一等奖；出版著作 24 部，其中精品教材 3 部，获山西省第 6 届优秀科普作品二等奖 1 项、校教学成果奖二等奖 1 项；《88 式太极拳教与学》被翻译成日语出版，出版教学光盘 53 个；主创《全国中小学武术健身操》2 套。

北京市高等学校教学名师奖获得者

乔　健

个人简历

乔健，1962 年出生，1984 年毕业于北京师范大学历史系，获历史学学士学位，1989 年获历史学硕士学位。1989 年入中国工运学院工会学系任教，历任社会工作教研室主任、劳动关系和工会学系副系主任，现任中国劳动关系学院劳动关系系主任、副教授，兼任中国人力资源开发研究会劳动关系分会副会长、中国劳动学会学术委员会委员、中国社会学会劳动社会学分会副会长、北京市劳动和社会保障法学会常务理事、台湾学刊《台湾劳动评论》特约编辑。1991 年加入民盟，1998 年加入民建，2002 年加入中国共产党。曾于 2004—2006 年当选为北京市海淀区第 13 届人大代表，现为海淀区第 9 届政协委员。

乔健主要从事劳动关系和工会的教学研究。主讲课程有劳动关系学、劳动政策、劳动心理学、工会组织与工会法、中国职工状况等，每年完成 196 课时的教学工作量。教学成绩卓著，多次被评为学院“十佳教师”，并于 1994 年在学院首届中青年教师教学基本功大赛中荣获一等奖。乔健每年为地市级和县级工会主席班授课，曾被评为学院工会培训部“六佳教师”。2013 年学院招收 MPA 研究生以来，他承担劳动关系学授课任务，还担任本科生(含劳模)导师和硕士生导师。

作为劳动关系系主任，乔健是学院 2005 年成功申办我国首个劳动关系本科专业的主要设计者，也是本专业国家职业标准《劳动关系协调员(试行)》的编制者之一。他主持的劳动关系本科专业于 2008 年获教育部特色专业称号。2009 年他主持的劳动关系协调与发展实验教学中心获北京市实验教学示范中心称号。他也是 2013 年学院成功申办首个硕士点——公共管理(MPA)专业(劳动关系方向)的主要设计者。

乔健在授课和学系管理工作中，均推动人才培养方式的改革创新。如在授课中探索以问题为本、学生主体和案例教学的新方法，在人才培养中强化实践教学体系建设，首创按专业岗位递进的“小学期集中专业实习”，创设低年级学生“品读经典”分享会和高年级学生模拟集体谈判大赛及大学生劳动关系论坛，为学生搭建有特色的成长平台。

作为专职高校劳动关系研究和教育的中国人力资源开发研究会劳动关系分会副会长，乔健在组织年会、培训专业师资和推动开展大学生模拟集体谈判大赛等方面，都是主要的议题发起者、制度设计者和活动倡导者。

乔健近年著述《略论中国特色和谐劳动关系》等论文 60 余篇，包括在 SSCI 学刊发表的论文。他曾承担世界银行、国际劳工组织课题多项，现为国家社科基金重大项目子课题负责人，是《中国社会形势分析与预测》劳动关系专栏撰稿人，多次参加有关劳动立法的专家研讨会和专题调研活动。

北京市高等学校教学名师奖获得者

李　伟

个人简历

李伟，1983 年从北京大学国际政治系国际共运史专业毕业后到中国青年政治学院（中央团校）任教至今，现任中国马克思主义学院执行院长、教授、硕士生导师。先后讲授科学社会主义原理、邓小平理论概论、毛泽东思想和中国特色社会主义理论体系概论等课程。兼任中国国际共运史学会理事、北京高校中国化马克思主义教学研究会理事、共青团中央中国特色社会主义理论体系研究中心办公室主任、特聘专家、团中央党的十八大宣讲团成员、北京市委讲师团成员、中央团校、陕西省团校特聘教授。2001 年被评为团中央、中共中央直属机关优秀党员，2003 年被评为北京市优秀德育工作者，2004 年获团中央系统全国优秀教师称号。

李伟老师从教33年来，在三尺讲台上兢兢业业，努力耕耘。自设立教学评估以来，他的年度评估成绩均为优秀，这对于从事思政课教学的老师来说是非常不容易的。究其原因就在于李老师真切热爱教学工作。数次可以到团中央工作的机会均被他放弃，他把教师看作一项事业，而不是简单地当作一个职业。

李老师常说，每次上课前都会紧张、兴奋，教不好课不是老师不行，而是老师的功夫没有下到。他高度重视教学的所有环节，备课时精心设计内容和形式，多年来养成的习惯是在上课前必须把所有教学内容再作梳理，故其对讲授内容非常熟悉，不仅从不看讲稿，而且总是充满新鲜材料和内容，甚至当天早晨播报的重大事件也常会被运用到教学当中。李老师是有心人，他非常善于积累与教学相关的各种资料，如照片、视频、报纸、街边广告等，并能恰当地把调研、学习、开会甚至旅行过程中的所见所闻运用到教学活动中，这使得他的教学富有鲜活的时代气息，紧密联系社会生活，具有非常好的教学效果。课堂上的李老师总是准备充分，充满激情。他非常善于调动学生的积极性，教学过程中与学生互动频繁，每次课上总有很多学生积极发言。

李老师严格要求自己，从衣着到教态，从时间把控到离开教室时清理好讲台、关灯等都是如此。他总是提早到教室，虽一直住在离校较远的地方，但在几十年的教学活动中他从未迟到。

李老师重视言传身教，教书育人。对于学生不正确的观点，他总是在课后循循善诱，平等交流，以理服人。他对学生充满关爱，对学生的问题有问必答，在考研政治课复习的指导和建议、工作选择、工作岗位信息的提供、疏解学生因家庭变故而出现的情绪波动等方面，只要能给予帮助他从不拒绝。他对学生活动始终给予大力支持，如为学生上党课、团课，多年来一直做学生社团“朝实社”的指导教师，他积极支持社团组织的论坛等活动，不仅亲自审阅活动方案，提出建议，积极参与，而且多次出资帮助。

北京市高等学校教学名师奖获得者

刘明辉

刘明辉，1957 年出生，1982 年获北京师范大学文学学士学位，1997 年获中国政法大学法学硕士学位，2004 年获得瑞典斯德哥尔摩大学法学院进修班结业证书，曾出访德国等国家进行学术交流。现任中华女子学院法学院教授、硕士生导师、学科带头人、科研团队负责人、中国法学会社会法学研究会与劳动法学研究会理事、北京市劳动和社会保障法学会监事、北京市妇女法学会常务理事、北京市道融律师事务所兼职律师。作为全国妇联与全国总工会专家，多次为立法机构提供专家咨询意见。主讲本科生社会性别与法律、研究生女职工权益维护等课程，出版专著 1 部，主编教材 2 部，发表论文 100 余篇，获奖 22 项，在中央电视台、中国教育电视台等多家媒体作嘉宾。

刘明辉热爱学生，忠诚于党的教育事业，任教34年如一日，长期超负荷工作，教学效果很好。作为硕士生导师，她还担任大量本科教学任务，法学院学生对其劳动法的评分高达98.54。她曾讲授全校公共基础课法律基础，学生测评结果平均95.29分。作为学校重大课题负责人，她组织团队开设博雅课8门，独自承担博雅课2门。

她经常出国进行学术交流，曾接受联合国高专办在日内瓦的培训，具有全球视野，能够站在人权保障高度，站在世界学术前沿，承担联合国妇女署和国际劳工组织多项课题，同时完成了教育部课题，目前正在主持国家社科基金课题。

刘明辉是法学院首任"导师制"组长，组织导师帮助学生树立人生目标，点燃理想的火花，端正人生观、世界观和价值观，主动承担对家庭和社会的责任。

在教学过程中，她精心设计每一节课。以学生为主体，以教师为主导。实现了教师角色由"演员"向"编导"的转换。她独创"激发式教学模式"，在传授知识的同时，激发学生的学习兴趣，培养深入思考的习惯，矫正思维方式并且开发学生的潜能。她对工作精益求精，及时更新知识、教学理念和技能，将科研成果及其做兼职律师办案的体验和鲜活的案例带进课堂，授课生动并给学生启迪。她对教学内容烂熟于心，知识面广，反应敏捷且充满激情，善于引导学生积极参与互动，课堂气氛活跃。

刘明辉用激情和责任心引导学生为实现远大目标而全身心地投入课内外学习，用社会热点问题促使学生在课堂上积极参与互动，用激励使学生享受到获得认可的满足感和成功的快乐。师生在教与学中获得一种享受，共同期待下一节课。师生通过微信群和邮箱保持联系，彼此结下永恒的师生缘。

刘明辉曾获得全国妇联优秀共产党员和校级师德先进个人荣誉称号，法学院学生授予其"法学院最具活力的年轻人"称号。在高校任教21年来，她共获奖22项，其中专著《女性劳动和社会保险权利研究》、主编的《社会性别与法律》精品教材、论文《对退休年龄改革方案的性别检视》等成果获得省部级奖励。

北京市高等学校教学名师奖获得者

冯士维

个人简历

冯士维，北京工业大学电子信息与控制工程学院教授，博士生导师，北京市微电子学与固体电子学重点学科责任教授，国家科学技术奖励评审专家，科技部国际合作评审专家，总装备部GaAs微波功率器件重点实验室学术委员。获评北京市优秀青年教师、北京市科技新星、北京市跨世纪优秀人才、北京工业大学优秀教育工作者标兵、国家百千万人才工程人选，享受国务院政府特殊津贴。本科、硕士毕业于吉林大学，博士毕业于北京工业大学，在美国霍华德大学和罗格斯大学做博士后研究。2009年、2013年分获北京市教育教学成果奖一等奖1项(排名第三)、二等奖1项(排名第四)。目前主持国家自然科学基金2项、省部级项目1项及横向研发课题多项。获得省部级科技进步二等奖2项(排名第三和排名第七)、省部级科技进步三等奖2项(排名第二和排名第四)。

冯士维教授热爱教育事业，始终把人才培养作为首要任务。先后主讲本科生课程 6 门、研究生课程 1 门，累计教授本科生达 2200 多人。在教学实践中，他强化以学生为中心的教学理念，以提升学生学习效果为导向，积极引入教学辅助技术，持续改进教学方法提升教学效果；坚持以科研促进教学，以科研实例夯实基础理论的教学教法，为学生提供专业前沿知识和业界最新发展动态，丰富教学内容，激发学生兴趣，强化教学效果。他的教学效果广受好评，在历年学生评教中均被评为优秀。

作为专业教授，他为众多的学生在职业发展、出国深造、求职就业等环节给予辅导和支持；作为主管教学副院长，他负责国家示范中心、国家集成电路人才培养基地、国家示范性学院等教学项目的申报并成功获批，为专业资源建设和提升办学品质做出了贡献。冯士维教授积极开展教育教学的研究与实践，主持北京市重点教育教学研究项目 1 项、电子信息类教指委教育教学研究项目 1 项、北京工业大学教研项目 1 项，出版译著 2 部。

冯士维教授的主要研究方向为新型微电子器件及可靠性、半导体光电子器件。他主持国家自然科学基金 2 项、总装备部预研基金项目、北京市自然科学基金 3 项等科研项目共计 20 余项，他指导的研究生中，有 3 名博士生获国家奖学金，2 名博士生、5 名硕士生获北京工业大学优秀博士/硕士学位论文。

北京市高等学校教学名师奖获得者

范周田

范周田，1963年出生，博士，教授，先后于北京大学、中国科技大学研究生院、清华大学获得理学学士、硕士、博士学位。1987年至今在北京工业大学任教，2000年晋升为教授。历任应用数学、计算数学学科部主任，硕士点责任教授，大学数学教育教学研究中心主任。主要研究智能算法、模糊数学，出版专著一部。以“透彻研究、简单呈现”为基本教学理念，北京市精品课程高等数学负责人(2006年)，主编教材6套，其中2套被评为北京市精品教材，2套被评为“十二五”职业教育国家级规划教材，倡导并主编了二维码形式的移动学习型教材《微积分》和《高等数学教程》(第二版)。兼任中国高等教育学会教育数学专业委员会副秘书长、全国经济数学与管理数学学会常务理事。

范周田用先进的教育教学理论指导教学实践，积极推进高等数学课程的建设与创新。主讲高等数学课程近 30 年，在长期的教学活动中逐步形成了“透彻研究、简单呈现”的教学理念，并以此为指导，对微积分教学内容与教学方法进行积极探索。他通过对微积分内容的研究化解了微积分数学的难点，优化了微积分概念、原理和方法的表述方式。

他与时代同步，把先进的教育技术应用于教学实践。网络与通信技术的迅猛发展对现代教育造成了深刻影响。为了适应这种技术进步，他首先倡导并开发了微积分移动学习型教材。他借助网络技术(二维码、手机 APP)，使得微积分的学习不再局限于传统教材和师生面对面讲授，具备了“无缝学习”的功能。针对微积分的重点、难点、问题背景、典型应用案例等设计了视频、多媒体课件、文档及讨论区等。移动学习型教材《微积分》受到了学生的欢迎，遇到实在做不出来的题，也不用到处找老师了，“扫一扫”在哪儿都能学习。这种新型教材的出版引起了媒体的关注，《京华时报》在《校园打响手机攻防战》一文中，把“学生课堂扫描二维码教材”作为“引导型”进行了报道，《北京工业大学学报》也对此进行了专访。

他注重对青年教师的培养，打造优秀的教学团队。2004 年以来他共指导青年教师 12 名，其中 2 人入选北京市青年拔尖人才计划，1 人入选北京市科技新星人才计划。

他既是学生的良师也是学生的益友。学生的语言习惯、交流方式、兴趣爱好等随时代不断发生改变，贴近这种改变才能更好地和学生交流。他以严谨的态度教学，用朋友的方式与学生相处，2015 年他被北京工业大学全体毕业生评为“我心目中最喜爱的老师”。

北京市高等学校教学名师奖获得者

曲洪权

个人简历

曲洪权，工学博士，毕业于北京航空航天大学信号与信息处理专业。市级实验教学示范中心主任，北方工业大学电子信息学院责任教授。讲授与主持过本科生的电路分析、电路分析提高以及研究生的非线性电路与系统等课程，培养硕士生 30 余名。获得北京市青年教师教学基本功比赛一等奖、最受学生欢迎奖、最佳演示奖、最佳教案奖、省部级教学成果奖一等奖 1 项，被评为北京市精品课程主讲教师、北京市优秀教学团队骨干、北京市师德先进个人，参编北京市精品教材 2 部，参编规划教材 2 部。作为负责人承担了国家自然科学基金项目、北京市自然科学基金项目和北京市自然科学基金重点项目，完成横向科研项目 20 余项。

曲洪权连续 8 年主讲了 A 层的电路分析课程，电路分析课程是学校重点建设的三门校级专业基础课程之一，是学校的分层、分流、分类建设课程。他每堂课都进行随堂录像，课下回放讲课录像，认真总结，加以改进，学习国外名校的公开课程，研究国外著名大学课程的教学内容和教学方法，形成了适合本校学生的电路分析课程的教学风格和特色。他积极探索教学与科研结合的方法，在科研中引入电路分析课程理论，并把这些研究的思想方法反馈到教学中，实现了教学与研究相互交流、相互沟通、相互补充，受到学生的欢迎。

2013 年他获得北京高校第 8 届青年教师教学基本功比赛理工类 B 组一等奖，同时获得最佳演示奖、最佳教案奖、最受学生欢迎奖，2014 年获得北京市师德先进个人、北京市电子竞赛优秀指导教师荣誉称号，2013 年获得北京市高校“创想杯”多媒体课件制作与微课程大赛微课三等奖，2014 年获得北方工业大学教学名师荣誉称号，2013 年获得北方工业大学青年教学骨干教师荣誉称号。2009 年主讲的电子电路实验被评为北京市精品课程，2009 年他所在的电子电路实验教学团队获得北京市优秀教学团队荣誉称号。他多次为全校新入职教师做演示教学，多次为青年教师做关于如何做好课堂教学的专题报告和交流。

他热情投入研究生培养工作，近 3 年来，2 名研究生获评国家奖学金，2 名研究生获评优秀硕士论文，1 名研究生获评北京市优秀论文，1 名研究生获评优秀毕业生，3 名学生获评优秀研究生。2014—2015 年他连续获得北方工业大学优秀硕士论文指导教师称号。他主持了多项国家及北京市科研项目，其中包括国家自然科学基金 1 项、北京市自然科学基金 2 项，发表学术论文 27 篇，已被 SCI 收录 5 篇，授权专利 3 项。

北京市高等学校教学名师奖获得者

祝　钧

祝钧，1966年出生，教授，硕士生导师。北京师范大学硕士毕业，1990年开始从事教学科研工作。主讲有机化学、有机化学实验、高等有机化学、现代基础化学等课程。2003—2004年在加拿大西安大略大学作访问学者，2009年在牛津大学学习。曾任北京工商大学化工学院副院长、教务处副处长，现任北京工商大学理学院党委书记、化学化工实验中心(北京市实验教学示范中心)主任，《中国化妆品》、*Journal of Investigative Cosmetology and Dermatology* 杂志编委。被评为北京市高校优秀青年骨干教师、首都教育系统奥运工作先进工作者，获北京市教育教学成果奖(高等教育)二等奖2项。

祝钧从事一线教学工作 27 年，爱岗敬业，关心学生，积极承担教学任务，每年均给本科生上基础课，主讲过有机化学、物理化学、现代基础化学、元素有机化学、科技英语等课程。他注重理论联系实际，及时更新教学内容，引用先进的教学方法和手段，加大教学信息量。他每次课后均留作业，并全部批改，在下次课前利用 5 分钟讲解作业中存在的主要问题。他亲自指导本科生的有机化学实验、物理化学实验、综合化学实验等，耐心细致地给学生进行课后辅导和考研辅导。他在成功申报北京市高等学校实验教学示范中心过程中做了大量工作，确保了学校实验中心在 2014 年下半年顺利通过验收。

他积极参与教学改革研究，从教以来，作为项目负责人和主要参加人参与的校级以上教改项目 10 余项，涉及有机化学教学改革、四大化学教学体系改革、实验教学体系改革、毕业设计(论文)质量评价体系、人才培养模式改革、学分制改革等内容。作为第一完成人获得校级教学优秀成果奖一等奖 2 项，作为第三、第四完成人获得北京市教育教学成果奖(高等教育)二等奖 2 项。

他积极从事科学研究，承担国家及省部级课题 10 余项，发表文章 40 余篇，近五年到位科研经费 100 余万元，参编出版教材 1 部，主编《化妆品植物学》一书。

北京市高等学校教学名师奖获得者

刘慧荣

个人简历

刘慧荣，1959 年出生，教授，博士生导师。1995 年毕业于山西医科大学，获免疫学硕士学位，同年任职于山西医科大学生理教研室。1999 年获山西医科大学生理学博士学位，2001 年被山西医科大学聘为教授，2002 年被批准为博士生导师。2009 年被首都医科大学聘为生理学与病理生理学系教授。曾任首都医科大学基础医学院主管教学和研究生工作的副院长，现任首都医科大学生理学与病理生理学系主任、代谢紊乱相关心血管疾病北京市重点实验室副主任，兼任山西省免疫学会副理事长、国家科学技术奖评审专家、*Hypertension* 等 7 种 SCI 杂志审稿人。主要研究方向为心血管受体免疫学和衰老心肌损伤与保护机制。发表 SCI 论文 58 篇，参编专著、教材 22 部，获教学类奖励 14 项，获科研类奖励 27 项。

刘慧荣教授自1981年以来，长期耕耘于教学与科研一线，精勤不怠，成绩斐然。

她教学经验丰富，见解开阔。入职以来，她承担大量病理生理学本科与研究生课程，因多年来精心备课、兼收并蓄，已形成既符合现代教学理念又极具个人魅力的教学风格。学生在课堂上总能被她引人入胜的案例吸引，被其严谨的逻辑推理所震撼。为了在更大层面上影响受众，她高度重视教学改革，并积极推广实践，主持了病理生理学和医学生理学网络课程建设及本科生设计性实验考核方法改革等教学项目。她在本科生中推广实践的PBL教学效果显著，组织完成了国家级实验教学示范中心验收，协助学系申报一级博士点，这些举措切实推进了本科生和研究生的教学水平。

作为博士生导师，她对学生的科研实践和论文写作倾注大量心血。如切如磋，如琢如磨，她对每个学生从选题、课题设计到答辩都悉心指导，确保学生科研能力和个人素质均得以最大程度的提升。以得天下英才而育之为至乐，“躬身为桥，直立为梯”是她践行教学育人的基本理念。她重视培养学生实事求是、严谨治学的科学作风以及行事磊落、不怕挫折的生活态度。她善于发现和培养学生身上的闪光点，对学生爱护备至，可谓学生的良师益友。以桃李天下为志，迄今，刘慧荣教授共培养博士生24人、硕士生57人，并组织筹办了2012全国博士生学术分论坛，为学科建设和发展培育出一批富有生机和希望的人才队伍。

博观约取，厚积薄发。她多次荣获省部级教学成果奖、科技进步奖，包括教育部科技成果奖、北京市高等教育成果奖一等奖、山西省高等学校科技进步一等奖等，入选山西省新世纪学术技术带头人。作为课题负责人，她承担课题29项，其中重大研究计划1项、“973”计划前期专项1项、国家自然科学基金面上项目5项、省部级以上科研课题16项。相关成果发表于*Circulation*，*Jacc*等心血管领域知名杂志，共发表论文169篇，其中SCI收录57篇，累计影响因子215.39，单篇被引用最高188次。

北京市高等学校教学名师奖获得者

黄延敏

黄延敏，1973 年出生，首都师范大学马克思主义学院教授，研究生导师，马克思主义学院副院长，中共党史、马克思主义中国化学科带头人，北京高教学会中国近现代史研究会秘书长，国家精品课、教育部视频资源拓展课主讲人。主持国家社科基金项目 1 项、教育部社科项目 1 项、北京市社科项目 8 项。在《中共党史研究》等刊物发表文章 30 余篇，出版《黄土与红旗：延安时期中国共产党与传统文化研究》等专著 3 部。获评 2014 年度全国高校思想政治理论课影响力人物，2014 年入选全国高校优秀中青年思想政治理论课教师择优资助计划和北京市属高校优秀中青年思想政治理论课教师择优资助计划，2011 年入选北京市社科百人工程人才，多次获评首都师范大学优秀主讲教师和首都师范大学“最受学生欢迎的十佳教师”。

初见黄老师，总会让人产生些惧怕情绪，这是因为他在课堂上严肃认真，也因为他在学业、学术上的严厉甚至苛刻。在他修改过的一份研究生论文上看到那密密麻麻的修改符号和几经斟酌的句子、标点符号以及文末的批语，总会令人产生“这个老师好厉害”之感。

跟黄老师打交道的时间多一点，这些微微的惧怕情绪便会烟消云散，取而代之的是一种钦佩和尊敬。跟黄老师交流的时间再多一些，除了钦佩和尊敬的感情之外，还会添上一丝温情和一份欢乐，黄老师对生活的热爱、极富幽默感的谈吐和一针见血的评论，总会让人有豁然开朗之感。面对黄老师时的情绪变化，最终折射出的是黄老师“俯首甘为学子梯”的师心和“言传身教”的育人之行。

“这个政治老师有意思!”

黄老师讲课是带劲儿的，他慷慨激昂，机敏睿智，总会将我们习以为常、司空见惯的偏见拉回到理性和严谨的学术思考上。无论是课前还是课后，黄老师总是给学生很大的交流空间，如课堂上有疑问，学生随时都能提出来讨论，最后他再做详细讲解，而这种讲解则会拓展很多课外知识。大家在黄老师的课堂总是畅所欲言。

“把学生当孩子看的好老师!”

工作中的黄老师是严肃的，而生活中的黄老师则是可爱的。黄老师爱招呼学生去他办公室或家里聊天吃饭，也爱招呼学生一起去爬山远足。跟同学在一起的黄老师是神采飞扬的，也是善于倾听的。无论是学习、工作中遇到的困难，还是个人感情生活中遭遇的困惑，如果去请教黄老师，他总会给予真诚的意见和建议，不拒绝也不敷衍。

“一切为了学生，为了学生一切”的理念在黄老师身上体现得淋漓尽致。他教育学生要恪守学术道德，树立终身学习的理念；教导学生要学会做人，将做人作为前提，做到为人和为学的统一；关心学生的学习、工作和生活，对学生写论文、实习和毕业找工作提供尽可能的帮助和指导。生活中的琐碎点滴勾勒出了一个不一样的黄老师，一个真正把学生当成孩子的好老师!

北京市高等学校教学名师奖获得者

刘丽珍

刘丽珍，1966 年出生，博士，教授，研究生导师，智能应用技术学科带头人，智能科学与技术专业负责人。2003 年博士毕业于北京理工大学，2004 年至今在首都师范大学任教，2008—2009 年赴澳大利亚 UTS 大学作访问学者。中国人工智能学会教育工作委员会副秘书长，北京市人工智能学会理事，北京市中青年骨干教师，中国计算机学会教育专委，中国中文信息学会社会媒体处理专委，国家信息工程教学团队核心成员。自 1986 年起在高校教学一线工作 30 余载，主讲本科专业基础必修课数理逻辑、图论、离散数学。北京市精品课程、北京市教改项目负责人，发表教改论文 10 余篇，荣获 8 项国家级及北京市级教学奖项。长期从事数据挖掘领域的相关研究，承担多项省部级及以上科研项目，在国内外重要学术期刊及会议上发表科研论文 90 余篇。

刘丽珍教授作为学校人才引进的计算机应用技术学科骨干，是一位深受学生尊重和喜爱的优秀教师。多年来，她坚持讲授计算机应用技术的数学基础课，针对工科学生“厚基础、重应用”的特点，摸索出一套独特的教学方法，为学生悉心讲授数理逻辑、图论及离散数学相关理论，将数学教学中的“学、练、考”三个环节拓展成“学、练、考、用”四个环节。她的勤教、善教和乐教促成学生的苦学、活学和乐学。

学生评价道：“讲课风趣，容易理解；老师很负责，带病给我们讲课，很辛苦，好感动；课件活泼，把枯燥的数学做出了动漫感觉；课间喜欢谈人生，好亲切啊；老师讲课声音洪亮，抑扬顿挫；非常有活力的一位老师，相当能带动课堂气氛；思路清晰，学习兴趣十足……”刘老师因严重的椎间盘突出住院治疗，但没有耽误学生一节课，经常是刚拔下输液针头，手背上贴着胶布，就到学校给学生上课。她发自内心地爱教学、爱学生，这位朴实无华的教授正可谓“不计辛勤一砚寒，桃熟流丹，李熟枝残，种花容易树人难”。

学思并重，化繁为简，学以致用。“学而不思则罔，思而不学则殆”的教学观被刘老师运用到教学中。刘老师通过“学思并重”的教学方法，不断启发引导学生主动思考和创新思维。同时，结合深入浅出、化繁为简、化难为易的教学策略，化解学生的畏难情绪，让学生体会到学习的快乐和成就感。刘老师的教学模式激发了学生好学、乐学的积极性，使其感到“学如不及，犹恐失之”。此外，刘老师在教学内容中加入了本领域相关应用实例，一方面让学生加深理解所学理论知识与实际应用的关系；另一方面有意识地培养学生活学活用、解决实际问题的能力，形成学以致用、用以促学、学用相长的良性循环。

钟爱教育事业，只愿桃李芬芳。30 年多来，教学一直是刘老师最开心的工作，育人是她最有成就感的事业。在科研上她不断精进，以科研促教学，提升自己的教学水平。对学生，她任劳任怨地倾囊相授知识，语重心长地教诲学生做人，发自肺腑地赞美学生的进步，用人文情怀关爱学生。如今，刘老师的辛勤耕耘已硕果累累、桃李芬芳，她用实际行动做到了学不厌而教不倦。2011—2013 年刘老师连续三年获评首都师范大学优秀主讲教师，2013 年获评第 4 届师德先进个人，2014 年获评优秀研究生导师。

北京市高等学校教学名师奖获得者

谢海霞

谢海霞，1970 年出生，首都经济贸易大学法学院教授，法学博士。1992 年毕业于中国政法大学法律系，获得法学学士学位，1995 年毕业于中国政法大学研究生院，获得法学硕士学位，2003 年毕业于中国政法大学研究生院，获得法学博士学位。2003—2004 年在英国伦敦政治经济学院作访问学者。中国国际法学会会员、中国法学会会员、北京市国际法学会常务理事、北京市国际经济法学会副会长。自 1995 年 3 月任教以来，她长期从事国际法教学工作，主要讲授国际法学、国际商法、世贸组织法等课程。谢海霞曾获得北京市第 5 届青年教学基本功比赛第一名、最佳教案奖、最佳演示奖，获评北京市优秀教师、北京市中青年骨干教师、北京市教育创新标兵等奖励和称号。

先进事迹摘录

作为一名有 20 年教龄的老师，谢海霞无论是在教学科研上，还是在管理工作中，都以一名共产党员的标准严格要求自己，不断推进学院的教育教学改革创新。

谢海霞老师长期从事国际法教学工作，讲课内容丰富，理论结合实践，充分把握学科的基础理论知识和前沿发展，授课内容信息量大，授课方式灵活，所讲授的课程深受学生好评，多次在学生评教中获奖。她充分利用多媒体教学手段，积极开展案例教学和启发式教学，引导学生自主学习，培养学生综合运用所学知识分析问题、解决问题的能力，并不断拓展学生的国际视野。她率先将竞赛类课程引入国际法教学实践，注重教学的过程管理，让学生从被动的接受者转变为主动的学习者，培育学生的创造性思维。

谢海霞积极开展教学改革，先后主持并参加了多个教学改革项目，发表了多篇教学改革论文，积极探求法学人才培养模式改革的路径和方法，一些项目的改革成果和建议得到了学校采纳，取得了成效。她率先建设了学院的精品课程、双语课程、网络平台课程，并组建了结构合理的教学团队，完成了国际法系列课程的建设。

谢海霞老师自觉遵守教师职业道德规范，以身作则，言传身教，做到了在课堂教学、实习实践、毕业论文等多个环节严格管理，严格要求，严格考核。她用严谨的治学态度和科学的管理经验引导学生、感染学生，使学生受到潜移默化的影响，也正因此，谢海霞被评为校级教学名师、校级师德标兵和三育人标兵。

谢海霞老师积极参加各种学术活动和社会实践活动，先后在《中国法学》《政法论丛》等学术杂志发表论文 30 余篇，其中 3 篇被全文转载，出版著作 2 部，其中 1 部获得国际法学会的奖励，主编了校级精品教材《国际商法》等，主持并参加了国家社科基金课题、教育部人文社会科学课题等多个课题。

谢海霞老师在担任学院党总支书记兼副院长期间，注重师德建设，加强对青年教师的培养，并制定了详细的规划，组建了青年教师协会，制定了青年教师导师制、听课制度等，帮助青年教师发展。

北京市高等学校教学名师奖获得者

蔡秀云

蔡秀云，1961 年出生，首都经济贸易大学财政税务学院教授，博士生导师，博士后合作导师，公共财政研究中心主任。1984 年毕业于复旦大学，获文学学士学位；1997 年毕业于北京经济学院，获经济学硕士学位；2008 年毕业于财政部财政科学研究所，获经济学博士学位。入选北京市跨世纪理论人才百人工程。主要兼职有中国财政学会理事、北京市财政学会理事、北京税收法制建设研究会常务理事、全国农村社区建设专家顾问组专家等。自 1987 年任教以来，蔡秀云教授一直从事高校的教学和科研工作，先后为本科生、硕士研究生、博士研究生、留学生等讲授财政学、西方财政学、国际税收、财税专业英语等课程。蔡秀云教授教学常年超工作量，教学效果好，是受到学生和同行专家普遍好评的优秀专业教师。先后被评为北京市高等学校优秀青年骨干教师、首都经济贸易大学教育创新标兵、三育人先进个人、教学名师、科研标兵和优秀共产党员。

任教以来，蔡秀云教授踏实勤恳，勇于奉献，积极进取，在教学科研工作中成绩突出，获得教师和学生的普遍好评。她在教书育人的实践中充分发挥教师的“传道、授业、解惑”职能，不但是传授知识的“业师”，而且已成为启迪思想的“人师”，在三尺讲台，她总是以财税教学的趣味来吸引学生，感染学生，并能以实事求是和一丝不苟的严谨风格熏陶、带动学生，引导他们力戒浮躁、刻苦钻研；为人方面，她启发学生建立科学世界观，培养积极健康、敢于创新的品质，促进人文精神与科学精神的统一。2010 年以来，蔡秀云教授共为 1040 多名本科生讲授过财政学和国际税收等课程，共计 1361 课时，平均每学期 120 多课时。近 3 年来，为在校硕士研究生、博士生讲授课程共计 321 课时，受到学生的好评。

蔡秀云教授曾为财政税务学院的副院长，除面对自身繁重且责任重大的科研、研究生管理工作外，还勇挑重担，凝聚人心，圆满完成学校交给她的教学、科研等各项任务，团结依靠院领导班子和全体教师实现了获批资产评估专业硕士和税务专业硕士点、校外人才培养就业基地建设等工作，加强实习基地建设和校外导师队伍建设，发挥“以老带新”的作用，帮助青年教师制定适合自己的职业生涯规划，关心他们的教学、科研和生活，尤其是主动为学院青年教师提供申报国家课题等帮助，受到青年教师的好评。

蔡秀云教授坚持以科研促教学，近年来主持完成课题 40 余项，其中省部级课题 10 项，研究成果获得省部级奖励 9 项。主持完成欧盟/联合国开发计划署资助项目《当前政府培育发展科技类社团的促进政策和实践研究》等民政部项目，主持完成北京市“十二五”和“十三五”规划前期研究课题、江西省“十三五”规划前期研究课题、北京城市副中心(通州)公共服务和社会管理改革发展研究等课题，多项研究被写进政府有关政策文件，为政府决策提供了重要支撑。

北京市高等学校教学名师奖获得者

鲍新中

鲍新中，教授，博士，1995 年起在北京科技大学经济管理学院任教，2013 年调入北京联合大学，任会计学科带头人、创新企业财务管理研究中心主任、校级科研创新团队负责人。兼任北京中关村科技园区海淀园管委会专家顾问委员会委员、中关村核心区知识产权服务协作组织专家、《国际会计前沿》杂志编委。曾获校级“我爱我师”毕业生心目中最优秀教师称号以及本科教学优秀奖二等奖、青年教师课堂教学评比二等奖、精品教材一等奖、教育教学成果奖一等奖。主持市级教改课题 1 项，在 SCI、EI 检索国际期刊及国内期刊发表论文近 100 篇，目前主持国家社科基金和北京社科基金重点项目各 1 项，近 5 年主持课题经费超过 260 万元。

鲍新中热爱教育事业，坚决拥护共产党的领导，为人诚恳，教风端正，事业心强，积极进取。作为中国民主建国会会员，他积极参政议政，提案多次被各级政府采纳。

他倾心投入教学，教学质量连续多年测评优秀，曾获多项教学奖励。2012 年开设财务管理校际交流观摩课，多名外校老师慕名前来全程听课。他主持市级教改项目 1 项、校级教改重点项目 1 项，倡导"学—练—赛"相结合的教学模式，结合课程每年主办学生专业技能竞赛 2 项，反响热烈。他指导学生成功申报国家级科技立项 2 项，调研成果被中国民主建国会北京市委员会采纳。他注重科研反哺学生，组建学生研究团队，指导本科学生发表学术论文，认真履行班主任职责，曾获校级优秀班主任称号。

作为学科带头人和科研团队负责人，他秉承"快乐学术、悦享生活"的团队精神，带领团队成员积极开展科研工作。3 年来，鲍新中教授带领的团队成功申报国家级、省部级课题 7 项，高水平学术论文数量增长迅猛。

他指导多名青年教师参加各级各类比赛取得优异成绩，包括全国微课教学比赛国家级二等奖、北京赛区优秀作品奖、北京市三等奖等。近 3 年他所带团队的青年教师获批省部级以上课题 5 项，有 4 位老师成功晋升职称，有 2 位老师顺利完成学业取得博士学位，有 2 位老师考取博士研究生。

他注重与学界、政界、商界的合作以及国际交流的开展，承担了相关部门和企业多项课题研究，相关研究成果被中关村管委会等多家单位采纳。

北京市高等学校教学名师奖获得者

李　伟

李伟，副教授，高级经济师，双师素质教师，北京联合大学应用科技学院经济管理系高职旅游管理专业负责人。从事高等教育、职业教育教学与研究工作15年，主要研究方向为产业经济和职业教育。从教以来，一直致力于一线教学实践和相关研究工作，始终把关爱学生放在首位，主要讲授旅游市场营销实务、导游基础、北京旅游等课程。主持校级科研项目和企业横向课题各1项，主持高职专业核心课程建设项目1项，参与5项省部级以上课题，出版专著1部，主编及副主编高校教材6部，公开发表学术论文40篇。2015年作为团队骨干成员获得北京联合大学教学成果奖一等奖，2012年获得北京联合大学说课比赛(高职组)一等奖。具有多年企业兼职实践经验，受到企业好评。

先进事迹摘录

李伟老师为人师表，教书育人，对教育工作有着高度责任感和使命感。

在学院旅游管理专业建立之初，他作为专业负责人带领团队全身心投入专业建设中，克服了专业起步晚、底子薄的诸多问题，从零开始、从一点一滴做起，踏踏实实搞专业建设。在校企合作、实习条件、教学改革、课程建设、学生就业和教师成长等多方面取得了突破。

一是，努力改善专业实践教学条件。一方面，他积极开展专业调研，从校企合作方面寻找突破口。经过不懈努力，先后与十余家旅游企业单位签订了合作协议，建立了较为稳定的校外实习实训基地和社会实践基地。另一方面，他主持学院旅游综合实训室的建设，引进了一批先进设备和软件，极大地改善了校内实训条件。

二是，积极开展课程建设和教学改革。一方面，他多次邀请企业专家与学院教授团队、专业教师共同研讨人才培养方案并予以优化，重新构建了体现高职特色的专业教学体系。以课程建设推进教学方法改革，重点对旅游市场营销实务、导游综合实训等专业核心课程和实践课程进行打造。另一方面，他带领专业教学团队，以培养学生实践能力的目标为依据，不断将课程内容、教学和考核方法进行优化。在总结前期教学方法改革经验的基础上，他创建了“激活—参与”教学法，取得了很好的教学效果。

三是，下大力气推进学生就业。一方面，他上门拜访旅行社、景区等合作企业，了解用人需求，与可能的就业单位取得联系，争取为学生提供更多的顶岗实习机会。另一方面，他在学生实习期间，与学生实习企业保持经常性的沟通，了解学生实习状况，解决学生的实际困难。经过师生的共同努力，2012 级旅游管理学生就业率和一次签约率均为 100%，而且专业对口率也较高。

四是，带领专业教学团队，积极开展科研与教学研究。在他的团队中多人获得校级以上科研和教研课题，发表了多篇科研和教研论文，出版了《旅游市场营销实务》等多部体现高职特色的教材。他指导学生初次参加北京市高职院校导游服务技能大赛获得了三等奖。

北京市高等学校教学名师奖获得者

安　佳

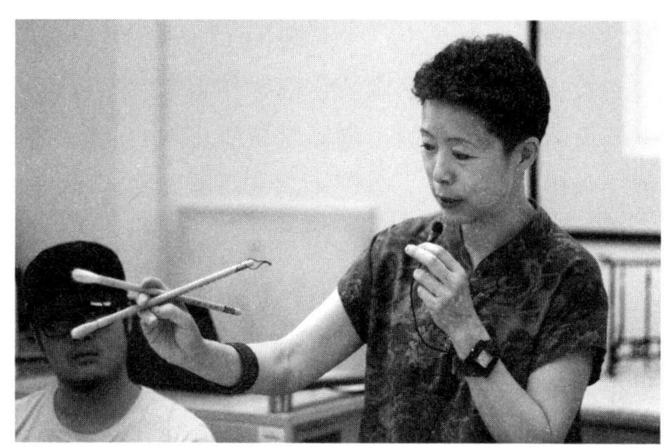

个人简历

安佳，锡伯族，1961年出生，毕业于中央民族大学美术学院中国画专业，获学士、硕士、博士学位。1988年至今，任教于北京服装学院，现为北京服装学院教授、美术学学科带头人、研究生导师。为中国美术家协会会员，北京美术家协会理事、会员资格审查委员会委员，中国工笔画学会常务理事、副秘书长、专家委员会委员，文化部现代工笔画院副院长、秘书长，文化部艺术市场发展中心、艺术品评估委员会委员，中国女画家协会副秘书长。曾获桑麻奖金奖、教学优秀二等奖，获评北京市优秀青年骨干教师、奋进·创新优秀指导教师、学院优秀青年骨干教师等荣誉。发表论文40余篇，出版教材3部、专著(画集、文集)6部。绘画作品多次入选国家级展览并获奖，主持北京市教委社科计划重点项目1项、校级团队教改项目2项。

安佳同志在北京服装学院工作28年来，先后教授素描、色彩归纳写生、工笔人物写生、工笔人物创作、中国工笔画赏析等10余门本科生、硕士生课程。在教师教学质量评价中均被评为优良。

安佳同志作为学院造型系主要创建人，曾任北京服装学院美术系副主任、书记、系主任。在2008年教育部教学评估中，她带领全系教师整理完成全部评估材料，顺利通过了评估专家的考评。作为美术学学科带头人，她协助系领导积极组织美术学学科的教学和科研工作。

安佳同志在教学之余积极进行科研工作。绘画作品入选第8届、第12届全国美术作品展；获第4届、第5届中国少数民族美术作品展优秀奖，首届中国工笔重彩小幅作品艺术展铜奖，全国第5届工笔画大展铜奖，首届中国少数民族美术创作奖暨黄胄美术奖(最高奖)，中日水墨画交流展金奖，韩国济州国际美术交流大展金奖，第4届当代中国工笔画大展入选奖。主持北京市教委社会科学计划重点项目"云南境内三大佛教壁画图像体系比较研究"和北京服装学院美术学科研创新团队、美术专业教学创新能力培养研究与实践等团队科研项目。

安佳同志先后辅导本科、研究生12人次入选中国美协举办的相关专业展览，并有5人获奖。她为人师表、严谨笃学、关爱学生、因材施教，深得师生们的尊敬。

北京市高等学校教学名师奖获得者

李瑞芬

个人简历

李瑞芬，北京农学院经济管理学院教授，硕士生导师，中国农业会计学会理事，中国会计学会理事，北京会计学会理事，中国市场学会理事，北京农经学会理事。自 1991 年参加工作以来一直从事高等教育事业，长期担任会计系主任职务。主要讲授会计学原理、成本会计、会计实务、会计岗前实训等本科生课程。教学工作量饱满，教学效果优秀，教改成果突出，开发了多媒体课件走进会计实务、实训课程会计岗前实训，收效显著，致力于农民合作社、农村集体经济组织财务规范咨询与指导。2015 年荣获北京市农村发展十佳科技工作者称号，主编的《会计学原理》教材在 2011 年获全国高等农林院校优秀教材奖，走进会计实务网络课程获 2008 年北京市高校首届多媒体教育软件大奖赛优秀奖。

李瑞芬教授一直坚守“以德执教、以情执教、以识执教、以严执教”的育人宗旨，曾获得学校育人标兵、三育人先进工作者、优秀党员、三八红旗手称号。会计系曾获得三育人先进集体荣誉。她拓展育人平台，指导大学生参赛、科研项目、社会实践，其中张家森等(百变金刚组合眼镜有限责任公司)获2012年北京市第7届“挑战杯”首都大学生创业计划大赛铜奖；她指导的孔磊等同学于2015年获第11届全国大学生“用友新道杯”沙盘模拟经营大赛北京总决赛一等奖；李晨等同学于2015年获全国高校商业精英挑战赛会计与商业管理案例竞赛三等奖。

李瑞芬教授自1991年参加工作以来，始终坚守在教学第一线。她注重教学研究与建设，成果突出，主持完成8项教改项目，以主要参加人参加市教委项目2项，编写各级规划教材10余部，撰写10多篇教改论文。李瑞芬教授十分注重实训教学的改革和创新，曾带领会计系教师与软件公司合作研发了会计岗前实训课程，曾主持会计学综合实训体系及流程研究等项目，主编高等农林院校“十一五”规划教材《会计学原理实训教程》《会计综合模拟实践教程》，发表《会计实践教学改革研究》等论文。

她主持农业部软课题、北京社科基金等各级科研课题20多项，出版《农村财务理论与实践》等著作5部，编写《农民专业合作社财务》等科普著作5部，在《农业经济问题》《调研世界》《会计之友》《中国农业会计》等杂志发表论文50多篇。多项科研成果被采纳，例如北京市社科基金重点项目研究成果“北京市‘十三五’时期城乡发展一体化规划”。

李瑞芬，2015年荣获北京市农村发展十佳科技工作者称号，2004年荣获中国农学会“青年科技奖”，2014年以来依托承担北京市农委“菜篮子”新型经营主体科技能力提升项目，对接延庆区花果飘香农民合作社，指导其运营、营销策略、产业调整、发展规划，使该合作社年增收20万元以上。

北京市高等学校教学名师奖获得者

范建明

范建明，1978 年毕业于武汉音乐学院作曲系后留校任教，承担视唱练耳基础课教学工作，1989 年调任中国音乐学院作曲系，任视唱练耳专业教师，至今已在高校视唱练耳基础教学一线连续工作 39 年。先后参与和主持视唱练耳分级教学配套教材与多媒体辅助教学系统、中国传统音乐视唱练耳教学研究与实践等多项北京市科研课题。现任中国音乐学院视唱练耳教授、硕士生导师、视唱练耳教研室主任、北京市优秀教学团队——中国音乐学院乐理与视唱练耳教学团队学科带头人。兼任中国视唱练耳乐理学会会长、全国师范院校基本乐科学会会长、教育部全国高师乐理与视唱练耳学术委员会顾问、文化部高级职称评委、北京市高校教师职务专业学术评议委员会评委。

范建明老师高校教学 38 年来，一直坚持在第一线担任本科视唱练耳基础课的教学工作，年年超工作量并始终保持良好的教学效果，受到学生普遍欢迎。他还承担视唱练耳专业的主课教学工作，培养和指导的本科生、研究生以及青年教师多数已成为国内高校视唱练耳教学的骨干教师。

范老师曾连续两次被评为中国音乐学院教书育人先进工作者，并以高票当选中国音乐学院“我爱我师”学生心目中最优秀的老师。

2007 年，范建明老师和许敬行教授一起负责北京市教育改革立项项目：视唱练耳分级制教学配套教材及计算机辅助教学系统课题的研究工作。他提出了视唱练耳教学的分级规范、“主—辅”教学内容的双轨变通、课程结构的螺旋设计以及创新能力的科学评价等一系列改革方案。其教学成果“视唱练耳分级制教学及其教材建设”获中国音乐学院优秀教学成果奖一等奖和北京市优秀教学成果奖二等奖。

近十多年来，范建明老师带领中国音乐学院乐理与视唱练耳教学团队，相继筹办了全国高等艺术院校基本乐科理论与教学专题学术研讨会、全国高等音乐艺术院校视唱练耳分级制及教材建设学术研讨会、教育部高等院校首届基本乐理与视唱练耳课程青年骨干教师高级研修班、全国艺术高校视唱练耳专业本科与研究生教学研讨会、全国艺术高校本科视唱练耳教学交流暨研讨会等多次全国学术会议，展示了音乐基础学科的研究成果，搭建了教学交流的平台，加强了院校之间的合作，收到了很好的学术效果。

近年来，范建明老师带领中国音乐学院乐理与视唱练耳教学团队老、中、青三代同舟共济，努力工作，取得了可喜的成绩：中国音乐学院视唱练耳教研室编写的《视唱练耳分级教程》(一至八级)，被评为北京市高等教育精品教材；中国音乐学院开设的视唱练耳课程被评为北京市高等教育精品课程；中国音乐学院乐理与视唱练耳教学团队被评为北京市优秀教学团队，并由北京市推荐入选国家级教学团队候选名单。

北京市高等学校教学名师奖获得者

马　路

马路，教授，中国戏曲学院舞台美术系副主任，灯光设计专业教研室主任，中国舞台美术学会副秘书长，剧场建筑与舞台技术委员会主任。主编的教材《WYSIWYG 灯光设计师教程》获评教育部国家级“十二五”高等学校规划教材，发表《论计算机辅助设计在教学中的重要作用》《新型戏曲舞美人才培养模式的探索》《戏曲舞美实践教学模式的运行机制研究》等论文。担任教育部项目人才培养模式创新实验区负责人、戏曲舞美实践教学模式的运行机制研究负责人等，讲授舞台灯光设计、灯光技术与实践、剧场与舞台安全技术、设计与辅助设计等课程。他的艺术创作包括京剧·藏戏《文成公主》、山东梆子《山东汉子》《古城女人》、北路梆子《黄河管子声》等，作品多次荣获中宣部“五个一”工程奖、文化部文华单项奖等多个国家级和省部级奖项，获评北京市教育创新标兵。

先进事迹摘录

马路担任中国戏曲学院舞美系灯光设计专业教师以来，多次参与了教学大纲的修订和调整工作，根据国内外专业人才的需求，针对国戏教学特色、教学目的、教学计划等，在课程设计、教学规划等方面做出了贡献。他培养的专业学生得到了国内重要院团等用人单位的一致好评。

他担任舞台美术系副主任以来，主要负责教学管理工作，组织教师在各个专业开展教学改革，多次调整教学大纲、教学进程和课程比例，提高学生的学习热情、创新精神，也扩大了学生的就业面。

他完成了多项教育部、文化部、北京市教委等上级主管单位的多项教研教改项目建设，国家级特色专业建设点、国家级人才培养模式创新试验区建设卓有成效，北京人艺校外人才培养基地也被评为国家级基地。

在国际联合教学探索方面，他与美国宾汉顿大学戏剧系、英国皇家戏剧学院、美国马里兰大学戏剧舞蹈学院、智利杜克天主教大学之间的联合教学都取得了良好的教学研究成效；在师生教学互派互访、国际艺术实践、艺术创作探索等方面取得了一定的成绩。2016 年马路教授应邀赴美国宾汉顿大学戏剧系讲授舞台灯光设计课程，将中国戏曲学院的舞台灯光教学特色与理念介绍到了宾汉顿大学，他的教学和创作得到了宾汉顿大学师生的好评，引起了强烈反响。

他始终坚持以艺术创作支撑艺术教学的时间教学管理思路，引领教师带领学生积极参加社会实践，不断提高艺术创作研究分析等理论结合实践的能力，学院派系统化的艺术创作过程正在各院团之间运用推广。

他兼任中国舞台美术学会剧场建筑与舞台技术委员会主任，完善了中国舞美与剧场专业领域里多项重要技术规范的研究，建立健全了行业领域内专家库的建设，在国内剧场的新改扩建等方面参与论证、设计施工、监理验收等，改善了艺术创作对于基本建设需求的难度，他们在这个新领域内的研究成果正在教学中运行检验。

北京市高等学校教学名师奖获得者

张　辉

个人简历

张辉，1969年出生，教授，硕士生导师，现任北京电影学院表演学院院长、北京市青年联合委员会委员、中国电影艺术家协会会员、中国电视剧导演工作委员会理事、北京城市学院客座教授、华语青年影像论坛年度新锐影人评委会委员等。承担本科生与研究生的多科目的教学任务，先后发表《现代电影表演教学探究》等多篇学术论文，出版了《镜头前的表演教学》等多本专著。主持完成了多个市级科研项目，创作了多部影视、话剧作品，其中电影《衍香》(编剧、导演、演员)荣获第13届精神文明建设“五个一”工程奖、第30届中国电影金鸡奖最佳男配角提名、最佳中小成本故事片提名，电视剧《永不回头》已被作为教育感化服刑人员的教材，话剧《问剑》荣获全国戏剧文化奖原创剧目大奖、编剧金奖、表演金奖等。

张辉老师 1995 年留校任教至今已 23 年，他谦逊儒雅，学识渊博，沉稳厚重。

2012 年上半学期是北京电影学院表演学院 2010 级本科 2 班毕业大戏的排演时间，为了给同学们的大学生活留下浓墨重彩的一笔，作为主任教员的张辉老师在征求全班同学的意见后，决定为班级同学量身打造一台属于这个班级自己的毕业大戏。由于时间紧、任务重，从撰写剧本到角色分配再到排练合成，张辉老师亲力亲为，几乎每天与同学们共同排练至深夜。最终这个班级的毕业大戏受到了学校、社会的一致好评，为学生的大学生活画上了一个圆满的句号。在学生面前，他亦师亦父，始终以他自身的行动感染着身旁的每一个人。在黎莉莉老师诞辰 100 周年的纪念会上，身为表演学院院长且是当天活动主持人的他站在台上看到自己的恩师王淑琰老师走进会场，立即走下台亲自将恩师搀扶至座位，由于恩师年岁已高且腿部有疾，当王淑琰老师站在台上发言腿微微颤抖时，张辉老师立即上台搀扶着恩师直至讲话完毕，此情此景感染着台下的每一位老师及同学。

陶行知先生曾说过："一举一动、一言一行，都要修养到不愧为人师表的地步。"尊师重道，薪火相传，张辉老师自身践行着北京电影学院校训的同时，感染着他的一届又一届学生。

北京市高等学校教学名师奖获得者

万　素

万素，国家一级编导，北京舞蹈学院教授，一位有着自身独特舞蹈体系的舞蹈家。创立了以中国传统文化为源泉及现代意识下的“气韵之舞”，源自其对中国哲学观及“阴阳”学的认知和解读，逐步建立了舞蹈实践与理论的系统化。研究领域主要涉及人体训练、编舞、创作，尤其是对舞蹈特属、身体与心理、创造意识之关系构建“舞性”及舞蹈文化方式的研究。她的作品百余部，应邀为俄罗斯室内芭蕾舞剧院创作现代舞剧《我们从哪里来，我们又到哪里去》，获俄罗斯金小丑奖提名。她是第一位在国外独立做舞剧的中国编导，曾以访问学者身份赴英国访学交流。出版专著《留给时间的舞蹈——生命会怎样起舞》《留给时间的舞蹈——舞蹈编导的学问》，独立完成舞蹈相关课题项目22项，先后在国内核心期刊发表多篇论文，其理论真正从舞蹈实践中来。

万素教授真实做人，勤勤恳恳，热爱艺术，献身舞蹈教学事业，任劳任怨，对教学及学生奉献无悔。

在教学能力和专业能力上她不断研究和深入，发展出自身独特的舞蹈体系，即一套相对完整的教学理论及创作理论，以及教学方法和方式。

她孜孜不倦地学习和研究，多产和具有学术的独特性以及对舞蹈文化的深入性是她教学和研究的长处。她帮助学生和以身作则，树立正能量和真诚的学风，一向以关爱和严格的态度面对问题、解决问题，从不推卸责任，不分时间地为学生服务。

她主张舞蹈艺术的人文性和社会意义，她每年在国家大剧院的舞蹈活动和讲座中备受欢迎，将舞蹈教育及舞蹈的素质功能和人文关怀做到实处，同时在不同院校、团体进行大量的舞蹈文化传播和答疑解惑，成为非常受欢迎的优秀教师。

在国际交流上她也做出了相应的贡献，她的作品继承和宣传中国传统文化，凸显创新意识和中国特色，被世界认识，在授课上她让西方了解东方文化的美学价值。

2006—2015 年她承担科研课题 16 项，其中 1 项为国家课题，15 项为院级科研课题，完成教学实践项目 6 项。北京市教委特色资源库建设项目“舞蹈艺术与人文关系”一期作为首个艺术资源个人库，荣获优秀资源库殊荣。她先后在国内核心期刊发表多篇论文，是一个真正从实践中走出来的“理论家”。出版专著《留给时间的舞蹈——生命会怎样起舞》《留给时间的舞蹈——舞蹈编导的学问》《留给时间的舞蹈——舞蹈训练“身心一元”论》《留给时间的舞蹈——小人物大舞蹈》。

教育和教学就是学习，就是对世界的认识和自身的修炼，这是万素教授的教育观念和教学理念，自身的提高才是教学空间提升的可能和后劲。

北京市高等学校教学名师奖获得者

陈　昕

陈昕，1965年出生，博士，教授，北京信息科技大学计算机学院教授，人事处处长，硕士生导师。社会兼职：中国计算机学会Petri网专业委员会常务委员、中国计算机学会互联网专业委员会委员、国家科技部重大专项评审专家、国家自然科学基金项目评审专家、《工业与信息化教育》编委。1997—1998年在天津商学院计算机信息工程系任教；1998年获天津商学院第2届青年教师教学基本功竞赛理工组二等奖；1998年获天津市高等学校第4届青年教师教学基本功竞赛优秀奖；1999年至今在北京信息科技大学计算机学院(原北京信息工程学院计算机信息系统系、信息管理学院)任讲师、副教授、教授；2000年获北京信息工程学院第3届青年教师教学基本功比赛一等奖；2000年获北京高校第3届青年教师教学基本功比赛B组理科一等奖(第一名)。

陈昕从教以来曾主讲计算机网络和计算机网络安全等 8 门专业基础课和专业课。2000 年以主讲的计算机网络课程参加北京高校第 3 届青年教师教学基本功比赛获得 B 组理科一等奖(第一名)，并成为《北京教工》2000 年第 6 期杂志封面人物。自 2006 年以来，他连续 6 次作为主讲教师为学校青年教师岗前培训班作示范教学观摩。近年来，他先后指导 6 名青年教师参加北京市青年教师教学基本功比赛，分别获得理科组一、二、三等奖。

2009 年他主持的计算机网络课程及其实践环节建设项目获得北京信息科技大学教育教学成果奖一等奖；2009 年参与的数据库系统课程全面建设项目获北京市教育教学成果奖二等奖(排名第二)；2006 年获得北京市属市管高等学校中青年骨干教师称号；2006—2015 年先后 5 次获得校级优秀本科毕业设计(论文)指导教师奖；2011—2015 年，先后 3 次获得校级优秀硕士学位论文指导教师称号。目前，他主持在研北京市教学改革项目面向应用型人才培养的程序设计基础课程过程化教学与考核改革 1 项和北京信息科技大学教学改革重点项目 1 项。近年来，他主持完成北京市面向应用型人才培养的信息安全专业建设与改革等教学改革项目 3 项。在教材建设方面，他主编教材《网络使用技术基础》，参编教材《PKI 技术》等 9 部。

2012 年 1 月以来，他主导并推行计算机学院核心主干课程过程化教学与考核改革，提升了编程类课程的教学质量，学生动手能力和实践能力大为提高，教学效果明显提升，逐步形成了学院的教学特色。教学改革成果已经得到突出体现，2016 届考研录取率在所有学院排名第一。

2005 年以来，他主持和参与纵、横向科研课题 19 项，目前主持在研国家自然科学基金面上项目、“十二五”国家科技支撑计划项目子课题和中航航空电子有限公司预研项目，主持项目总经费 362.9 万元。近年来，他在 GLOBECOM、ICC 等重要国际会议，*The Journal of Supercomputing*，*Chinese Journal of Electronics*，《计算机学报》和《电子学报》等重要期刊发表学术论文 65 篇，其中 SCI、EI 检索 32 篇，出版专著 1 部，并获得软件著作权 11 项。

北京市高等学校教学名师奖获得者

赵记同

赵记同，1968 年出生，美术学硕士研究生，北京城市学院艺术学部教授，中国美术家协会会员。从事美术基础课一线教学与水彩画科研创作，主讲色彩、素描、构成等专业课程。美术作品多次参加国际、国家级和省级美展，并多次获奖，其中国际奖项 3 个、国家级奖项 4 个、省级奖项 3 个；8 件作品参加国际美展、7 件作品参加国家级美展(其中 2 件参加全国美展)、1 件作品参加省级美展；主编教材 1 部，参编教材 1 部；发表学术论文 6 篇；主持市级教改项目 1 个、校级教改项目 1 个，参加市级教改项目 2 个。被评为校优秀教师、师德师风先进个人、优秀党务工作者、优秀共产党员。2016 年 5 月获校师德先锋，并被选送参加北京市师德榜样(先锋)的评选。

先进事迹摘录

三尺讲台，传授专业技能，一支画笔，谱写七彩人生。赵记同教授就是凭着对教育事业的热忱与执着，多年来默默耕耘，不断探索着教书之道、育人之业。

坚持德艺双馨。赵记同教授秉承“德高为师，学高为范”的准则，低调做人，温良恭俭，用自己的品格感染学生；积极进取，不断创新，用自己的行动感召学生。他因材施教，耐心辅导每一位学生，博得学生广泛好评。赵教授一直坚持教学与科研齐头并进，在圆满完成教学任务的同时，积极进行科研创作。他坚持“以教学带科研，以科研促教学”的理念，取得良好的教学效果。他创作的美术作品有20余件参加国内外重要展览，并多次获奖，在业界有一定的知名度，为学校赢得了荣誉。同时，赵教授积极培养和带动青年教师的业务成长，多名青年教师获得学校教学基本功大赛一等奖、三等奖、骨干教师称号等，并在国家中文核心期刊发表学术论文多篇。

追求教改创新。针对艺术学科特点，赵记同教授主张“课堂内外结合”的教学模式，即在传统课堂教师示范辅导、学生练习的基础上，让学生走出课堂，进入美术馆、艺术区、艺术家工作室等参观学习，把课外教学作为课内教学的有益补充，既巩固了课内教学的知识技能，又可以让学生尽快投入到艺术实践中去，极大地激发了学生学习的积极性，开阔了学生视野，提高了学生的审美水平。事实证明，学生对这一教学模式给予了很高的评价，收到了很好的教学效果，2013级学生作品获得第2届北京市大学生人物造型设计大赛二等奖。同时，他积极推进作业考核评价方式改革，即提高平时成绩的比重，降低期末考核成绩的比重，加强平时练习，明显提高了学生的基础水平，为专业学习提供了保障。

秉承真情育人。赵记同教授提倡专业老师不仅要在学习上引领学生，还要在生活中主动关心学生，倾听学生心声。正是这份“育人必怀雨露心”的情怀，使赵老师赢得了学生和班主任的深深信赖，他多次受邀参加学生的主题班会，形成了积极的师生互动关系，对形成良好的班风、学风发挥了重要作用，授课班级多次获得市级、校级荣誉称号。

北京市高等学校教学名师奖获得者

张红琴

个人简历

张红琴，北京青年政治学院管理系教师，会计教研室主任，副教授，会计师。自2001年入职以来，工作认真负责，刻苦钻研业务，关心爱护学生，积极团结协作，受到老师、学生的普遍喜爱。先后承担了会计信息系统应用、会计实务、政府与事业单位会计、基础会计、财务会计、管理会计、会计综合实训等10余门课程的教学。2010年取得了中国商业联合会职业技能竞赛裁判员资格。2012年至今，为20余家单位提供会计咨询及讲座服务，受到企业的一致好评。张红琴老师每年的学生评教均名列前茅，被评为北京青年政治学院优秀教师、优秀共产党员、优秀班主任、优秀教研室主任，入选北京职业院校优秀青年骨干教师。

挚爱教育，倾情奉献。张红琴老师自 2001 年入职以来，时刻以党和国家的需要为导向，服从组织安排，树立全局观念，把握教学内容，热爱教育事业，既教书又育人，全心全意做好本职工作。在日常的教学和学生工作中，她始终满腔热忱地对待学生，关心他们思想上的成长，关心他们学业上的进步，关心他们生活中的烦恼与困难，努力帮助他们成长为健康、快乐、勤奋、有发展的人。她带的 2012 级会计 2 班被评为北京市优秀团支部。从教 15 年来，她针对高职学生学习基础薄弱的状况，因材施教，采用先进教学手段和灵活的教学方法，激发学生的学习兴趣，提高学生的自主学习能力，开发学生潜在能力，取得了良好的教学效果。她在近三年的学院综合评教中成绩优秀，每年都位于全院前 10%，受到督导专家的好评。

教书育人，成果显著。作为教研室主任，她负责编写了 2009 版、2011 版和 2016 版会计专业人才培养方案。2013—2016 年，她连续四年指导学生参加北京市高职院校会计技能大赛，均获得二等奖，多次指导学生获得“用友杯”沙盘模拟经营大赛北京赛区一等奖、全国总决赛一等奖、三等奖。张红琴老师继获得北京青年政治学院第 8 届青年教师教学基本功比赛一等奖后，代表学院参加了第 7 届北京市青年教师教学基本功比赛，获得了文史类 B 组一等奖及优秀教案奖，代表学院参加了北京市属高校创想杯多媒体教育软件大奖赛荣获二等奖，同时，入选北京职业院校优秀青年骨干教师，为学院争得了荣誉。她主讲的会计实务、政府与事业单位会计和会计信息系统应用等课程被评为学院优质课程。

教科研并重，勇于创新。张红琴老师在钻研教学业务的同时不忘研究教学科研工作，主持及参与省部级和市教委科研课题 7 项，主持及参与完成院级科研项目及教育教学改革项目 10 余项，主编、副主编各类教材 7 部，近年来发表学术论文 20 余篇，获得了北京青年政治学院第 5 届优秀科研成果教材类特等奖、第 6 届优秀科研成果奖二等奖、北京青年政治学院教育教学成果奖三等奖。

北京市高等学校教学名师奖获得者

颜九红

个人简历

颜九红，1969 年出生，北京政法职业学院教授，中国民主促进会会员，中国人民政治协商会议北京市大兴区委员会委员，全国高职高专教育法律类专业教学指导委员会法律事务分委员会副主任委员，北京市法学会理事，北京京都律师事务所兼职律师。北京大学法学学士，中国政法大学法学硕士，中国人民大学法学博士。自 1997 年以来在北京政法职业学院任教师已 20 年，任中国人民大学法学硕士、法律硕士、法学博士学位论文及博士后出站报告专家评阅人及答辩委员会委员，在北京政法职业学院、北京市委政法委、中国人民大学主办的国际研讨会上担任英文翻译，曾任学院应用法律系安全保卫专业负责人及刑事执行专业负责人。

颜九红，政治立场坚定，致力于教书育人和教学科研，敬业爱岗，始终站在教学第一线，二十年如一日。在教书育人方面，她奉行有教无类、因材施教的理念，知行合一，为人师表，是学生的严师、慈母、朋友，不断探索新的教学方法，不断提高自身学识水平，授课生动有趣、深入浅出，对待学生耐心坦诚。一学生因小儿麻痹后遗症有目疾和腿疾，颜老师不仅常在课堂上鼓励她勇于提出独到见解，树立其自信心，还利用业余时间与她谈论生活、学习，引导她追求美好生活。她视颜老师胜过亲生母亲，凡事都向颜老师倾诉，征询意见。在颜老师等人的关怀下，该生进步很快，在区残联找到称心工作。颜老师在授课期间发现一名学生不仅学习能力强，写作能力突出，而且计算机运用技术娴熟，就常常与他交流，引导他阅读专业书籍，推荐他到知名律师事务所实习，拓展视野，提高能力。在教学工作上，颜老师勇挑重担、任劳任怨，奋战在学院教学评估和示范校建设第一线，从不退缩。她不顾腰椎间盘突出带来的巨大痛苦，不顾医生必须卧床休息的告诫，带病坚持工作，没有请过一天假，没有落下一节课，在去医院治病的归途中还去看望和勉励在检察院实习的学生，令检察官和学生感动，被评为2014年北京市师德先进个人。

在科研方面，她治学严谨，勤恳耕耘，已发表学术论文90篇，出版专著2部、译著2部，主编著作1部，主持或参加国家、省部级等科研课题30余项。专著《为了弱者的正义——和谐社会构筑中刑事政策的价值取向》由中国政法大学著名教授曹子丹撰写书评予以力荐，还被中国检察出版社推荐申报“三个一百”原创图书出版工程；其主编的《跨文化视域下的刑事法学——约阿西姆·赫尔曼八秩华诞纪念文集》，被北京大学著名教授王世洲誉为“中外法学交流史上的一种首创”。荣任北京市大兴区政协委员后，她积极建言建策，努力践行政治责任，被评为优秀政协委员。她撰写的多篇调研报告被誉为高质量的调研报告，并被列入区政府工作计划予以落实。

北京市高等学校教学名师奖获得者

杨根来

个人简历

杨根来，1964 年出生，1987 至今从事职业教育 29 年。现任北京社会管理职业学院老年福祉学院院长、社会学教授、学术委员会委员、老年服务和管理专业带头人，提出“96654”老年专业人才培养模式。杨根来作为省级优秀教师，兼任全国民政行指委老年专指委秘书长、中国养老产教联盟(养老职教集团)秘书长、中国社会福利和养老服务协会理事、民政部社会福利、中国标准化管理委员会社会服务标委会委员、教育部老年专业教学资源库建设项目主持人之一。主要从事养老专业教育、政策研究、标准开发等，出版养老方面的专著、教材 10 余部、其他教材 10 余部，在省级以上刊物发表学术论文 70 余篇，主持和参与省部级研究课题 10 余项。

杨根来教授以教书育人为己任，爱岗敬业，呕心沥血，全身心地投入教学工作。他提出“96654”人才培养模式：“9”即基于岗位和职业能力分析，提出老年专业课程体系构建的九大能力模块；“6”即基于产、教、社、政、企、行联动，教、研、用、管、育、导一体人才培养模式下的教育和政府、社会、产业、行业、企业六方联动体制；“6”即“教学做合一、理训业一体”“六个结合”教学组织形式；“5”即“五个一”能力教育模式；“4”即将第一、第二(孝爱讲堂)、第三(技能课堂)和第四(网络课堂)等“四个课堂”有效对接、“四课融合”的全程育人模式。

近 10 年来，他讲授民政、养老、殡葬等专业主干课程 5 门，教学效果良好，被河南省人民政府授予省级优秀教师，多次被评为优秀教师、先进个人等。作为教育部老年专业教学资源库建设项目主持人之一，他利用信息技术和现代教育技术，提高教学效率，主持、参与了包括国家职业标准、管理和服务标准在内的 4 个标准开发工作。

作为编委会副主任，他组织、协调了经全国职业教育教材审定委员会审定、“十二五”职业教育国家规划教材老年专业系列教材的编写工作；出版了《养老蓝皮书：中国养老产业和人才发展报告》等专著、教材 10 余部；发表学术论文 70 余篇；主持研究课题 10 余项。

他利用本人在行业领域的影响力和有效的社会资源(行指委、产教联盟、行业协会、标委会等)，坚持开放、特色、创新办学理念，积极开展养老政策研究、职业和标准开发、人员培训等社会服务工作。

他积极面向区域、行业、系统和社区开展培训，10 年来，经过他亲自培养培训的全国民政行业的技能人才达 1.6 万人次，其中 700 名技师、高级技师和 30 余名民政部领军人才、技能大师在行业发展中发挥着重要的作用。

北京市高等学校教学名师奖获得者

刘　琼

个人简历

刘琼，中共党员，讲师，2006 年至今在北京京北职业技术学院任教，主讲幼儿活动设计、健康管理、福利机构经营与管理、公共体育课，从事基础教学工作 10 余年。刘琼同志具有扎实的教学功底，将职业特色与基础课程有机地融入职业教育中，推动了职业院校的教育教学工作，她独特的教学方法深受学生欢迎，多次被评为学院优秀教师、先进工作者。2011 年获得全国高职院校青年教师说课比赛一等奖，2013 年获得北京市青年英才资助项目，并被聘为北京高校青年体育教师协会委员。刘琼同志紧密联系企业、社会，被聘为北京市幸福里养老中心、天通苑国际养老中心培训导师和督导，并为学院社区康复专业联系和建立实习基地 10 余所。

刘琼，现任北京京北职业技术学院体育艺术与健康系社区康复专业教研室主任。她以丰富的理论知识、扎实的教学功底、敢于创新的拼搏精神推动了学院的教育教学工作，多次被评为学院优秀教师、学院骨干教师。

刘琼同志将职业特色融入高等职业院校的教学之中，结合高等职业教育教学的特点和育人的功能，推动职业教育专业人才培养课程体系的完善，2010年参与学院申请设立社区康复专业，制定社区康复专业人才培养方案、实习任务书等工作。在课程建设上拓展适合高等职业院校的教学内容，创新改革高职院校体育教学模式，她所讲授的课程是最受学生欢迎的课程，她的教学过程成为培养学生综合素质的载体，促进了学院的精神文明建设，为高等职业教育人才的培养奠定了良好基础，在培养学生的全面素质过程中发挥了其他学科不可替代的作用。

刘琼同志参与课题立项10余项，发表论文10余篇，出版著作3部，出版物被广泛用于校内外教学和企事业单位的培训，2013年获得北京市青年英才资助项目。

针对目前老龄人口的急剧增加，为了适应当今社会的发展需求，应对老人服务专业人员的匮乏，她创新立项主持了怀柔区康复人才的需求分析的课题调研，同时与多家企业开展人才培养方案的调研，建立了多家实训基地。她积极为企业和社区开展培训，兼任多家企业的培训导师和技术督导，为区域经济的发展做出了贡献。

北京市高等学校教学名师奖获得者

林广梅

林广梅，1964 年出生，教授，法学硕士，1988 年到北京外国语大学任教，1989 年调入河北青年管理干部学院任教，2001 年被评为副教授。2005 年调入北京信息职业技术学院任教，担任教研室主任、学校学术委员会委员、北京市教委讲师团高职院校组教师、北京市人力资源专家库成员、教育部师资培训中心职业院校培训教师，2009 年被评为教授。公开发表论文 50 余篇，担任主编与副主编的学术著作共 7 部。长期承担思想道德修养与法律基础、社交礼仪等课程讲授任务且深受学生欢迎，长期承担石家庄陆军学院、中国戏曲学院、浦发银行、佳丽饭店、北京房地产科研所、中国移动、中国联通、三九集团等单位培训任务，并获得好评。

林广梅老师以高度的热情与责任感教书育人，深入探索高职院校人才培养模式的改革与实践。她主持的思想道德修养与法律基础课程建设突出职业性，强调应用性，讲究实效性，构建了“1133”教学模式，即一个引导、一个依托、三种实践和三种信息化手段运用的教学模式。一个引导是以任务为引导，一个依托是以典型案例为依托，三种实践是以课堂实践、校园实践、校外实践为载体，三种信息化手段是以多媒体、计算机网络、通信网络为手段。该模式适合高职学生的学习特点，学生评价说：“课程不枯燥，能够使我们懂得很多做人做事的道理，老师不仅讲得精彩，趣味横生，而且联系我们的专业实际，增加了我们对人生、社会、责任的认识，我们非常喜欢林老师上课。”

她积极开展结合高职院校实际的科研探索，她主持的北京市教育教学改革立项课题“高职校园文化建设的现状与对策研究”，荣获北京市优秀高等教育成果奖二等奖；主持的北京市教育科学“十二五”规划课题“高职院校学生社会责任感培养模式研究”，荣获北京市高职院校德育工作论坛一等奖；主持的北京市教工委首都大学生思想政治教育招标课题“高职院校思想道德修养与法律基础课程模式研究”，为了适应“互联网＋”时代，由“113”教学模式调整为“1133”教学模式，体现了三种信息化手段在教学中的运用。她的课程改革经验在教育部职业院校师资培训讲座中多次受到同行的好评。同时，她还协助开发多个校外素质教育基地。

她认真帮助年轻教师成长，把自己多年积累的经验毫无保留地传授给他们，如多次进行科研辅导讲座，在课题评审中对教师存在的问题认真指导，在办公室、班车、食堂、楼道经常能够看到她指导年轻教师的身影，如今，她培养的年轻教师已能够主持省部级课题。

她业务精湛，创新能力强，服务意识突出，深受学生的喜爱与尊敬，深受同行的好评与尊重，曾多次获得骨干教师、先进教师、优秀党员、先进班主任、三八红旗奖章等荣誉。

北京市高等学校教学名师奖获得者

王晓杰

个人简历

王晓杰，1975 年出生，1997 年获学士学位，2004 年从武汉工程大学(原武汉化工学院)化工与制药学院获得硕士学位后，就一直在北京电子科技职业学院从事高职教育教学工作，主讲免疫技术、生物药物制剂、生物药物分析等课程。曾担任示范校重点建设专业教研室主任，2010 年被评为副教授，2011 年开始担任生物工程学院生物技术系主任。2004 年至今，王晓杰老师分别应邀挂职于北京四环生物制药有限公司、北京亦庄国际生物医药有限公司、北京市西城区卫生局等企业和单位，至今已有生物行业 3 年以上的工作经历。承担(或参与)近 10 项技术服务项目，被内蒙古锡林郭勒职业学院聘为特聘教授，被北京亦庄国际生物医药有限公司聘为技术顾问，被中国医药教育协会聘为副秘书长。

在教学方面，王晓杰老师主要承担了免疫技术、生物药物分析、生物药物制剂等高职课程的教学工作，这三门课程均为她来校后新建设课程。由于注重提高教学质量，教学成果突出，王晓杰老师先后获评北京市骨干教师，获北京市专业带头人项目资助，被授予院级师德先进个人、学生最喜欢的十佳教师、十佳教学能手、优秀党员、优秀班主任和优秀教师等称号，2005年以来连续8年获年度综合考评A级，获得北京市加工制造类师资培训基地说课比赛一等奖，她讲授的专业核心课程免疫技术被批准为2008年北京市精品课程。

除了日常教学工作以外，王晓杰老师投入大量精力用于生物专业实训实习条件的改善。在校外与北京亦庄生物医药园共建生物中试基地，在校内与悦康药业共建药品研发中心，为学生和教师提供实习实训场地和科研场所。此外，她还负责建设药物分析实训室、GMP车间、生物药物综合实训室，建设了科研基地——生物应用技术创新平台，参与建设微生物与免疫实训室、生物制药车间等多个实训室，提高了学生专业实践能力和教师教学质量。

在科研、教研和技术服务项目方面，她负责和参与了市级科研项目5项、技术服务项目和企业横向课题9项；负责北京市精品课程1项，参与职业分级制改革、国家综合改革试验区、“2+3+2”高技能人才贯通培养等多项重大教改项目；发表中文核心期刊论文12篇，SCI收录论文5篇，获得发明专利1项；出版教学相关论著6部，其中主编2部、副主编2部，获高等教育“十二五”国家级规划教材立项2部。

在专业教学团队建设方面，王晓杰老师带动了整个团队的蓬勃发展。生物工程学院教学团队先后获评北京市优秀教学团队1次和学术创新团队2次；培养了北京市优秀教师、职教名师、师德先进个人各1名、北京市中青年骨干教师7名；获得了北京市教育教学成果奖一等奖1项、北京市精品课程2门、发明专利7项；发表SCI收录论文50多篇，与企业合作开展科研项目20多项。

北京市高等学校教学名师奖获得者

张　红

张红，1973年出生，硕士，副教授，北京农业职业学院基础部英语教研室主任，教育部外语类专业教学指导委员会高职英语分会委员，教育部国际教育交流协会海外领导力培训项目协调员、翻译，北京大英会高职高专分会副会长，北京教育考试院PETS、BETS等英语口语考官，北京润城商务咨询有限公司翻译。从教20年来，主要承担高职公共英语、物流英语、物业管理英语、农林英语、环境艺术设计英语等课程的教学和学院英语俱乐部语言实践活动指导工作。2009年荣获北京市高职院校青年骨干教师，2016年荣获北京市三八红旗奖章。

张红老师秉承“人生天地间，各自有禀赋”的教育思想，她和团队创新实践，形成了“高职公共英语 1+1 教学模式”，实现了英语学科教、学、考、管信息化建设，使她在北京地区高职院校英语教师中具有较高的影响力。

作为一名教师，她具有独特的个人魅力。近几年，一些学生因为贪恋手机游戏影响上课，甚至因此和教师发生冲突。而张红老师的学生却给她发了这样一条短信，“张老师，我们宿舍的学生都在疯狂读英语课文呢”。近 5 年，张红老师发表学术论文 5 篇，主编、参编国家级规划教材 5 部，出版论著 3 部。主持并完成院级、市级、省部级课题 3 项，参与课题 8 项。学生在 2011 年实现了学院全国高职英语写作大赛北京赛区特等奖零的突破，并先后于 2013 年、2014 年连续获得该奖项。

作为一名教研室主任，她是团队的灵魂。一名团队带头人不仅要注重自身发展，更要发挥带头作用和自身凝聚力，带领团队实现团队和个人发展愿景。近 5 年，她的团队有 3 名教师成长为学院级中青年骨干，1 名教师成为学科带头人，1 名教师主持了北京市青年英才项目，1 名教师获 2016 年北京市三八红旗奖章。教研室成员完成各级课题 20 项，出版教育著作 4 部、译著 1 部，发表论文 13 篇，主编教材 15 部。

作为一名农业职业院校的英语教师，她积极参与学院社会服务，尤其是“三农”服务工作。2010—2012 年，她挂职于房山区韩村河镇五侯中心学校，利用自身和学院资源优势，促成五侯中心学校校外教育基地建设，迄今累计接待五侯中心学校学生近 500 名。2015 年她出色完成了第 4 届中国兰花大会外事翻译工作，得到国际兰花协会主席桑德拉女士的肯定。

张红老师在高职院校公共英语课程教改领域得到了同行和专家的认可，曾担任北京大英会高职高专分会秘书长，并于 2013 年当选为分会副会长，于 2013 年当选为教育部外语类专业教学指导委员会北京分会委员。

北京市高等学校教学名师奖获得者

蒋爱品

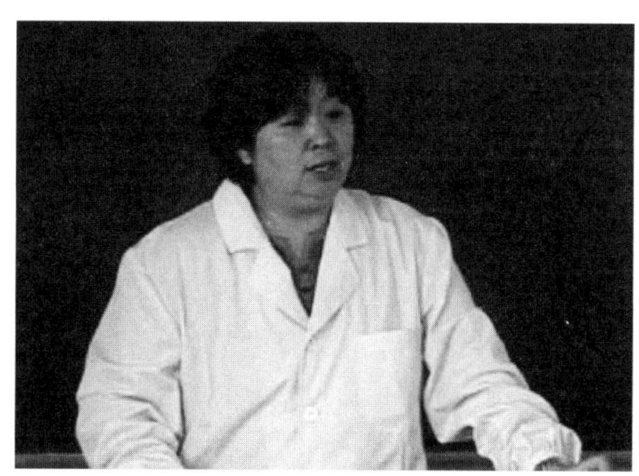

蒋爱品，高级讲师，北京卫生职业学院药学系教师。1983 年于北京中医药大学中药系毕业以来一直从事教学工作，教学严谨，爱岗敬业，教书育人。她注重自身素质的提高，不断学习和实践先进的职教理念，提高教育教学水平，在教学之余，深入企业开展岗位实践，提高专业素养。她讲课受到学生的欢迎，专业水平也得到社会的认可，并与多家企业开展技术合作，形成技术服务于社会、实践经验服务于教学的良性循环，并获得了学校教学名师称号，入选首届北京市职教名师的培养计划。1996 年学校与首都医科大学中医药学院联合办学开办高职班，她作为学科副主任连续四届参与高职班教学与教学管理工作，并担任首届班班主任，为高职教学和管理做了深入的探索。

蒋老师始终把教书育人放在工作的第一位，积极承担教学任务。孔子说："亲其师，信其道"，作为专业技术课程的教师，要有精湛的专业技能才能赢得学生的信服，为此，蒋老师利用课余时间经常到一线进行实践活动，称量中药饮片可以做到"一抓准"，饮片包装操作娴熟漂亮，赢得了学生的钦佩。在授课过程中，她注意引进先进的教学理念，善于利用各种教学方法调动学生学习的积极性，帮助学生调动多感官参与学习，有效促进对内容的深入理解，并结合教学内容，实施德育渗透。中医药是祖国传统文化的宝贵遗产，传承和发扬是中药专业教师的重要使命，教学中，蒋老师把对专业的热爱和忠诚融化在自己的一言一行中，利用所教课程的知识特点，正确引导学生，用自身的言行感染学生，使学生对中药专业产生兴趣，对中药事业充满憧憬，并为之努力。

开展教学研究是教师提升教学能力的重要内容，几年来蒋老师主持了国家级课题中药调剂课程标准与职业岗位技能标准对接研究，参与北京市中医局课题"传统中药调剂人才培养模式与途径的研究与实践"的研究，参与中华医学会课题"中药专业中药制剂及生产方向人才培养模式"的研究。为了做好课题研究，蒋老师占用大量休息时间走访企业与技师交流，获得了大量的素材，为后期的课程改革、资源整合奠定了坚实的基础。课题总结的论文获得人卫社杯卫生职业教育教学改革征文评比二等奖，中医局课题获得全国教育教学成果奖二等奖，中华医学会课题获得全国评比一等奖。

蒋老师非常关心青年教师的成长，入选北京市职教名师培养计划后，成立了名师工作室，主持开展了系列工作，如带领工作室青年团队开展院级课题行动导向教学法的实证研究，指导团队青年教师开展运用现代职教理念、教学方法的研究，提升他们的职教理论水平和教学实践能力。由于教师在全院三个院区比较分散，时间也不能统一，蒋老师就挤时间到三个院区分别进行指导，为了使教师们真切领会课题的思想，她利用星期天专门组织示范教学活动，让教师作为学生参与学习，促进了团队青年教师的成长，使他们脱颖而出成为青年骨干，起到了很好的带动作用。

北京市高等学校教学名师奖获得者

祝真伟

祝真伟，1972 年出生，教授，多年来担任北京节日合唱团声乐指导及歌唱演员；2004 年研究生毕业进入北京戏曲艺术职业学院，现为音乐系主任、声乐教研室主任，主教声乐课程。他把丰富的舞台经验融入教学当中，教学成果显著，曾被北京市教委评为高校骨干教师。在学院课程建设、教学改革及人才培养方面发挥主导作用。他的学生汪哲、鲍禹明等多次在全国大赛中获奖，由于教学业绩突出，先后被评为学院优秀教师、学院优秀党员、学院优秀党务工作者，荣获学院特殊贡献奖、学院奉献奖、学院春晖奖。他还长期担任本行业其他院校和艺术团体专业指导老师，为社会培养多名优秀专业人才。兼任中国声乐家协会理事、中国音乐家协会会员、中国艺术医学协会会员、北京林业大学艺术特长生声乐专业评委、中国矿业大学艺术特长生声乐专业评委、文化部声乐干部骨干班专家教师。

祝真伟老师教育业绩突出，由他指导的学生王天奇在全国首届“孔雀奖”中等艺术学校声乐大赛中荣获铜奖；孟璐、刘歆迪同学在全国艺术职业院校声乐技能大赛中分别荣获民族组(全场第一名)一等奖和通俗组一等奖(本人负责合唱指挥赛项的指导)等。祝真伟老师指导的学生先后有 2 人考入中央音乐学院，2 人考入中国音乐学院，1 人考入美国曼哈顿音乐学院，1 人考入天津音乐学院，1 人考入美国克利夫兰音乐学院。

祝真伟老师非常关心社区文化事业，多年来一直是丰台区马家堡街道社区教育专家义讲团成员。他参加北京市组织的最美乡村宣传员的培训指导工作，到海淀苏家坨镇、昌平等地进行文化帮扶工作，2007 年被授予社区文体之星荣誉称号。

2013 年他参与课题传承保护北京文化艺术、创新高职人才培养模式，《水牛儿·北京民歌音乐风俗画卷》荣获北京市高等教育教学成果奖一等奖。他指导完成《美声教学》《民族声乐》《流行声乐》三年制大纲的编写，并已应用于教学实践。他以第二主编的身份编写文化部高职艺术院校教材《合唱与指挥》，并于 2014 年在武汉大学出版社出版发行。他参与教育部课题“中国职业教育民族音乐(表演)传承与创新资源库项目课程”建设，担任民族声乐课程负责人，进行网络教材及教学的建设，发表论文 6 篇，出版专著 1 部。

北京市高等学校教学名师奖获得者

张惜萍

张惜萍，1972 年出生，2007 年获北京师范大学教育管理专业硕士学位，并获得心理咨询师二级资质。1992—1998 年任高中数学教师，连续三年获得优秀教师称号；1998—2001 年任北京汇佳职业学院教师，主要承担心理健康教育课教学，并担任总校团委书记及分校管理工作；2001—2004 年在汇佳幼儿园担任保育工作和配班教师工作；2005 年至今任北京汇佳职业学院教育系教师、助教、讲师、副教授，多次获得学院优秀教师称号，先后公开出版了儿童读物 1 本和教材 4 本。作为汇佳幼儿园的兼职教研员，共同编撰校本教材《幼儿园户外游戏 50 例》及高职教材《幼儿园游戏组织与指导》。

张惜萍老师非常热爱教育事业，不论是在幼儿园还是在高校，她都坚持在教育第一线，默默耕耘 20 余载，讲授课程 13 门，年均授课达 450 学时，为学前教育专业培养了一大批优秀人才，为破解首都幼儿园教师短缺的难题做出了积极的贡献。

幼儿园需要什么，我们就教什么。高职教育的显著特点就是“产教结合”，张惜萍老师利用曾在幼儿园工作的优势，积极参与学前教育专业的教学改革，把幼儿园的岗位需求作为专业教学的主要内容，构建全新的课程体系，并毫无保留地传授给学生。她的经验是，课前做好三备：备学生，备教材，备教法；课间做好三性：针对性，趣味性，实效性；课后做好三反：反问，反馈，反思。通过上述环节，张老师把岗位知识与技能传授给学生们，并成就了他们今后的事业。

岗位要求什么，我们就考什么。考核是学校检查教学成效的重要环节，但很多考试往往只是以分来衡量，张老师不断总结和改革考核方式，以考核带动教学。在课程考试改革中，她通过实地操作的形式来进行，即到幼儿园对幼儿、教师和课程等方面进行现场评价，真正做到了学以致用。这种贴近岗位标准的考核方式也得到了幼儿园领导和同行的高度评价。

专业需要什么，我们就呈现什么。张教师在业余时间积极到幼儿园进行实践观摩，努力钻研，不但运用蒙台梭利教育理念编写出版了广受家长和幼儿好评的儿童读物，还不断总结教学经验，致力于编写适合高职特色的教材，教材的实用性和实操性均得到学生们的欢迎和教师们的认可，为很多高校所采用。

学生需要什么，老师就给她什么。张惜萍老师教书育人，在完成繁重的教学任务的同时，还时刻关心着学生成长过程中遇到的各种问题，不论是心理问题、生理问题，还是社会问题，她都义不容辞地进行交流、沟通、疏解，为学生排忧解难，被誉为学生的贴心大姐姐。

张惜萍老师以高度的事业心和责任感默默耕耘在高职教育第一线，既教书又育人，做出了突出的成绩。

北京市高等学校教学名师奖获得者

冯素芬

冯素芬，1966年出生，1985年参加工作，经济学(会计专业)和理学(数学专业)双学士，首都师范大学理学(数学专业)硕士研究生，副教授，2004年12月至今任北京工业职业技术学院数学教研室主任、数学党支部书记。从教30多年来，主讲过学院所有数学课程，主持制定了各门课程标准与实施方案，主持应用高等数学北京市精品课程，主编、参编了10余部教材，担任北京数学会理事和北京高职高专专业委员会常务理事，担任北京高职高专大学生数学竞赛命题专家和自主招生命题专家及评价员、数学培训基地培训项目设计专家，任学院兼职督导员。

多年来冯老师以知识为载体，始于教书，重在育人。对学生做到爱而不宠，严中有爱，严中有章，严而有度，让更多的学生成为有知识、有道德的人。

2004 年开始冯素芬老师担任数学教研室主任工作，进行了大量教改实践。在教学和科研方面都走在了学院和北京市的前列。主持编写的适合高职学生水平的《高职数学导学与习题详解》系列教材于 2009 年被评为北京市精品教材，弥补了高职参考用书的不足。她主持的应用高等数学课程获 2010 年北京市精品课程，先后建立了动画库、案例库、试验、实训手册等，进一步丰富了立体教学资源。

2004 年她开始组织学生参加数学建模比赛，通过数学实验和数学建模选修课的学习及竞赛体验，学生应用数学解决实际问题的意识和能力有了很大提高，并且于 2005 年、2006 年连续两年荣获北京赛区优秀组织奖，在北京高职院校中名列前茅，获我院 2007 年教学成果奖一等奖，多次获北京赛区高职高专院校排名第一的优异成绩，数学知识竞赛连续五年获北京市最好成绩。数学教研室多次获得学院先进集体和优秀党支部的光荣称号。“凝聚党员向心力，成就学生数学梦”可谓数学党支部创新活动的真实写照，并获 2014 年学院支部创新活动一等奖。

冯老师在从事教学任务的同时深入理论研究工作，主编、参编 10 余部高职高专教材，发表教学及专业论文 10 余篇，并有多篇论文获学院优秀论文、科研成果奖二、三等奖。在教学科研综合评价中连续多年获 A 级，荣获 2009 年北京市优秀教师称号，并多次获学院三育人先进个人及学院优秀共产党员称号。

北京市高等学校教学名师奖获得者

宋　磊

个人简历

宋磊，副教授，北京经济管理职业学院会计专业教研室主任，院级重点专业建设项目负责人，中央财政支持高等职业学校提升专业服务产业发展能力子项目负责人，具有“双师”素质资格。从教26年来一直在教学一线，曾被评为院级优秀教师、师德先进个人，获教学质量优秀奖。主要从事财务会计等方面的教学和科研，主讲会计职业认知、财务报表编制与分析、合并报表等课程。长期坚持企业实践，曾到企业挂职财务总监，具有丰富的企业管理经验；走校企合作之路，开发设计多门实践实训课程，帮助学生迅速提升业务能力，促进了会计学院实训课程建设。主持、参与各级科研项目累计36项，其中部级3项、市级2项、行业协会1项、院级30项，多项成果获得院级科研突出成果奖。

宋磊爱岗敬业，执着创新，一直坚持在教学第一线，秉承明德厚学、寓教于乐、寓教于用的教育教学理念。

“明德厚学”是一名教师必须遵守的为师之道，宋磊把教书和育人摆在同等重要的位置，做到言传身教、为人师表，以自己的职业操守和职业素养去引导、教育、培养学生，结合社会主流文化的情况，贴近学生，既做学生的良师，又做学生的益友，从而与学生建立起平等、尊重、和谐的师生关系，教书育人取得了良好的效果。

“寓教于乐”是为了激发学生对会计课程内容的兴趣，乃至形成对学科内容的热爱，这成为宋磊老师一切教学活动的出发点和落脚点。为此她在课程内容的选择与安排上既立足于教材，又引入实际案例，让学生懂得学习会计的重要性，使学生明白会计不是简单的账务处理，更是一种资金运用的科学与艺术。在会计实务内容的教学上，她注重能力培养，虚拟设置会计情境，学生在互动中快乐学习，共同进步。在教学上，她培养学生会计专业知识的发散性思维习惯，赋予枯燥的数字以鲜活的生命，此外，她还注重运用各种多媒体、网络手段开阔学生视野，培养学生务实而又开阔的职业思维和行为习惯，课堂教学生动活泼，学生兴趣盎然。

“寓教于用”是为了使专业学习更好地应用，教学不仅是为了学生获取专业知识，还应该注重能力与素质的培养；在教学上，她引导学生对上市公司进行剖析，提出自己的见解。在探讨中缩小分歧，形成主流意见或达成共识。学生们在激烈的辩论中展示出才华，这种教学形式拓展了学生的专业思维，增强了自信，为学生的后续发展打下了良好的素质基础。

北京市高等学校教学名师奖获得者

鹿国晖

鹿国晖，1969 年出生，1993 年毕业于内蒙古医学院临床医学专业，获医学学士学位；1993—2000 年任渤海石油职业学院临床医学教研室教师；2000—2003 年就读于北京体育大学运动人体科学专业，获医学硕士学位，期间，为国家田径队、辽宁自行车队和国家花样游泳队服务，负责运动员的疲劳恢复和营养，为运动员做好科技保障工作。2003—2010 年在北京市木樨园体育运动技术学校游泳队担任队医，兼任北京市游泳运动协会科研委员会副主任，负责游泳项目的科研、医疗、保健和防反兴奋剂工作。2010 年至今任北京体育职业学院社会体育系教师，同时担任体育保健专业项目建设负责人。相继获得执业医师、公共营养师(二级)、职业核心能力(中级)和国家职业技能鉴定高级考评员等职业资格的认证，成为一专多能的复合型人才。

鹿国晖老师政治立场坚定，爱岗敬业，教书育人。在北京体育职业学院任教期间，为体育高职教育的发展做出了较为突出的贡献。

作为专业课教师，她以身作则，严格要求自己，将自己多年运动队的实践知识与运动员的教学紧密结合，教学水平高，教学效果好，深受学生和同行的肯定。根据人才培养目标，她注重职业技能、创新能力和实践能力的培养。在 2014 年全国体育高职院校学生技能大赛中，她指导学生获得二等奖的好成绩。

作为体育保健专业项目建设负责人，她经常到企业进行调研和总结，与企业合作共同制订人才培养方案，编写适合体育高职教育的实用性教材，群策群力制定和修改本专业核心课程体系、课程标准、实习实训计划，规划校内实习实训室的设置，尽心体育产业人才的培养，不断提升体育保健专业人才的培养质量，实现了高职学生的“双证书”毕业。

科研成果：2010 年她的论文《游泳运动员伤病分析》被第 16 届亚运会科学论文报告大会录取为专题报告；2011—2012 年主持并完成了北京职业技术教育学会立项课题(GZ0702)高职体育保健专业核心课程设置与实习应用适配性研究，并获北京职业技术教育学会科研课题三等奖；2013 年主持完成院级课题关于加强我院实习实训教学管理规范化的研究；2014 年主持完成学院重点课题体育保健与运动康复技术精品课程建设和运动康复方向相关课程建设；2010—2013 年参与并完成一项北京市重点课题、一项教育部重点课题子课题和一项央财课题子课题的研究；同期完成了校本教材《体育保健与运动康复技术》和《运动营养、疲劳监控与运动伤病防治》的编写与统筹工作。多篇科研论文发表于国内外学术期刊，并获得各级各类奖励。

北京市高等学校教学名师奖获得者

梁丽芝

个人简历

梁丽芝，北京医药集团职工大学副教授，1982 年毕业于北京化工大学数学系，33 年来兢兢业业地工作在教学一线，坚持党的教育方针，师德高尚，爱岗敬业，教书育人。加强自身修养，精心钻研，认真备课。在授课比赛中频频获奖，并荣获北京市中青年骨干教师的称号。所授课程包括高等数学、概率论与数理统计、医学统计学、线性代数、微观经济学等多门课程。教学工作出色，同时承担教学管理工作，参与教学改革及专业和课程建设。班主任工作出色，积极发挥教学团队带头作用，注重教学团队建设，培养年轻教师，影响力强。积极参与国内、国际数学交流活动，曾出任国际数学邀请赛命题主任。培训了大批数学人才，为国家培养基础科学人才奠定了基础。

梁老师坚持党的教育方针，爱岗敬业。教书育人是她一生的信念，她将高度的责任感、强烈的事业心、饱满的工作热情投入到教育一线，在平凡的岗位上坚守 33 年，严于律己，无论是在恶劣的天气，还是生病住院，从没有放弃过教学授课。她以自身的人格魅力吸引学生，并引导学生树立正确的世界观、人生观、价值观。

梁老师在教育教学管理中积极探索，在专业设置、课程体系建设以及课程考核等方面提出了行之有效的方案。她通过“传帮带”培养了年轻的教师，在师生中有极强的影响力。

梁老师勤于学习，积极探究成人高校数学教学特点，深入研究教材，精心设计教法，因材施教。在授课前她首先了解学生情况，然后精心设计每一个抽象概念的引入环节，将生动有趣的实例展现给学生，增强学生的感性认识，并运用简练精准的语言使抽象概念变得鲜活具体。例如在概率论与数理统计课程中，她会引入大量医学统计数据和实例，从而阐述概率统计的方法，由此增强学生学习的主动性和趣味性，极大地提高了数学课程的学习效果。在引入医学实例的同时，她又翻阅大量的医学书籍，这样既丰富了课堂又提高了自身修养。

梁老师常常参加各种数学交流活动，并为低年级学生提供数学思维培训服务，将枯燥的数学知识与实际应用相结合，精准把握抽象数学教材各个章节之间的知识联系，使知识成为一套完整的链条，环环相扣，而且能给出简便易记的计算方法，使学生感受到数学的魅力，增强低年级学生的求知欲，提高了学生思维创造力和解决问题的能力。梁老师以她过硬的教学能力、勤勉的教学态度，创立了独特的教学方法及一系列的优质教案。为了更好地服务于学生，梁老师利用远程教育网络或 QQ 群提供在线学习的辅导资料，定期在线答疑，及时解决学生提出的问题。

北京市高等学校教学名师奖获得者

金　琰

金琰，1977 年出生，管理学博士，副教授。2003 年进入北京市东城区职工业余大学经济管理系，任专职教师。2014 年任校学术委员会主任委员，2016 年起担任校长助理职务。从教以来先后讲授管理学基础与实践、企业战略管理、企业商业模式、劳动关系管理、人力资源战略与规划、劳动法等多门课程，涉及工商企业管理、人力资源管理等专业领域，年教学 300 课时以上。2013 年她所在教学团队荣获北京市高校继续教育优秀教学团队(核心成员)。2014 年 9 月被评为东城区教育系统优秀教师、东城区区级骨干教师。主要社会兼职有北京君智达咨询有限责任公司规划研究员/项目经理、京台生态创意工作室战略分析师。

金琰老师从教以来，将服务人的终身学习作为自己的终身事业，深耕高等继续教育领域，锐意进取，创新突破，取得了较为显著的成绩。她以“工匠”精神专注教学，教学风格深得学生好评，2015 年 7 月获校公开课评选优秀奖(第一名)。在教学资源建设方面，她负责编写《管理学基础与实践课堂实训手册》《企业战略管理案例库》；参与编写《工商管理实验室实训手册》《创业模拟实训手册》。近 5 年来建设 8 门课程共 100 多个数字化教学资源，其中自主开发的精品微课分别获得全国、京津沪地区微课评选二等奖、一等奖。在教改科研方面，她主持和参加了北京市教委高等学校教育教学改革立项 2 项，在《当代继续教育》等期刊发表教改论文 4 篇，论文获得北京市第 7 届京研杯教育研究成果奖二等奖、三等奖，其研究成果在工商、人力资源等专业应用实施并在全校推广。

金老师根据不同职业与专业的学生特点，在教学中注重行业发展背景的特点实施差异化教学，并为此做了大量的行业背景调研与资料准备。她在课后为很多学生提供职业生涯规划、创业辅导、工作管理咨询等，关注毕业学生成长，建立长期的沟通与联系。她为工学矛盾比较突出的学员采取个性化辅导，利用互联网进行针对性指导，不放弃任何一个学员，帮助他们完成学习任务。

金老师发挥自身专业优势，承担了大量政府、企业委托的区域规划、园区规划与产业研究工作，参加村长论坛、“三农”博士论坛等活动，并为区域经济发展建言献策。金老师还发挥自身影响力，协助系主任建立了超过 30 人的企业行业专家智库，定期开展交流，使学校管理类专业在区域内服务行业企业产生较大影响力。

金老师作为北京市继续教育优秀教学团队和重点建设团队的骨干成员，策划成立培训师实战工作坊，带领团队深入企业开展调研，进行培训课程体系的研发与磨课，毫无保留地分享授课经验。她充分发挥“传帮带”作用，助力青年教师成长，带动团队成员科研创新与学术水平提升。

北京市高等学校教学名师奖获得者

郭汝惠

郭汝惠，东城区职工大学教授，北京市优秀教师。研究方向：电子商务、计算机应用，主要讲授课程有：电子商务概论、电子商务实训、电子商务案例分析等。2012 年获北京市高等教育教学成果奖二等奖；2013 年以她为团队带头人的电子商务专业教学团队被评为北京高等学校继续教育优秀教学团队；承担了北京市教委教学改革立项、北京成人教育研究会、中国成人教育协会、北京广播电视大学、区“十一五”“十二五”规划课题等多项课题的研究；主编出版的两本教材分别在 2011 年、2013 年被评为北京市高等教育精品教材，发表多篇论文。

先进事迹摘录

郭汝惠任教30年来，一直工作在教学一线，承担了多个专业多门课程的教学工作。2011年她被评为计算机专业教授，成为北京市成人高校中屈指可数的具有正高级职称的教师。

多年来，郭老师始终把教学工作放在首位，努力探索成人教育的教学规律，在教学活动中，坚持以人为本的教育理念，关心学生的全面发展，注重学生健康人格、学习、实践及创新能力的培养，努力做到教书育人。在课堂教学中，她注重将现代教育技术、信息技术与教学有机结合，将学生的思想政治教育与思想品德的发展同掌握学科知识和能力有机结合，在实践中积累了丰富的教学经验，取得了教育教学的骄人成绩。2010年她组织并指导学生参加全国大学生电子商务创新、创意、创业挑战赛，获得北京赛区的一等奖。2014年她在电子商务案例分析课程的教学改革中大胆创新实践，充分利用网络技术，通过在线学习平台，采用混合式教学模式及全程互动的教学方法大胆改革评价方式，即加大对过程质量的评价，考核学生掌握的本专业实践技能、应用情况等，取得了很好的教学效果。

她积极关注学科前沿动态，选择与本专业密切相关的新课题进行研究，力求解决实际问题，成果显著。近五年，她主持、参与的国家、市级、区级课题多达8项，其中，她参与的成人高等艺术教育广告设计与制作专业建设的创新与实践研究于2013年获北京市高等教育教学成果奖二等奖。以她为带头人的电子商务教学团队自2006年建立以来，成为学校最有特色和影响力的学科团队，2013年被评为北京高等学校继续教育优秀教学团队、北京高校继续教育重点建设教学团队。她主编的教材《电子商务实用教程》《电子商务实训》被评为北京市高等学校精品教材，弥补了成人高校相关专业实践型、应用型教材的缺陷。她独立撰写并在国家和省市级学术报刊上公开发表了10余篇论文，并有多篇论文获奖。

这些宝贵的研究成果在成人高校明确学生培养方式、完善培养方案、改进教学方法和手段、培养学生的实际应用能力等方面做出了有益的尝试。